山东省农村信用合作社
体制变动研究

（1949—1978）

李 微 ◎ 著

中国社会科学出版社

图书在版编目 (CIP) 数据

山东省农村信用合作社体制变动研究：1949—1978 / 李微著 .
—北京：中国社会科学出版社，2017.9
ISBN 978 - 7 - 5203 - 0738 - 3

Ⅰ.①山… Ⅱ.①李… Ⅲ.①农村信用社 - 金融改革 - 研究 -
山东 - 1949—1978 Ⅳ.①F832.752

中国版本图书馆 CIP 数据核字 (2017) 第 168831 号

出 版 人	赵剑英
责任编辑	任 明
责任校对	赵雪姣
责任印制	李寡寡

出 版	中国社会科学出版社
社 址	北京鼓楼西大街甲 158 号
邮 编	100720
网 址	http：//www.csspw.cn
发 行 部	010 - 84083685
门 市 部	010 - 84029450
经 销	新华书店及其他书店

印刷装订	北京市兴怀印刷厂
版 次	2017 年 9 月第 1 版
印 次	2017 年 9 月第 1 次印刷

开 本	710×1000 1/16
印 张	16.5
插 页	2
字 数	248 千字
定 价	75.00 元

凡购买中国社会科学出版社图书，如有质量问题请与本社营销中心联系调换
电话：010 - 84083683

摘　　要

山东省农村信用合作社发轫于1929年华洋义赈救灾会在山东举办的掘井贷款。新中国成立后，在阶级话语和群众运动的利导、助推以及"软"强迫下，信用社遂以燎原之势在全省范围内迅速铺开。自1958年以信用部的形式并入农业社后，一直到1977年"信用社是国家银行基层机构"体制的确立，二十余年的时间内，山东省农村信用社经历了从合作金融到集体金融，再到国有金融的转变。本书在前人已有研究成果的基础上，从宏观与微观相结合的视角出发，通过运用实证研究与理论研究、历史主义与逻辑主义相结合的方法，来透析信用社体制变动的发生原因、发展过程及其作用和影响，并将之置于中央高度集权时期的国家与社会、政权与民众、前期秩序平稳与后期激流涌动的大背景下进行考察，从而揭示出国家权力与信用社体制变动的关系，以期对山东省农村信用合作社有一个较为全面、客观的认识。

早期山东信用合作是在多种外部力量的推动下发展起来的，分别是华洋义赈会的诱致性倡导、国民党山东省政府的强制性制度安排、乡村建设派与省政府的联合推广以及共产党山东根据地政权的大力支持。前两种力量均重视信用合作，在此推动之下，信用社获得了"异常"发展，取得了"一枝独秀"的地位；第三种力量视"造产"为重，信用合作发展较为缓慢；相比较而言，第四种力量则由于身处残酷的战争考验、飞涨的物价条件、恶劣的生存环境之下，专营信用业务的信用社较少，多以兼营的形式附设于生产、纺织、运输等综合性的合作社内，且发展不平衡，多集中于胶东、滨海和鲁西南一带。

新中国成立后，山东省农村信用合作在经历重点试办、普遍推广、整顿巩固、"随乡并社"四阶段后，于1956年底迅速实现了信用合作化。作为共产党在农村追求革命理想的政策性工具，信用合作化的实现离不开国家的强力主导，很大程度上是国家政策选择的结果。正因为如此，山东省信用合作社虽表面上与西方信用社极为"形似"，但决定信用社称之为合作金融的某些质素已发生"异化"。

从"大跃进"背景下的"三社合一"到人民公社时期的"一放、一收"，是信用社体制变动的第一阶段，即从合作金融"异化"为集体金融。"三社合一"是依靠国家权力，借助政治动员和群众运动改组信用体制，以解决"大跃进"急于求成、急躁冒进与资金短缺、物质匮乏矛盾的题中应有之义。下放财贸管理体制是扩大地方管理权限，增强地方支援"大跃进"积极性和主动性的必要步骤。借此，国家权力得以逐步加强，即横向延伸到农村信贷领域，纵向"下沉"到当时基本核算单位的生产大队。从集体金融到国有金融，是国家权力借助底层民众的力量对信用机构所做的"改造"或"重构"，而导致信用社体制的再次变动。"四清""文化大革命"期间，国家权力借助以阶级话语为主的"新的革命信条"，利用以贫下中农为代表的底层民众，对信用社或施以"有序"的整顿，或开展"无序"的"斗、批、改"。1972年，随着中共中央纠"左"步调的逐步展开，"无政府"状态下的信用社在三种力量的推动下，即信用社的自我整顿、银行职能的恢复以及银行对信用社领导的加强，也迈入了整顿轨道，最终演变成了国家银行的基层机构，体现了国家的强制性制度安排。

从宏观上讲，特殊的政策环境也在相当程度上对信用合作原则造成了很大的掣肘。其一，信任的差序格局与民众交往的阶级差别，二者相互揉捏，使信用组织维持一种"有限""低度"合作状态。其二，阶级话语、群众运动在推动信用合作迅速开展的同时，也暴露其急于求成、狂躁冒进的弊病，自愿原则流为变相强迫。自愿原则的阙如又间接导致了民主管理原则的悬置，民主管理机构形同虚设。其三，中央高度集权的计划经济时期，为了满足重工业优先发展战略所需要的资金和资源，国家必须拥有对信用社产权的垄断控制，建立在私有产权基础上的合作制原则遂遭严重削弱。从微观上看，农村信用合作社体制变动进程也揭示了信用社与生产社（农业生产合作社、人民公社）、国家银行之间的"非对等"互动。生产社与信用社由表面上的相互平等走向实质上的领导与附属，国家银行与信用社从业务指导变成部门领导，充分诠释了信用社从合作金融到集体金融，再到国家银行基层机构的"变"与"动"。

总之，山东省农村信用合作社体制变动发生在中央高度集权的政治、经济体制时期，也因此决定了"国家"必然存于其中，并起着主导作用。"移植与嬗变"的悖论虽然埋下了体制变动的诱因，但起决定作用的还是国家的强制性制度安排。另外，信用社体制变动在受当时政策环境影响的同时，也外化出了信用社与生产社、国家银行之间的"非对等"互动，进一步揭示了信用社体制的"变"与"动"。简言之，以信用社体制变动为切入点，透过国家行政权力的横向扩张、纵向"下沉"以及国家权力对底层社会的干预，揭示出国家权力与信用社体制变动的关系。在此基础上，进一步得出如何规避"诺斯悖论"则成为信用社体制变革的关键。

关键词：农村信用合作社　山东省　合作金融　集体金融　国有金融

ABSTRACT

In 1929, when China International Famine Relief Commission hosted loans for digging wells in Shandong province, Shandong Rural Credit Cooperatives began to appear. After the founding of New China, under the guidance, boost and "soft" coercion of class discourse and mass movement, the Credit Cooperatives then spread across the province like a prairie fire. Incorporated into the Agricultural Cooperatives in the form of a credit department since 1958, until 1977, the institution which the Credit Cooperatives was the grass – roots organization of the national bank was established. The Credit Cooperatives had transferred from cooperative finance to collective finance, and then the stated–owned finance. Based on the existed research results, from the angle of combination of macro and micro, through the combining method of empirical and theoretical analysis, historicism and logicism, this dissertation would analyze the causes, development process and effect of the Credit Cooperatives' institutional changes, and put the changes under the background of state and society during the period of highly centralized, regime and people, smooth order in the early stage and surging torrent later to conduct investigation. Thus, we could reveal the relationship between state power and the institutional changes of the Credit Cooperatives and might understand Shandong Rural Credit Cooperatives comprehensively and objectively.

The early Shandong Rural Credit Cooperatives was developed by a variety of external forces, which were induced advocate by China International Famine Relief Commission, mandatory institutional arrangement by Shandong provincial government of the KMT, hand-in-hand cooperation of the Rural Construction Group and the provincial government, and strongly supported by the regime of Communist Party's Shandong base. The former two forces attached great importance to the Credit Cooperatives, which received "abnormal" development, and obtained the "thriving" status; the third force which payed attention to the so-called "making production" made the Credit Cooperatives develop slowly; By comparison, under the environment of brutal war, soaring price and harsh living condition, the forth force was less to specialize in credit business, more to attach to production, textile, transportation and other comprehensive cooperatives in the form of sideline, making the unbalanced development, and mainly concentrating on Jiaodong, coastal area and southwest of Shandong.

After the founding of New China, Shandong Rural Credit Cooperatives experienced forth stages—focus pilot, wide promotion, reorganization and consolidation and merger along with the merging of villages. Finally, the Rural Credit Cooperatives of Shandong was quickly accomplished in the end of 1956. As a policy tool for Communist Party to pursue the revolutionary ideals, the realization of Credit Cooperatives could not live without strong domination of the state, and to a large degree, it was the inevitable result of the national policy choices. As such, although Shandong Rural Credit Cooperatives liked the form of Western Credit Cooperatives on the surface, those decisive factors which were called cooperative finance had been alienated in actually fact.

From "the combination of three cooperatives" under the background of "the Great Leap Forward" to "*yifang yishou*" during the period of the People's Commune was the first stage of the institutional changes of the Credit

Cooperatives, which was alienated from the cooperative finance to the collective finance. "The combination of three cooperatives" relied on the state power, political mobilization and the mass movement to change the credit system, the purpose of which was to solve the paradox in overanxious for quick result, impetuosity and rash advance, shortage of funds and material deprivation. Transferring the power of financial and commercial management system was expanding local administrative authority and the necessary step of enhancing enthusiasm and initiative of the local. Thus, the power of the state had been strengthened gradually, which horizontal extented to the field of rural credit and longitudinal sunk to the production brigade. The transformation from the collective finance to the state-owned finance was the reform or reconstruction by state power, with the help of common people, leading to the institutional changes of the Credit Cooperatives again. During the period of "four clean-ups movement" and the "Cultural Revolution", with the help of class discourse as the main "the new revolutionary creed" and common people who were represented by the poor and lower-middle peasants, the state power orderly reformed the Credit Cooperatives, and "fight, criticism, reform disorderly". In 1972, with the gradual expansion of the central committee of the communist party of China correcting the "left" errors, the Credit Cooperatives in the "anarchy" state were driven by three forces, namely self-rectification of the Credit Cooperatives, the recovery of the bank function and the strength of the bank's leadership for the Credit Cooperatives, and it also began to consolidate, and eventually transformed into a grass-roots organization of the national bank, reflecting the mandatory institutional arrangements of the state.

From the perspective of macro, the special policy environment to a considerable extent made a great constraint on the credit cooperative principle. Firstly, the trust pattern of difference sequence and the class distinction of intercourse, the two kneaded mutually, making the credit organization maintain a "limited" and "low" cooperative state. Secondly, the class discourse and the mass movement, while promoted the rapid launch of the Credit Cooperatives, also exposed their anxious and aggressive ills, making voluntary principle become disguised coercion. The absence of voluntary principle indirectly led to the suspension of democratic management principle, making the democratic management agency ineffective. Thirdly, during the period of the highly centralized planned economy, in order to meet the requirement of the funds and resources supplying for the priority development strategy of heavy industry, the state must have a monopoly control on the credit cooperative property, the cooperative principle based on private property rights thus severely weakened. From the microscopic point of view, the process of the Rural Credit Cooperatives' institutional changes also showed the "non – reciprocal" interaction among the Credit Cooperatives, the Production Cooperatives (the Agricultural Production Cooperatives, the People's Communes) and the national bank. The relationship from equality with each other on the surface to leadership and affiliation substantially between the Production Cooperatives and the Credit Cooperatives, and from professional guidance to departmental leadership between the national bank and the Credit Cooperatives fully interpreted the "variability" and "change" of the Credit Cooperatives from the cooperative finance to collective finance, and then the grass–roots organization of national bank.

In conclusion, the institutional changes of Shandong Rural Credit Cooperatives occered in the period of the political and economic systems in highly centralization, which determined the "state" existed in these changes and played a dominating role. The paradox of "spreading and evolution" was one inducement of the institutional changes; while the state's compulsory system arrangement was playing a decisive role. On the other hand, the institutional changes of Rural Credit Cooperatives were influenced by policy environments of that time, and it also externalized the "non – reciprocal" interaction among the Credit Cooperatives, the Production Cooperatives and the national bank. In brief, taking the institutional changes of the Credit Cooperatives as the breakthrough point, through the horizontal expansion of the state administrative power and longitudinal "sink", and the intervention of bottom of society by the state power, it could be revealed the relationship between state power and the institutional changes of the Credit Cooperatives. On this basis, it was further concluded that how to avoid "North Paradox" was the key to the institutional changes of the Credit Cooperatives.

Keywords: the Rural Credit Cooperatives; Shandong Province; the Cooperative Finance; the Collective Finance; the State-Owned Finance

目　　录

CONTENTS

绪　　论

一　选题缘由与研究意义

中国农村问题本来就千头万绪，又由于其牵涉范围之广、绵延时间之长，遂使这种复杂性愈益显得盘根错节。"农业是中国人之经济和生活方式的灵魂"[①]；农民问题是解决农村问题之根本。长期以来，国家政权、农民生活与缓慢发展而增长有限的农业剩余构成了一个微妙而脆弱的平衡体系，国家政权因之得以运作，农民生活赖其得以延续。20世纪前半期，天灾人祸、战争匪患导致农村经济破产，"其恐慌之严重，现象之险恶，几有摧毁中国国民经济之基础及其存在之趋势"[②]。救济农民、复兴农村，以解决"总理所谓'大贫''小贫'的现象"[③]，"解除民众所感受之束缚及压迫"，"舍建立互助合作的经济制度，几无他道"[④]。诚然，国民政府推行合作运动的原因不仅限于此，但毫无疑问，这确是其中最直接的内部动力。20世纪50年代前半期，合作运动作为中国共产党改造小农向社会主义过渡的中间环节，同样也是其挽救农村、恢复农业、拯救农民的重要举措。时至今

----

① ［美］易劳逸：《1927—1937年国民党统治下的中国流产的革命》，陈谦平、陈红民等译，中国青年出版社1992年版，第223页。

② 朱偰：《田赋附加税之繁重与农村经济之衰落》，《东方杂志》第30卷第22号，1933年11月。

③ 杨者圣：《国民党教父陈果夫》，上海人民出版社2010年版，第234页。

④ 李自发：《中国合作运动前瞻》，《中国经济》第3卷第1期，1935年1月。

日，"三农"问题仍未得到有效解决，"农业还是'四化同步'的短腿，农村还是全面建成小康社会的短板"①。尽管如此，当下各种农民专业合作社的蓬勃发展，即已说明合作社依然被视作农村经济发展的助推器。反观彼时的"三大合作"，生产合作社因1958年底全国性的"小社并大社"而升级为人民公社，后者随1982年"双包"责任制的全面推行而名存实亡，并于1992年10月正式从法律条文中"消失"；中华全国供销合作总社虽然机构尚存、组织体系尚在，但其影响力已大不如从前；唯农村信用合作社不仅旗帜犹在，而且"风景这边独好"。

如果说入社自愿、民主管理、互助合作、不以盈利为目的的合作原则是信用社成为合作社的最根本的内在性规定，那么，对照当下的信用合作社便会发现合作制的信用社渐被置弃，股份合作制的农村合作银行和股份制的农村商业银行已成为信用社改革的主流，合作制"异化"为股份制或股份合作制渐趋明朗。新中国成立初期按照合作原则创建的信用社为什么会走上"异化"的道路？如果说"有效率的经济组织是经济增长的关键"②，那么，对于信用社来说，合作制、股份制孰优孰劣？如何解释生产社已成为"过去"，供销社的影响力大不如前，而信用社依然蓬勃发展这一现象？这与信用社"搁置"合作制，积极推动产权制度变革之间有着怎样的关系？尤为重要的是，当下用发展新理念破解"三农"新难题，推进农业供给侧结构性改革已成为农业农村工作的主线。改革离不开金融的支持，农业要实现供给侧结构性改革，依然"缺血"。然而，目前农信机构管理体制对经营形成制约，农信机构如何找到供给侧改革的着力点，撬动且创新农村融资机制？同时，农村信用机构自身如何进行供给侧改革，怎样优化管理，更好地释放活力？省级农村信用社联合社（以下简称省联社）

---

① 《中央农村工作会议在北京举行　习近平李克强作重要讲话　张德江俞正声刘云山王岐山张高丽出席会议》，《人民日报》2013年12月25日。

② ［美］道格拉斯·C.诺斯、罗伯特·托马斯：《西方世界的兴起》，厉以平、蔡磊译，华夏出版社1989年版，第1页。

未来又该何去何从？这些耐人寻味又极具现实性的问题昭示着我们要
"在过去的基础上理解现在"①。正如诺斯所言："历史是至关重要的。
它的重要性不仅仅在于我们可以向过去取经，而且还因为现在和未来
是通过一个社会制度的连续性与过去连接起来的。今天和明天的选择
是由过去决定的。"② 即便将农村信用合作社划归于经济学研究领域，
其内容依然是"历史长河中的一个独特的过程"，"历史提供的最好的
方法是让我们了解经济与非经济的事实是怎样联系在一起的，以及各
种社会科学应该怎样联系在一起"③。这既是本书的现实基础，也道出
了本书研究的现实意义。

　　探讨本书的理论意义，首先，有必要对"信用社体制"一词作一
界定。鉴于篇幅所限，本书无意于从管理学角度去探讨信用社的控制
机制、制度结构、人事安排、资本构成、法律法规等一系列制度性规
定，而是着意于从宏观上把握信用社从合作金融到集体金融，再到国
有金融这一体制转化过程。其次，如何理解"变动"的含义？一定程
度上讲，"变革+运动"是改革开放前中华人民共和国史的显著特征，
处于该背景之下的农村信用合作社自然难以独善其身。"变"揭示了
信用合作社发展的不稳定性，"动"则体现了信用合作社变革的无序
性和反复性。这是笔者将本书题目定为信用社体制"变动"而非"变
迁"的原因之所在。更重要的是，以此作为突破口，将信用社置于
"变"与"动"的棱镜之下，透过 20 世纪 50—70 年代信用社的体制
变动，既能折射出国家政权、乡村社会与底层民众之间的互动关系，
又能显现出国家政权在信用社发展历程中所扮演的角色，还能揭示出
经济与政治、理论与实践、移植与嬗变之间的相互联系、相互作用。

---

　　① ［法］马克·布洛赫：《为史学而辩护》，张和声、程郁译，上海社会科学院出版社
1992 年版，第 13 页。

　　② ［美］道格拉斯·C. 诺斯：《制度、制度变迁与经济绩效》，刘守英译，上海三联
书店 1994 年版，前言第 1 页。

　　③ ［美］约瑟夫·熊彼特：《经济分析史》第 1 卷，朱泱、孙鸿敞等译，商务印书馆
2005 年版，第 31—32 页。

从这一意义上看，对农村信用社体制变动的研究，需要站在经济、政治、文化、历史的角度，跨学科、多领域地去考察西方合作原则与马克思主义合作思想杂糅后的信用合作与乡土中国以血缘、地缘、亲缘等先赋性关系为中心的临时的、有限的人情往来、守望互助之间的冲突与碰撞。同时，既要从信用社自身剖析体制变动的内在原因，又要探究国家政权、基层社会与信用社体制变动之间的互动，将静态与动态，制度、社会与人结合起来，再现农村信用合作社体制变动的复杂图景。如是，既道出了笔者将时间断限定为 1949—1978 年的原因，又彰显了本书研究的学术价值。

此外，山东省的农村信用社成立较早、发展较快，体制变革紧随国家政策步伐，又是 2003 年以产权制度和管理体制为中心的信用社改革首批试点的八个省份之一，能够较完整地折射出国家政策的演变对信用社体制变动的影响。这也是笔者将研究的空间对象设定在山东省的原因之所在。

二　研究现状与学术史回顾

美国著名社会学家赖特·米尔斯曾说过："任何一门社会科学——或任何一项深思熟虑的社会研究——都需要一种历史范围的构想与充分利用历史资料。"[1] 如何做到既"绝对尊重史料，言必有征，论从史出"[2]，又要尽力避免个案研究"走马观花又一村，一村一个新理论"[3] 的弊病，是本书在收集、运用历史资料、档案文献过程中尤为需要克服的难题。基于此，本书在做学术史回顾和对研究现状进行梳理的过程中，力争系统、全面，"条"（时间）、"块"（事件）结合，查缺补漏。

农村信用合作社产生于 20 世纪 20 年代的乡村，作为新生事物很

---

① ［美］C. 赖特·米尔斯：《社会学的想象力》，陈强、张永强译，生活·读书·新知三联书店 2005 年版，第 145 页。

② 吴承明：《中国经济史研究的方法论问题》，《中国经济史研究》1992 年第 1 期。

③ 徐勇：《现代国家乡土社会与制度建构》，中国物资出版社 2009 年版，第 29 页。

快就引起了国内不少学者的关注，如张镜予的《中国农村信用合作运动》①、陈振骅的《农业信用》②等。也有不少学者将其融于当时的合作运动之中，如陈果夫的《中国之合作运动》③、方显廷的《中国之合作运动》④和寿勉成、郑厚博的《中国合作运动史》⑤等。前者侧重于介绍华洋义赈救灾会早期的信用合作实践，后者则主要站在国民政府官方或上层统治阶级的立场上，介绍、宣传、倡导、推动合作运动的发展，为国民政府农村合作运动的开展做了舆论准备。由此不难看出，这些著作，更确切地说是一系列小册子，多是对信用合作的粗线条描述，往往采取就事论事的方式，鲜有较成熟的学术成果出炉。

新中国成立后，农村信用合作体制的演进是通过对农村信用合作社的频繁改革而展开的，而农村信用合作社的改革则始终围绕着农村经济制度的变迁和农村金融需求的变化而进行适应性调整的，缘于此，农村信用合作体制的变动研究可以划分为以下四个方面。

第一，1949—2003年的农村信用社体制变迁研究。信用合作社本是舶来品，中国固然有"合作"之先例，如合会，亦有"合作"之经验，如根据地时期的耕田队、犁牛社，但囿于独特的文化背景、制度环境、社会差异，注定了信用社在中国的多舛命运。农业社会主义改造时期，合作化运动适逢蓬勃发展，有关信用合作的著作也得以涌现，如张亦先、章普安的《新中国的合作事业》⑥，王沛霖的《农村信用合作与农业社会主义改造》⑦，史敬棠主编的《中国农业合作化运动史料》⑧等。这些著作的共同之处在于对史料详加编辑和系统整

---

① 张镜予：《中国农村信用合作运动》，商务印书馆1930年版。

② 陈振骅：《农业信用》，商务印书馆1933年版。

③ 陈果夫：《中国之合作运动》，中国合作学社1932年版。

④ 方显廷：《中国之合作运动》，《大公报》1934年5月16日。

⑤ 寿勉成、郑厚博：《中国合作运动史》，正中书局1937年版。

⑥ 张亦先、章普安：《新中国的合作事业》，棠棣出版社1951年版。

⑦ 王沛霖：《农村信用合作与农业社会主义改造》，中国财政经济出版社1954年版。

⑧ 史敬棠主编：《中国农业合作化运动史料》，生活·读书·新知三联书店1957年版。

理，尤以史敬棠所编一书资料最为翔实。该书涵盖了中华人民共和国成立前（始于第一次国内革命战争时期各省农民协会代表大会关于合作运动的决议案）、后（止于1956年农业社会主义改造的完成）农业合作化运动的方方面面，是研究合作化运动不可多得的重要文献。总的来看，社会主义改造之后急剧发展起来的农村信用合作社，虽冠之以"合作"之名，但因缺乏"合作"之基因，在国家强制性制度安排之下，出现了近二十年（1958—1977）的"来回折腾来回改制"。关于这一时期信用社体制变迁的研究，一般来说，学界争议不大，只是研究视角有所不同。有从史学角度进行全景式描述的，如路建祥的《新中国信用合作发展简史》①，卢汉川的《当代中国的信用合作事业》②《中国农村金融四十年》③ 等。这类著作的优点在于"面"上全景式的勾勒，以整体、宏观的面貌呈现在读者的面前；不足之处则在于缺乏"点"上精细的考察和多维度、多视角的剖析。另外，从上述著作所呈现的观点来看，国家政策仍然是这一时期信用合作研究的主轴，读者往往会形成这样的一种印象，即信用合作社因国家政策而立，其曲折发展因国家政策而致，其是非评价因国家政策而变。不过，由于这些著作尚属于农村信用合作研究的拓荒之作，我们不仅不能严加苛责，反而应该在其研究的基础上进行填补。有借鉴新制度经济学制度变迁理论进行研究的，如梅德平的《中国农村微观经济组织变迁研究（1949—1985）——以湖北省为中心的个案分析》④，该书运用"制度结构—经济行为—制度绩效"的基本分析框架，从产权与分配制度、农户经济行为、制度绩效以及政府职能等方面较为完整地勾勒出新中国成立后微观经济组织的制度变迁过程。尤为重要的是，该书从根本上打破了意识形态的束缚和政策路线的掣肘，将"不断地

① 路建祥：《新中国信用合作发展简史》，中国农业出版社1981年版。

② 卢汉川：《当代中国的信用合作事业》，当代中国出版社1988年版。

③ 卢汉川：《中国农村金融四十年》，学苑出版社1991年版。

④ 梅德平：《中国农村微观经济组织变迁研究（1949—1985）——以湖北省为中心的个案分析》，中国社会科学出版社2004年版。

变革与创新农村微观经济组织"视为"影响和制约未来中国农村经济
整体发展的重要因素之一"。此外，还有冯开文的《合作制度变迁与
创新研究》①、傅晨的《中国农村合作经济：组织形式与制度变迁》②，
等等。③ 有运用产权理论进行研讨的，以李爱喜的《农村信用社产权
制度模式及决定因素研究》《基于农户金融合作视角的农村信用社产
权制度改革的博弈分析》④ 以及宋磊、王家传的《山东省农村信用社
产权改革绩效评价的实证研究》《基于博弈分析的农村信用社产权改
革路径》《农村信用社产权与内部治理结构优化的制度经济学分析》⑤
最具代表性。这类研究或采取经济学的层次分析模型、动态博弈模
型，或运用实证分析法，系统考察信用社产权制度改革的绩效与不
足，指出中央政府主导下的农村信用社产权制度改革方向的正确性。
上述研究虽存在有待完善的不足之处，但总的来说视角独特、新颖，
且为本书提供了一个可资借鉴的研究范例。还有的学者从社会学的角
度出发进行研究，如赵泉民的《政府·合作社·乡村社会——国民政
府农村合作运动研究》一书。该书以农村合作运动为切入点，通过国

---

　　① 冯开文：《合作制度变迁与创新研究》，中国农业出版社 2003 年版。

　　② 傅晨：《中国农村合作经济：组织形式与制度变迁》，中国经济出版社 2006 年版。

　　③ 近年来，新制度经济学的制度变迁理论在学术界被加以广泛运用，并取得了"遍
地开花"的丰硕成果，集中表现在一大批博士学位论文的出炉。如刘勇《中国农村信用社
制度变迁研究》，博士学位论文，华中农业大学，2010 年；陈希敏《中国农村合作金融制
度变迁研究》，博士学位论文，西北大学，2006 年；类淑志《中国农村金融体系的变迁与
重构》，博士学位论文，复旦大学，2004 年；刘建《我国农村信用社发展的制度与实证分
析：以山东省为例》，博士学位论文，山东大学，2008 年；张乐柱《农村合作金融制度研
究》，博士学位论文，山东农业大学，2004 年；等等。

　　④ 李爱喜：《农村信用社产权制度模式及决定因素研究》，《农业经济问题》2011 年
第 6 期；《基于农户金融合作视角的农村信用社产权制度改革的博弈分析》，《财经论丛》
2012 年第 6 期。

　　⑤ 宋磊、王家传：《山东省农村信用社产权改革绩效评价的实证研究》，《农业经济问
题》2007 年第 8 期；《基于博弈分析的农村信用社产权改革路径》，《金融理论与实践》
2006 年第 2 期；《农村信用社产权与内部治理结构优化的制度经济学分析》，《济南金融》
2006 年第 2 期。

民政府自上而下的强制性制度安排，得以透视出 1928—1948 年 20 年间的乡村危机和社会失序现象，并通过国民政府对乡村社会生活的干预，折射出这一时期政府与乡村社会的非良性互动。正如作者所言："既能体现国家、政府与乡村社会的关系，又可以昭示出乡绅权贵在基层社会中所扮演的角色，更会外化出处于'弱势地位'的农民群体在国家政权向下层渗透过程中的获益情况及其种种心态。"① 从这一意义上来讲，该书对本书所具有的启发意义是毋庸置疑的。另外，有必要提及赵泉民的另一本著作，即《移植与嬗变：西方合作经济思想在近代中国的境遇》。该书立足于经济思想的视角，着眼于"移植""嬗变"两个基本点，指出 20 世纪上半期这场"'非常态'社会背景下的中国乡村合作运动"，终因中国社会"市场化力量的缺失""传统集体主义文化与无机群体意识的掣肘""二重社会制度结构的困厄"以及"关系信任与有限合作"②，"结果只是产生了许多不健全的合作社"③。可以说，在论述信用社改革是否需要坚守合作制时，该书给予笔者以重大启迪。

值得一提的是，这一时期的学术界虽不及改革开放后的"百家争鸣"，仍算得上"文化大革命"前中华人民共和国史上为数不多的活跃期。学术界围绕着信用社的性质、作用和前途，展开了"社会主义大辩论"。这一学者们广泛参与的"辩"信用社性质、"论"信用社作用的"大辩论"，表面上异常激烈，实则仅停留在政策方针的讨论上，尚未上升到学术的高度。此后，直到"文化大革命"，囿于当时的政治气候，整个学术界处于一种"万马齐暗究可哀"的状态，仅有的学术研究也大多附会于政治需要，整体上趋于僵化。有的刊物，如

---

① 赵泉民：《政府·合作社·乡村社会——国民政府农村合作运动研究》，上海社会科学院出版社 2007 年版，第 3 页。

② 赵泉民：《移植与嬗变：西方合作经济思想在近代中国的境遇》，中国法制出版社 2013 年版，第 7、295—342 页。

③ 寿勉成：《我国合作运动的病态及其挽救》，《合作月刊》第 10 卷第 4 期，1938 年 7 月。

《中国金融》，本应大量记载农村信用社、农贷、农业银行等实时发展状况，却因政治原因在 20 世纪 60 年代初和"文化大革命"期间处于停刊状态。这不得不说是学术领域的一大损失，而这恰巧是本书应重笔详述的时间段。资料的缺乏给本书写作造成了极大的不便，这迫使笔者不得不转向原始档案的收集和口述史料的挖掘。

改革开放之后，尤其是从 1984 年信用社开启了恢复"三性"、回归合作制的体制改革。围绕于此，学界展开了"有无合作制"和"能否回得去"的热议和对垒。关于前者，谢平认为：自愿性、互助共济性、民主管理性以及非营利性（以下简称为合作四原则）是合作金融的基本经济特征。从这一标准出发，他认为："我国正规的合作金融从来就没有真正存在过。"① 持此种观点的还有白钦先，他也认为：新中国成立后的农信社"虽然顶着合作制的招牌，但从它产生那天起就不具有合作的性质，而是集体化的怪胎"②。张乐柱也认为合作金融的产权基础是个人产权，而我国的农村信用社是以共有产权为基础的，其实质是"集体所有制"经济。所以，在信用社回归合作制的改革中，他便强调："谈不上'合作制要不要坚持'的问题，根本没有的东西，如何'坚持'？"③ 与之相反，陈雪飞则认为：合作四原则"只是理想的合作制的农村信用社应该努力达到的目标，但绝不能将其作为衡量合作金融的标准"。否则，"世界上大概已经没有真正意义上的合作制的合作社或信用社了"。因而，他认为合作制的信用社"已经存在"，只不过是处于"其发展的初级阶段"④。毋俊芝也认为，"把民主管理作为衡量农村信用社是否合作制度的主要标准是值得商榷

① 谢平：《中国农村信用合作社体制改革的争论》，《金融研究》2001 年第 1 期。

② 白钦先、秦援晋：《"退而更化"：中国合作金融的改良之路》，《财经理论与实践》2007 年第 5 期。

③ 张乐柱、王家传：《农村信用社内部管理体制研究》，《农业经济问题》2003 年第 6 期。

④ 陈雪飞：《合作制与股份制：不同经济背景下农村信用社的制度选择》，《金融研究》2003 年第 6 期。

的"。实现互助融资、保障社员利益，才是合作制的衡量标准，并进
一步说明："承认互助融资是合作制农村信用社的衡量标准并不否认
合作制原则，坚持合作制原则是实现互助融资目的的手段。"因此，
对于我国是否存在农村合作金融基础，他的回答"当然是肯定的"①。
总的来说，大部分学者还是认为合作四原则才是合作制（或合作金
融）的衡量标准，我国不具有合作制存在的土壤。关于后者，学界主
要有三种不同的观点：一是回归合作制。白钦先持这种观点，并认为
中国有着优秀的合作传统，"合会是真正的合作金融组织"，只有"退
回传统，并把传统中的优秀成分加以变化、提升，舍此，没有真正的
合作金融之路"。此即所谓的"退而更化"②。马晓楠进一步深化了该
思想，并提出了"往建放生，新建新生"的政策，即已商业化了的名
存实亡的"合作金融"组织一律放生，承认其商业银行的特性；对新
建立的，则要重构新的中国合作金融组织。③张乐柱也认为，"当前农
村经济需要合作金融"，但由于我国的合作金融已"非合作化"，因
此，"培育和构建真正的合作金融，必须更新理念，走出理论上的误
区，关键构建合作金融的个人产权基础"④。二是中性观点，反对
"一刀切"。陈雪飞认为："在以农户为主要生产单位的农村地区，农
村信用社进行合作制改革既有必要，也有可能"；"在不以农户为主要
生产单位的非农产业发达的农村地区，农村信用社进行合作制改革既
无必要，也无可能，必须进行股份制改革"。因此，提出了"合作制

---

① 毋俊芝、安建平：《试论我国农村合作金融制度的异化》，《农业经济问题》2008
年第 2 期。

② 白钦先、秦援晋：《"退而更化"：中国合作金融的改良之路》，《财经理论与实践》
2007 年第 5 期。

③ 马晓楠：《中国农村合作金融的异化与回归研究——基于三维金融架构的视角》，
博士学位论文，辽宁大学，2014 年。

④ 张乐柱：《合作金融原则与实践异化的经济分析》，《山东农业大学学报》（社会科
学版）2007 年第 1 期。

与股份制并行不悖"的观点。① 与此类似，毋俊芝也认为合作制和商业化在理论上并不矛盾，"农村合作金融组织要持续发展壮大，就必须适应市场经济的要求和满足广大弱势农民的要求，使合作制与商业化有机结合"②。姚会元也主张多元化的发展模式，经济发展水平较高的地区，可以按股份制原则构建商业银行制度体系；欠发达地区应将股份制与合作制结合起来，实行股份合作制的组织制度；贫困地区则应按照合作制原则改革农村信用社或重新孕育新的合作社。③ 从上述所论可以看出，第一种观点虽主张回归合作制，但并不排斥其他产权模式的存在，从这一意义上讲，第一种、第二种两种观点有着异曲同工之处。三是必须放弃合作制。此种观点以谢平为代表，他认为：中国近 50 年来就不存在合作制生存的条件，"在是否坚持现存农村信用社的合作制问题上，我们只有两种选择，要么继续听任农村信用社保留'合作'之名，行银行之实，使合作制成为空话；要么放弃'按合作制规范'的设想，给农村信用社重新定位"④。周脉伏则从博弈论的角度出发，通过分析政府、信用社和农民在合作制规范博弈的纳什平衡，得出"在现有信用社基础上的合作制规范不可能成功，中国的农村合作金融必须另起炉灶"⑤。易绵阳甚至认为："如果无视现实，非得把农村信用社改制成合作金融组织，其结局要么是非驴即马，要么南辕北辙。"⑥

　　第二，2003 年体制改革后的省联社及其去向研究。省联社是

---

　　① 陈雪飞：《合作制与股份制：不同经济背景下农村信用社的制度选择》，《金融研究》2003 年第 6 期。

　　② 毋俊芝、安建平：《试论我国农村合作金融制度的异化》，《农业经济问题》2008 年第 2 期。

　　③ 姚会元、陈俭：《农村信用社制度异化问题探析》，《学术交流》2008 年第 11 期。

　　④ 谢平：《中国农村信用合作社体制改革的争论》，《金融研究》2001 年第 1 期。

　　⑤ 周脉伏、稽景涛：《农村信用社合作制规范的博弈分析》，《中国农村经济》2004 年第 5 期。

　　⑥ 易绵阳、陈俭：《中国农村信用社的发展路径与制度反思》，《中国经济史研究》2011 年第 2 期。

2003 年深化信用社改革的产物，之后是持续改革的推动者，如今却成为被改革的对象。关于 2016 年中央一号文件所提出的省联社"去行政化"改革，引起了学界热议。大致有以下三种观点：一是按照市场化方式改制省联社，可供选择的方案有省级农商联合银行①、金融控股公司或金融服务公司②。二是"去行政化"并不是"去省联社"，但须弱化管理功能、强化服务功能。③ 三是继续保留一部分行政功能，发挥省联社的统筹协调作用。④

第三，新形势下信用社的发展趋向。主要有以下几个角度：一是"互联网+"背景下农村信用社的改革与发展。如陈骐以互联网为切入点，分析农村金融机构改革的必要性、优劣势以及路径策略。⑤ 二是农村信用社助力农业供给侧结构性改革的研究，如白鹏飞从整个涉农金融的角度分析了当前农村金融市场亟待解决的突出性问题，得出只有创新服务模式、加强风险管理、更新金融产品，才能实现农村金融的创新性发展，助力农业供给侧结构性改革。⑥ 三是农村信贷约束与农村金融体系创新研究。马九杰从需求方的角度阐述了金融市场上面临的金融限制，指出金融服务供给不足是信贷短缺的原因，需要加大金融产品和服务方式的创新力度。⑦

第四，农村商业银行及其今后改革方向。农商行是农村信用社

---

① 吴刘杰、张金清：《农村信用社省联社改革方向和实现路径研究》，《内蒙古社会科学》（汉文版）2016 年第 5 期。

② 蓝虹、穆争社：《论省联社淡出行政管理的改革方向》，《中央财经大学学报》2016 年第 7 期。

③ 吴立雪：《省联社体制有助于"三农"金融服务吗?》，《金融观察》2015 年第 1 期。

④ 周立：《改革的产物，被改革的对象——省联社去行政化改革述评》，《银行家》2016 年第 7 期。

⑤ 陈骐：《互联网+背景下我国农村金融改革与发展策略》，《农业经济》2016 年第 12 期。

⑥ 白鹏飞：《供给侧结构性改革背景下农村金融创新发展研究》，《延安大学学报》（社会科学版）2016 年第 6 期。

⑦ 马九杰：《农村信贷约束与农村金融体系创新》，《中国农村金融》2010 年第 2 期。

股份制改革的产物，但商业可持续发展目标与支农的政策目标难以兼顾，因此，如何真正服务于"三农"而非"输血"于各非农机构成为一些学者的忧虑。① 为此，有的学者通过实证分析，从完善股东构成、合理分配持股比例的角度出发，实现农商行经营绩效和社会效益的统一。② 有的学者则认为，既然商业化经营导致合作理想破灭，那么，引进竞争机制，将合作的范围和资金来源局限于具有信任关系的经济主体之间，必然能够实现真正经典意义上的农村合作金融。③

通过上述的学术史回顾和对研究现状的梳理可以看出，学术界关于农村信用社及其相关领域的研究，无论是从研究成果的数量、内容、视角还是研究方法来看，都为本书提供了坚实基础。但是，仔细剖析后不难发现：第一，研究内容的时间断限多集中于民国时期或 2003 年深化信用社体制改革之后，对于新中国成立后改革开放前这一段历史则因政治敏感度较高、资料散乱难以收集、信用体制变动频繁、组织管理较为混乱而鲜有涉足，即使有所提及，也往往一笔带过。第二，研究方法多套用经济学、金融学的研究范式，这对于本属经济学范畴的农村信用合作社来说，不仅无可厚非，而且确该如此。尽管如此，也须知晓"如果一个人不掌握历史事实，不具备适当的历史感或所谓的历史经验，他就不可能指望理解任何时代（包括当前）的经济现象"④。第三，偶有从历史学角度进行研究的，也往往侧重于信用社的兴起原因、发展过程、历史作用、绩效与不足，既缺乏宏观层面的国家政权与信用社体制变动之间关系的

---

① 陆磊、丁俊峰：《中国农村合作金融转型的理论分析》，《金融研究》2006 年第 6 期；凌光武等：《再论农村信用社体制改革》，《银行家》2016 年第 1 期。

② 何靖、何广文：《农村商业银行股权结构与其经营风险、经营绩效关系研究》，《农业经济问题》（月刊）2015 年第 12 期。

③ 陆磊、丁俊峰：《中国农村合作金融转型的理论分析》，《金融研究》2006 年第 6 期。

④ ［美］约瑟夫·熊彼特：《经济分析史》（第 1 卷），朱泱、孙鸿敞等译，商务印书馆 2005 年版，第 31 页。

探讨，也未涉及微观领域的国家银行、生产社与信用社之间相互关系的剖析。史学领域呈现出封闭搞研究，研究内容碎片化、研究成果空泛化的现象，失去了历史学研究应有的理论意义和资鉴作用。因此，针对当前研究所存在的不足，本书在吸收前人已有研究成果的基础上，扩宽思路、挖掘问题，多视角、全方位地考究，不求填补空白，但期有所突破。

三　研究思路与方法

本书试将山东省农村信用合作社置于中央高度集权时期的国家与社会、政权与民众、前期秩序平稳与后期激流涌动的大背景之中进行考察。之所以如此，其一，是因为这一时期的信用合作运动及体制变动囊括于社会主义改造、农业集体化、"四清""文化大革命"之中，很大程度上是政府主导下的强制性制度变迁。纵向剖析，能反映出这一"政府行为"所内蕴的经济目标、政治意图和社会动机，并在此基础上进一步揭示出国家政权与信用社体制变动之间错综复杂的关系。其二，围绕着农村信用合作社，从横向窥探信用社与国家银行、与生产社（农业生产合作社、人民公社）之间的相互关系在各个阶段的变化，进而觅寻到农村信用合作体制的变动对国家发展、农民生产生活所造成的影响。纵横相向，方能对信用体制变动作一全面剖视，也唯有如此，才能对改革开放前的山东省农村信用合作社发展史有一个较为客观的认知和把握。

基于此，笔者对本书结构做如下安排：首先（第一章）简要回顾信用合作在山东的早期实践。从中发现，无论是国民党山东省政府时期还是共产党山东根据地政权时期，山东早期信用合作都是在外部力量，或者是社会团体、省政府，或者是政党政权的推动下发生和发展的，这从根本上有异于西方小生产者自下而上的"自组织行为"。其次（第二章），详细叙述了新中国成立后山东省农村信用合作化的实现过程。从中看出，20世纪50年代初期，底层民众虽有发展信用合作、实现借贷的需求，但信用合作化的实现在很大程度上是国家政策选择的结果。在此过程中，因借助群众运动与阶级话语，信用社之所以称为合作金融的某些质素已初露"异化"端倪。再次（第三章、第四章），运用历史研究与逻辑研究相结合的方法，深刻剖析信用社从"合作金融"到"集体金融"，再到"国有金融"的变动过程。由"三社合一"和"两放、三统、一包"可知，集体金融体制的确立是国家为支援"大跃进"，实施工业化发展战略所做的体制调整；而"四清"整社以及"文化大革命"期间的"斗、批、改"则是国家权力借助底层民众的力量对信用机构所做的"改造"或"重构"，而导致信用社体制的再次变动。最后（第五章），宏观剖析信任的差序格局、交往的阶级差别、阶级话语、群众运动、政府对垄断产权的追求等政策环境对信用合作原则的制约和掣肘，同时又从微观上考察了信用社与国家银行、生产社之间的"非对等"互动关系。目的在于说明农村信用社体制变动是国家主导下的强制性制度变迁，在这一过程中，政府的力量无疑是决定性的，但也会受到外部因素，如传统、文化、人，理论与现实之间张力的制约与影响，以期对信用社之后的改革与发展提供借鉴。

本书采用的研究方法主要有：

第一，实证研究与理论研究相结合。理论研究多用于描述性的定性分析，实证研究侧重于定量分析，强调问题的客观性。笔者通过实际调研和口述访谈，获得许多有价值的第一手档案材料，并将之与理论阐述相结合，既增强了课题研究的真实性和准确性，又提升了历史研究所应有的凝重感。

第二，历史主义与逻辑主义相结合。一方面，运用历史主义的方法，按照时间顺序具体考察和分析农村信用社的建立、改组、改革、整顿的具体过程。另一方面，运用逻辑主义的方法，从国家政权的强力渗透这一角度构建出农村信用社制度变迁、组织异化的理论框架。既摆脱了历史主义的偶然性，又避免了逻辑主义的纯抽象性，溯其源流，探其规律，从而将历史主义与逻辑主义两种研究方法有机地结合起来，以期做到论从史出、史论结合。

第三，口述史学方法。口述史料有着传统文献档案、历史资料所不具备的独特的学术价值，起着传统资料所不能代替的作用。正因为如此，笔者有目的、有意识地采访了各个不同时期从事信用合作的工作人员以及编撰过信用社志的老学者。通过他们的讲述，挖掘了隐藏在历史背后的鲜为人知的人与事，廓清了历史发展的大体轮廓。

第四，多学科交叉渗透的研究方法。在研究过程中，笔者既运用了历史学理论，又借鉴了经济学、金融学、统计学、社会学等学科的研究方法。唯有如此，才能透过复杂的历史现象，全方位、多角度地阐释和剖析所存在问题的本质所在。

四　学术创新与研究不足

学术创新：

第一，对第一手资料的挖掘与运用。历史研究离不开史料，只有充分地、批判性地占有大量的历史资料，才有可能进行研究。为了深化本书的研究，挖掘出新的内容、提炼出新的观点，笔者先后到山东省档案馆以及各县市（区）地方档案馆、农村信用社、中国农业银行、中国人民银行档案室进行查阅、收集。同时，还有选择性地采访了一些信用社干部和职工，与他们进行交流，获得了弥足珍贵的第一手资料。因此，在史料上本书运用了前人很少利用却极具价值的原始档案和口述史料。

第二，首次对信用社体制变动做出全面而详尽的历史考察。就信用合作社"异化"问题的研究现状而言，学者多采用经济学理论，分析信用体制变动的原因以及未来的发展趋向。本书在查阅大量史料、档案的基础上，从宏观与微观相结合的视角出发，采用实证研究与理论研究、历史主义与逻辑主义、口述史学等研究方法，对国家政权与信用社体制变动基层社会之间的互动关系，生产社、国家银行与信用社之间的"非对等"关系，以及信用社体制变动的具体过程进行较为详细的考察，对信用社体制变动作一全景式的呈现。

第三，本书首次提出了"信用社体制变动"的概念，专注于

"变"与"动"两个基本点。"变"体现了信用社纵向发展历程中存在的多变性；"动"既揭示了国家政权与信用社体制变动之间的关系，又再现了国家银行与信用社、生产社与信用社之间的"非对等"互动。可以说，"变"与"动"贯穿全书，犹如一根线，将本书串成一个整体。

研究不足：

第一，农村信用合作社毕竟是一个经济学概念，虽然本书主要是从史学角度对这一经济现象进行追本溯源的梳理和剖视，力图规避经济理论不足对笔者所造成的限制，但仍不免有"现买现卖"之嫌。

第二，由于本书所涉及的时间断限为 20 世纪 50—70 年代，经历过该时段的信用社职工大多已去世，即使在世，也大多已八九十岁高龄，口齿有些许不清晰、方言较重、记忆间或有些混乱等，都给笔者在口述采访时带来很大不便。另外，山东省地域广泛，而笔者时间有限，这就使口述史料在翔实性、周全性、涵盖性等方面有待进一步提升。

第三，本书在写作过程中引用了大量原始档案，在价值度、珍贵性方面毋庸置疑，但由于档案所载事件的缘由和结论大都以当时的文件和口径为依据，其真实性、可靠性与历史事实本身是有一定距离的。因此，如何做到去伪存真、由表及里就成了本书写作过程中的一大难题。虽然笔者尽力将之与其他文献资料相参照，进行甄别、提炼，但囿于自身水平，在这方面仍存有很大不足。

第一章

信用合作在山东的早期实践

　　"合作"（Co-operation）一词，初译为"协作"，有广义和狭义之分。广义的合作，所涉范围非常广泛，"包括人类为谋共同利益所做的一切集体行为"；狭义的合作，单就经济活动方面讲，它指的是一种经济制度，"这种经济制度，乃指产业革命以后，人们基于经济上的共同需要，依据特定的原则，组成团体，合力经营业务的一种集体活动"①。中国的合作理念源远流长，如《礼记·礼运》篇中的大同社会所包含的互助仁爱思想，久存民间的各种社仓、钱会、合会等组织所体现的互帮互助原则等，但都不能称为真正的合作思想。严格意义上的合作组织，是西方近代资本主义社会的产物，是在"国家的财富和民族的威力不断增长，而群众的贫困、屈辱和疾苦却日益加深"②，贫富失衡和社会阶层急剧分化的社会背景下，社会底层民众和小生产者，为了缓解社会化大生产的压力，抵御社会风险，在不至于"堕落"或"灭亡"的情况下，所做出的"更适合自身需要"③的选择。就中国社会而言，真正的具有现代意义的合作思想是对西方合作经济理论的"贩卖"，是"在西学东渐潮流的裹挟下，部分知识结构、

---

　　① 尹树生：《合作经济概论》，三民书局1980年版，第1页。

　　② ［英］R.欧文：《欧文选集》第2卷，柯象峰、何光来、秦果显译，商务印书馆1965年版，第52页。

　　③ ［美］艾里希·弗洛姆：《健全的社会》，孙恺祥译，贵州人民出版社1994年版，第15页。

价值观念及行为方式发生转折的先知者为救亡图存而在传统经济之外寻求有益于社会进化的新知之结果"①；是置身异域，深受西方合作经济理念洗礼的"留洋生"，对国家前途命运殚虑、对社稷苍生慨欤，"力图'在经济学中寻找'中国社会变迁'终极原因'"②，探索改造中国、变革社会之最佳途径使然。因此，对于 20 世纪初期的中国，合作主义与其说是一种经济组织形式，不如说是解决"民生"、维持"生计"，延缓农村经济衰败的一剂良药。正所谓"盖农人经济上所受之痛苦，仍须用经济上之方法解除之"，而经济之方法，即"设立合作公社"③。然生产、消费、供销、信用等合作形式中，唯信用合作"为目前中国农村最感切要的"④。信用社为"最重要者也"，皆因其"一可以和缓平民之激烈之反动；二可以节省平民之费用；三可以增进平民之生产；四可以补救贫富之悬殊；五可以培养互助之精神；六可以减少阶级之斗争。一言以蔽之，欲解决吾国之今日之贫富问题，合作公社之功用，不可忽视也"⑤。

第一节　国民政府时期的山东信用合作
（1928—1937）

20 世纪上半叶，战祸不断、匪患袭扰、灾荒频仍、捐税苛杂，"中国整个的国民经济，可谓已到总崩溃之前夕"⑥。如何挽救中国日渐衰败之经济，使其免于破产；拯救黎民苍生于水火，使其免于动

---

① 赵泉民：《移植与嬗变：西方合作经济思想在近代中国的境遇》，中国法制出版社 2013 年版，第 3 页。

② 同上书，第 114 页。

③ 马寅初：《中国经济上之根本问题》，载《马寅初演讲集》第 4 辑，商务印书馆 1928 年版，第 198 页。

④ 马寅初：《信用合作》，载《浙江省建设月刊》第 6 卷第 2 期，1932 年 8 月。

⑤ 马寅初：《中国经济上之根本问题》，载《马寅初演讲集》第 4 辑，商务印书馆 1928 年版，第 201—202 页。

⑥ 马寅初：《中国经济改造》，商务印书馆 1935 年版，第 1 页。

荡，成了社会各界贤达人士广泛关注的时代课题。正所谓"农民流亡，田园荒芜，赋税收入短绌，银行营业不振"，以至"农村救济或复兴农村的声浪，弥唱弥高。这才，银行，政府，以及乡村建设者……上上下下，一致推行合作"①。在这场喧嚣一时的乡村合作运动中，山东信用合作经历了由民间社会团体（华洋义赈会）诱致性倡导，到国民党山东省政府强制性制度安排的变迁过程。除此之外，还出现了社会团体与地方政权联合实施及推行的信用合作运动，如在国民党山东省政府主席韩复榘的支持下，以梁漱溟为代表的乡村建设派在邹平县乡村建设试验中对信用合作的提倡和推广。

一　华洋义赈会的诱致性倡导

近代山东的信用合作发轫于华洋义赈会在华北五省的"合作防灾"实验。"与其临时救济，不如平时能予全国农民以经济上之便利，得以信用设贷，除一部分罕见奇灾外，其他普遍天灾，总可十防八九。"②"河北是苗圃，各省是林场"，在华洋义赈会的指导下，信用合作"在河北中国化"后，很快传播到全国各省区。③ 山东信用合作也得此"浇灌"，从1929年华洋义赈会在山东举办掘井贷款起，到1932年将其举办的合作事业全部移交山东省合作事业指导委员会止，山东信用合作走过了民间社会团体独立倡导下的诱致性变迁历程。

华洋义赈会（全称"中国华洋义赈救灾总会"，China International Famine Relief Commission）是一个专业性的救灾放赈机构。1920年，河北、山东、山西、陕西、河南五省大旱，赤地千里，华洋义赈会在惨痛的救灾、赈灾经历后，深感防灾重于救灾。救灾，则为应急，虽

---

① 王毓铨：《中国农村合作运动》，《中国经济》第3卷第6期，1935年6月。

② 章元善：《华洋义赈会的合作事业》，载中国人民政治协商会议全国委员会文史资料研究委员会编《文史资料选辑合订本》第80辑，中国文史出版社1982年版，第159页。

③ 章元善：《我的合作经验及感想》，天津《大公报》《社会问题双周刊》第6期，1933年4月29日。

可收一时之效，实乃治标；防灾，预则立，不预则废，以备不时之需。为了制定切实的防灾策略，使救灾工作有的放矢，经戴乐仁（J. B. Tayler）和卜凯（John Lossing Buck）深入调查后，发现"盖农民穷困，乃是灾荒之根本原因，若农民富裕，纵有荒凶年岁，亦不至成灾"[①]。如此，华洋义赈会"在经过了一番充分之研究后，已从西方诸国所得的经验中，获得了一个相当的解决方法。这个方法并非别的，就是农村的借贷合作计划"[②]。1922 年 4 月，华洋义赈会设立农利委办会，通过燕京、清华、师大等学校 75 名教授和学生对直隶、山东、江苏、浙江、河南、湖南、山西等省区 240 个村庄的调查后，决定以直隶京兆为试验区，成立雷发巽式的信用合作社。1923 年 4 月，农利委办会制定了《农村信用合作社空白章程》，同年 6 月，中国历史上第一个农村信用合作社在河北香河县成立。

　　"中国的合作运动，自有中国的特色，这种特色的培养基地，就是河北。"[③] 举办合作讲习会、设立合作巡回书库、开办农事讲习所等，华洋义赈会的"认真"与"耐心"[④] 推动了河北省信用合作的燎原发展。从 1923 年至 1927 年，河北的"信用合作社自 8 社增至 561 社，会员自 256 人增至 13190 人，已缴纳股金由 286 元增至 20698 元"[⑤]。"西方传来的合作，先在河北中国化，然后再向各省去传播，并供各省的采用与参考。"[⑥] 山东信用合作就是在此背景下得以顺利开展。1929 年，华洋义赈会在山东举办掘井贷款，拉开了信用合作事业在山东开展的序幕。为了更好地开展信用合作，1929 年 11 月，山东

---

① 孔雪雄：《中国今日的农村运动》，中山文化教育馆出版物发行处 1934 年版，第 219 页。

② ［美］马罗立：《饥荒的中国》，吴鹏飞译，上海民智书局 1929 年版，第 177 页。

③ 章元善：《合作文存》上册，中国合作图书社 1940 年版，第 14 页。

④ 孔雪雄：《中国今日的农村运动》，中山文化教育馆出版物发行处 1934 年版，第 258 页。

⑤ 郑季楷：《中国合作运动的回顾与前瞻》，《农村经济》1934 年第 9 期。

⑥ 章元善：《我的合作经验及感想》，天津《大公报》《社会问题双周刊》第 6 期，1933 年 4 月 29 日。

省政府邀请华洋义赈会来鲁协助、指导。1931 年，"山东合作社在义赈会协助下成立者凡 35 社，跨 8 县"①。鉴于 1932 年河北棉花运销合作社成立前，华洋义赈会一直专注于信用合作，我们有理由相信，这 35 个合作社基本属于信用合作性质。

　　事实上，华洋义赈会并不直接办理信用合作社，"不过提倡指导之"，"各信用合作社之发起，大概都由当地农民自动组织"②，带有明显的诱致性制度变迁特征。其一，各地信用合作社系由当地农民自动组织，华洋义赈会始终"立定在第三者的地位，去倡导农业合作社"③。华洋义赈会在《推进合作事业方案》中明确规定："合作社乃农民自身之组织，其发达与进展，应基于农民之自觉与努力。但在农民能力尚在薄弱之时，本会应尽全力，灌输关于合作之知识技能，及供给资金之便利，以冀引起农民之兴趣与热心，以达纯由农民自动组织合作社，及联合会之境地。"④ 其二，合作组织建立后，华洋义赈会只是"从旁扶植"，按照一定程序予以调查、指导，协助其发展本社事务。首先，以通信的形式指导农人们如何组织、如何登记，并寄给空白章程和各种表格。待信用社在其所在县申请登记，取得法人资格，组织就绪后，华洋义赈会再按照以下程序予以承认，即待承认社填具承认请愿书，且义赈会接到此请愿书后，由农利股派员实地考察，再经合作委办会审核，认为该合作社信用可靠，一切手续均合格者，发给承认证书，予以承认。如若请求借款，还需继续审核，认为有必要，才与之订立放款合同，否则，不予承认，不给放款，以待其改进。⑤ "赈会对各社的辅导是以

　　① 章元善：《合作与经济建设》，商务印书馆 1938 年版，第 24 页。

　　② 孔雪雄：《中国今日的农村运动》，中山文化教育馆出版物发行处 1934 年版，第 237 页。

　　③ 章元善：《我的合作经验及感想》，天津《大公报》《社会问题双周刊》第 6 期，1933 年 4 月 29 日。

　　④ 章元善、许仕廉：《乡村建设实验》第二辑，中华书局 1935 年版，第 405 页。

　　⑤ 孔雪雄：《中国今日的农村运动》，中山文化教育馆出版物发行处 1934 年版，第 237 页。

'承认社'为对象的。"① 如菏泽地区农民组建近似信用合作社一组织，"蒙华洋义赈会、民生中国两银行之协助，共计贷出款项 12 万元，对于农民裨益非小"②。其次，定期刊印、发行《合作讯》（一种以白话文编写的说教式的读物），保持、加强与扩大同农人之间的联系。经常分派外勤人员亲赴各地合作社指导信用工作。外勤人员有调查员和视察员两级之分，调查员的级别较低，主要负责"核对工作、报道情况、遇事请示、就地解释等等"；调查员则可"对具体问题向有关的合作社提供意见，帮助解决问题"。"外勤人员同农利股之间保持着定期通信制度，从而逐步提高工作的质量，起到定期报表不能起到的作用。他们分批分组，外勤一时，回会一时，使赈会与合作社经常取得联系。"③ 最后，教育、培训社员，提高合作水平，锻炼并增强各信用社独立能力。定期举办"合作讲习会"，训练社员、培训讲员；设立"合作巡回书库"，提高社员文化水平；试办"合作社社务扩大周"，推广合作教育；开办"农事讲习所"，培养农业技术人员；等等。这一切均提高了各地信用合作社的独立发展能力。无怪乎于树德说道："凡敝会指导下的合作社，都是各地农民自动组织起来的，所以假使敝会自现在起停止提倡合作事业的工作，河北省的合作社一时固不免受点挫折，但是必然仍能前进不辍。"④ 其三，制定"合作社社务成绩考成办法"，并将考核成绩与放款数额"绑定"在一起，激励各社努力改进本社社务。华洋义赈会每年年底进行考核，评定计分、分列等次。"考成标准凡二十四项，皆以分数表示之，分别甲、

---

① 章元善：《华洋义赈会的合作事业》，载中国人民政治协商会议全国委员会文史资料研究委员会编《文史资料选辑合订本》第 80 辑，中国文史出版社 1982 年版，第 141 页。

② 山东省供销合作社联合社史志办公室：《山东省供销合作社史料选编（1924—1949）》，山东人民出版社 1991 年版，第 632 页。

③ 章元善：《华洋义赈会的合作事业》，载中国人民政治协商会议全国委员会文史资料研究委员会编《文史资料选辑合订本》第 80 辑，中国文史出版社 1982 年版，第 353 页。

④ 于树德：《中国华洋义赈救济总会的水利道路工程及农业合作事业报告》，载章元善、许仕廉《乡村建设实验》第一辑，中华书局 1934 年版，第 146 页。

乙、丙、丁、戊等，视考成等第之优劣，承认之久暂，以为决定放款额的多寡之标准，自三百元至三千元不等。"①如此一来，既有利于激励成绩不好的合作社努力改善社务，也使各社的经营好坏一目了然，便于义赈会进行指导。总之，华洋义赈会以低利贷款为诱饵，"引导农人们的自动"②；以严格的资格承认制度为门槛，锻炼各待承认社之耐性和诚意；以各种教育、培训、巡回指导为媒介，以提高各承认社的独立发展能力；以经常性的社务成绩考核制度为手段，诱使各合作社努力完善社务。

在华洋义赈会的指导推动下，山东省信用合作社依照上述原则，得以迅速开展。1931年国民党山东省政府意欲与华洋义赈会联合制订推广山东合作事业计划，然恰逢江淮发生特大水灾，华洋义赈会遂将其扶植中心转向了皖、赣、湘、鄂四省，合作事业计划一事就此搁浅。自1932年国民党山东省政府"接棒"信用合作事务，政权的作用逐渐加大，从"合作指导制度"的确立到《山东省合作社暂行章程》的颁布，强制性制度安排促使山东信用合作事业得以迅速开展。此后，作为一支重要的民间力量，华洋义赈会虽仍继续从事着山东合作事务的指导工作，但是，合作事业发展的主流已进入国民党山东省政府强力主导阶段。

二　国民党山东省政府的强制性制度安排

国民党山东省政府作为权力机关正式提倡农村合作事业，始于1929年6月，以省农矿厅内设合作事业指导委员会为标志。事实上，早在1928年，国民党山东省政府就已选送学员参加中国合作社在南京举办的合作社职员训练班，并深受南京国民政府办社理念的影响。这

---

① 章元善、于树德：《中国华洋义赈救灾总会的水利道路工程及农业合作事业报告》，载《乡村工作讨论汇编》，中华书局1934年版，第139页。

② 章元善：《我的合作经验及感想》，天津《大公报》《社会问题双周刊》第6期，1933年4月29日。

就是，既要"解除民众所感受之束缚及压迫，实现民生主义之新国家"①，又要"使人民的精神能够团结，行动能够统一，力量能够集中"②，还要消弭共产党领导的土地革命，稳定统治根基的办社思想。之前，虽有华洋义赈会致力于合作倡导，亦有少数合作团体短暂存在于山东，均因"唯皆重在实行，缺少宣传功夫，故彼时仅为少数人所注意，社会上合作呼声，尚极沉寂"③。由此可见，希冀短期内将"合作"从"沉寂"发展成为一场"运动"，唯靠山东省政府行政力量自上而下强力推进方可。

首先，确立"自上而下"的合作行政体系。1929 年，于省农矿厅内设合作事业指导委员会，是为山东省合作行政设施之发端。1930年，"农矿厅改为实业厅，厅内设合作事业指导委员会如旧"④。1933年，合作事业指导委员会因实业厅并入建设厅，遂改隶建设厅。同年，因黄河水患、经费锐减，各县行政机构大量裁撤，合作社指导所亦在裁废之列，县一级指导员遂并入县政府第四科办公。1936 年 3月，建设厅合作事业指导委员会改组为建设厅合作实业指导处，指导处秉承山东省政府建设厅之命，总揽全省合作行政事宜。后因合作事业发展之需要，于指导处下分设临清、济南、高苑、惠民、益都 5 个区指导办事处，区指导办事处受命于指导处，分别指挥所辖县份合作指导事宜。⑤ 由此，"区指导办事处→指导处→建设厅→省政府"形成了层层隶属关系。山东省内一切合作事业，最终处于省政府的强力控制之下，而"指导处不过负实际指导设计之责耳"⑥。

---

① 李自发：《中国合作运动前瞻》，《中国经济》第 3 卷第 1 期，1935 年 1 月。

② 张其昀：《先总统蒋公全集》第 1 册，中国文化大学出版社 1984 年版，第 15 页。

③ 山东省合作学会：《山东合作运动概况报告》，《合作月刊》第 6 卷第 11—12 期合刊，1934 年。

④ 《山东合作事业报告》（1936 年 9 月），载山东省供销合作社联合社史志办公室编《山东省供销合作社史料汇编（1924—1949）》，山东人民出版社 1991 年版，第 708 页。

⑤ 同上。

⑥ 同上书，第 709 页。

其次，创立"合作指导制度"，训练、培养合作人才。一方面，开设"合作指导人员养成所"，招收学员，进行培训。训练期满，由省政府派遣经训练合格的学员分赴各县任合作社指导员，负责启发当地民众，推进合作事业。1929年6月，山东省农矿厅（后改名为实业厅）在泰安创办第一期合作社指导人员养成所，共招收学员60人。训练半年后，经各项考核成绩合格者，派赴各县从事合作事业推广事宜。在此举影响下，山东各县也开始创办合作讲习会，到抗战爆发前夕，"（山东）所组织之各种合作，均能切合农村需要，农民对于合作，亦渐成兴趣"[①]。另一方面，设置合作事业指导委员会，统一全省合作事务。1929年11月，于省农矿厅内成立合作事业指导委员会。该会主要执掌合作事业的"宣传及指导事项；推广及组织事项；设计及改进事项；各县规章之厘定及审核事项；调查统计编纂事项；农民金融之调剂事项；合作事业咨询之答复事项；农民经济之调查统计事项；登记之审核事项；各县市合作社指导员之任免及奖惩事项；各县市合作社指导员工作之视察事项；各县市合作社指导员之训练指导及监督事项；建设厅之饬办事项"[②]。这样，合作事业指导委员会和指导员养成所两大组织机构的设立，从制度和人力资源上为山东省合作运动的开展提供了保障。

最后，颁布《山东省合作社暂行章程》，确立农村合作组织合法性地位。1929年11月，山东省农矿厅颁布了《山东省合作社暂行章程》，共12项102条。该章程对合作社的种类、设立条件、职能范围、社员资格、组织机构、监督机关、处罚制度、解散和清算等方面的内容作了详细的规定，以法令的形式保证了信用合作事业的顺利开展。[③]

---

① 山东省合作学会：《山东合作运动概况报告》，《合作月刊》第6卷第11—12期合刊，1934年。

② 《合作社法》，山东省供销合作社联合社史志办公室编：《山东省供销合作社史料汇编（1924—1949）》，山东人民出版社1991年版，第601页。

③ 《山东省合作暂行章程》，《济南市市政月刊》第2卷第3期，1930年。

抗战爆发前，山东省农村合作运动在省政府的强力推动下迅速扩展开来，但发展很不平稳，明显地表现为1930—1934年的迅猛发展和1935—1936年的急剧下降（见表1-1）。

表1-1　　　　　1929—1936年山东省农村合作社发展状况

社别	数量	1929	1930	1931	1932	1933	1934	1935	1936	统计
信用	社数			16	53	260	345	273	40	987
	社员数			482	1051	6384	8456	5536	933	22842
	股金			3269	7637	60190	62277.5	31624.5	4493	169491
生产	社数			4	10	17	46	67	19	163
	社员数			119	230	430	1389	1687	305	4160
	股金			1740	1698.5	5155	8711.5	7207	709	25221
运销	社数				15	22	95	13	30	175
	社员数				612	500	2327	205	476	4120
	股金				1447	7027	3143	3233	700	15540
消费	社数	1	2	2	5	26	27	15	1	79
	社员数	135	58	151	337	638	1280	1963	18	4580
	股金	270	564	1325	3816	15968	10967	13063	36	46009
利用	社数					2	2	18	2	24
	社员数					22	128	368	32	550
	股金					400	755	576	350	2081
合计	社数	1	2	22	85	327	531	370	90	1428
	社员数	135	58	752	2252	8080	13820	9423	1732	36252
	股金	270	564	6334	14998.5	89095	85675	55467.5	5938	258342
备考										

资料来源：《山东合作事业报告》（1936年9月），载山东省供销合作社联合社史志办公室编《山东省供销合作社史料选编（1924—1949）》，山东人民出版社1991年版，第711页。

这一发展态势与山东省政治局势的变化有着莫大关联。1930年中原大战之后，韩复榘出任国民党山东省政府主席，山东省进入了一个短暂而相对稳定的社会发展时期。1934年山东农村合作事业达到了抗战前的最高峰，共有合作社531处，社员13820人，股金85675元，与1929年相比，分别增加了531倍、102.3倍、317.3倍。其中，信用合作社发展更为迅猛，分别是总社数的64.9%、社员总数的61.1%和股金总额的72.6%。1935年，华北事变后，山东局势动荡不安直接危及农村合作事业的发展。从1935年开始，合作社数量急剧下降，1936年仅剩90处，社员人数减至1732人，股金跌至5938元，分别为1934年的11.5%、11.0%和7.2%。

另外，由表1-1可知，信用合作虽不是最早在山东设立，但发展势头却是最为迅猛的，这与全国范围内信用合作"异常"发展的节奏是一致的。但从1934年后的发展态势上看，运销合作社曾出现过短暂复苏，从1935年的13处，增加到1936年的30处。究其原因，"至二十三年（即1934年，引者注），以鉴于农村合作事业之推进应适合农村之急需，及政府指导力量之运用，遂决计以农村特产为目标，侧重特产之生产运销合作……"[1] 因此，美棉生产运销合作社、蚕业生产运销合作社和烟叶生产运销合作社获得了相对迅速的发展（见表1-2）。

表1-2　　　　1936年一般合作社和特产合作社发展状况之统计

社别 数量	一般合作						特产合作				统计
	信用	生产	消费	运销	利用	合计	棉业	蚕业	烟叶	合计	
社数	987	163	79	175	24	1428	2034	342	111	2487	3915
社员数	22842	4160	4580	4120	550	36252	53801	7021	2710	63532	99784
股金	169491	25221	46009	15540	2081	258342	89910	13744	5254	108908	36725

资料来源：《山东合作事业报告》（1936年9月），载山东省供销合作社联合社史志办公室编《山东省供销合作社史料选编（1924—1949）》，山东人民出版社1991年版，第722页。

1937年抗战爆发后，山东境内广受日军蹂躏，损失惨重，物资急缺，人民生活窘困。"为适应军民需要，乃积极指导组建产销合作社，并成立省合作社物品供销处，辅导合作社业务经营，在民国三十二年

---

[1] 《山东合作事业报告》（1936年9月），载山东省供销合作社联合社史志办公室编《山东省供销合作社史料选编（1924—1949）》，山东人民出版社1991年版，第710页。

度内，经营特产之主要合作社。"① 信用合作社遂愈益缩减，迨至
1945 年，随着国民党山东省政府合作经费的渐趋枯竭，省政府强力主
导下的农村信用合作运动也渐趋沉寂。

三　社会团体与国民党山东省政府的携手联合

除华洋义赈救灾会诱致性倡导和国民党山东省政府强制性制度安
排下的信用合作运动，在齐鲁大地还存在一种由社会团体和地方政权
联合倡导下的信用合作运动。其中，最具有代表性的就是在国民党山
东省政府主席韩复榘的支持下，梁漱溟领导的乡村建设派在邹平乡村
建设运动中对信用合作的倡导。

20 世纪 30 年代，乡村建设思潮涌动。截至 1934 年，全国从事乡
村建设的团体已有 600 多个，试验区、试验点多达 1000 余处。其中
比较著名的有河北定县的乡村教育实验区、南京的晓庄学校、江苏昆
山徐公桥的乡村改进试验区等。在 "南北各地乡村运动者，各有各的
来历，各有各的背景。有的是社会团体，有的是政府机关，有的是教
育机关；其思想有的'左'倾，有的右倾，其主张有的如此，有的如
彼"② 的时代大背景下，梁漱溟领导的山东邹平试验区堪称典范。从
1931 年 3 月梁漱溟在山东省主席韩复榘的支持下筹办山东省乡村建设
研究院起，到 1937 年 12 月日军占领山东，韩复榘先战后逃，试验工
作被迫中断止，历时 7 年的山东邹平乡村建设运动在中国农村社会发
展史上写下了浓墨重彩的一笔。

梁漱溟搞乡村建设的念头，起自中学时代，但真正投身于乡村
建设运动则始于 1924 年的曹州办学，即应好友王鸿一之邀赴山东菏
泽试办中学高中部。1927 年南下广东，在李济深部从事"乡治"；
1929 年赴河南辉县参与筹办村治学院（因中原大战而中断）；1930

---

① 陈岩松：《中华合作事业发展史》上册，台湾商务印书馆 1983 年版，第 307 页。

② 梁漱溟：《我们的两难处》，载《梁漱溟全集》第 2 卷，山东人民出版社 1990 年
版，第 582 页。

年应时任山东省政府主席韩复榘之邀，赴鲁继续从事乡村建设事业。韩、梁合作，可以说"完全是一种政治上的相互利用"①。于梁漱溟而言，"搞改造，自己没有实验的地方，必须依靠上层力量，省主席是上层，不划给我们地方，我们就没法干，是靠他们取得的机会"②。当徐树人问及缘何一定要在山东搞乡村建设时，梁漱溟更是一语中的地回答道："除了山东之外还有什么地方允许我们这样搞呢？原来意趣不一致的，到事实面前可能渐渐一致；原来意趣一致的可能遇到事实又可能不一致了。"③对于韩复榘来说，梁漱溟的从乡村入手施以地方自治，最终达到宪政国家的政治理想，与其作为地方军阀实现割据自治，以成"独立王国"的政治意图不谋而合。不仅如此，借助于乡村建设运动，既可提高山东的地方实力，还能为自己赢得好的声誉。正是在这一背景下，名噪一时的乡村建设运动在山东邹平拉开帷幕。

合作思想和实践是梁漱溟乡村建设运动理论和实践的重要组成部分。梁漱溟曾说：从乡村入手，就8个字，即"团体组织，科学技术"。其中，所谓的"团体组织"，就是以合作社的形式将散漫的、各顾各家的农民组织起来。④梁漱溟认为中国必须走向合作，合作组织是"走往理想社会"⑤的必由之路。其一，"中国是出名的散而弱的社会，没有大工业都是小工业，农村中也多是小作农；无疑的也都是

---

① 吕伟俊：《民国山东史》上册，山东人民出版社1995年版，第420—421页。

② 成学炎：《梁漱溟先生谈山东乡村建设》，载山东省政协文史资料委员会、邹平县政协文史资料委员会编《梁漱溟与山东乡村建设》，山东人民出版社1991年版，第86页。

③ 徐树人：《我担任邹平实验县县长的前前后后》，载山东省政协文史资料委员会、邹平县政协文史资料委员会编《梁漱溟与山东乡村建设》，山东人民出版社1991年版，第97页。

④ 成学炎：《梁漱溟先生谈山东乡村建设》，载山东省政协文史资料委员会、邹平县政协文史资料委员会编《梁漱溟与山东乡村建设》，山东人民出版社1991年版，第67—68页。

⑤ 梁漱溟：《乡村建设理论》，上海人民出版社2011年版，第261页。

散者弱者。在此国际竞争底下无法不走合作社的路"。正所谓,"总是弱者散者才需要合作,才容易走向合作的路"①。其二,积贫积弱的国家面临的最真实、最迫切的问题就是生计,"只有生计问题,能逼着中国人合作,是养成中国人团体生活习惯、合作组织能力的最合适的道路"②。其三,解决生计问题、摆脱贫困局面就必须增值财富。然而,增值财富之路,既不同于欧美,也有异于俄国,个人资本主义不行,国家资本主义亦不可,如是,"中国的财富恐怕要靠合作才能增殖起来"③。其四,既然中国要走组织起来的道路,那么"眼前最显明最有力的,就是合作社的趋势。中国将来有的团体组织是合作社,不是国家"④。从1931年9月第一个棉花运销合作社在孙镇村成立,到1934年冬,因调剂农村金融、打击高利贷之需,组建信用合作社止,邹平试验区的乡村合作运动渐成气候。不过,信用合作的发展明显滞后于产、销合作。据统计,到1936年底,全县共成立合作社307个,社员8828户,股金12442元。其中,棉花运销合作社共156所,占合作社总数的50.8%;社员2623人,占社员总数的29.7%;股金3826元,占股金总额的30.7%,而同期的信用合作社仅有48所,社员1095人,股金2497元,分别为其总数的15.6%、12.4%以及20%。⑤ 这一发展状况充分体现了梁漱溟的"合作生产论",即先生产后流通(包括信用和消费)的理念。梁漱溟认为:"合作运动为着社

---

① 梁漱溟:《乡村建设理论》,载《梁漱溟全集》第2卷,山东人民出版社1990年版,第427—428页。

② 梁漱溟:《乡村建设论文集》,济南华文局1934年版,第181页。

③ 梁漱溟:《中国合作运动之路向》,载《梁漱溟全集》第5卷,山东人民出版社1993年版,第603页。

④ 梁漱溟:《乡村建设理论》,载《梁漱溟全集》第2卷,山东人民出版社1990年版,第281—282页。

⑤ 罗子为:《邹平各种合作社二十五年概况报告——序言》,载《乡村建设》第6卷第17、18期合刊,1937年。

会需要不同，在不同的国度内，就有不同的发展。"① "在工业社会中，容易从消费合作做起，消费合作在其合作事业中占一项顶大的位置，英国即是如此。而中国农村的合作，恐怕要从生产合作、利用合作做起；大家合起来共同生产。"② 这是因为西方国家"技术已进步很高，产业发达已很可观，在经济上或者已有其一方面之成功，或者正在有路子走"。而此刻的中国"尚在启蒙时代，都还没有路走"，其"顶大的问题、极迫切的需要，就是俗话说的'造产'，就是开发各项生产事业，增殖财富"。所以，"人家以合作来解决消费问题，我们则以其来解决生产问题"③。

梁漱溟是一个合作主义者，他攫住了 20 世纪 30 年代中国乡村社会"非合作，无以图存"的脉络，在山东开展了一场轰轰烈烈的乡村合作运动。其后，虽因"偏从主观愿望……缺乏客观形势的分析"④而致"号称乡村运动而乡村不动"⑤ 的悲凉结局，但毕竟找寻到了中国乡村"从合作上增殖的财力（或曰财富）将让公共财富一天天的大，而很自然地趋向于财产的社会化"⑥ 的合作发展之路。他重视生产合作，优先推行且重点发展，这虽不同于西方国家以消费合作为起点的发展路径，也有别于省政府强制安排下信用合作"一枝独秀"的发展状况，但却切中了 20 世纪二三十年代"不好的程度，更加深加

---

① 梁漱溟：《乡村建设理论》，载《梁漱溟全集》第 2 卷，山东人民出版社 1990 年版，第 428—429 页。

② 梁漱溟：《中国合作运动之路向》，载《梁漱溟全集》第 5 卷，山东人民出版社 1993 年版，第 603 页。

③ 梁漱溟：《乡村建设理论》，载《梁漱溟全集》第 2 卷，山东人民出版社 1990 年版，第 428—429 页。

④ 梁漱溟：《我致力乡村运动的回忆和反省》，载《梁漱溟全集》第 7 卷，山东人民出版社 2005 年版，第 426 页。

⑤ 梁漱溟：《我们的两难处——二十四年十月二十五日在研究院讲演》，载《乡村建设理论》，上海人民出版社 2011 年版，第 402 页。

⑥ 梁漱溟：《乡村建设理论》，载《梁漱溟全集》第 2 卷，山东人民出版社 1990 年版，第 303 页。

重加速，乡下人简直无以为生了"① 的国情，以及西方国家"技术已进步很高，产业发达已很可观，在经济上或者已有其一方面之成功，或者正在有路子走……唯独中国在经济上，尚在启蒙时代，都还没有路走"② 的世情。因而得出如下结论：如若中国的合作运动"不积极地向生产方面涉及，则易堕为资本主义农业榨取的工具。充其量也只是小独立生产者之向资本主义适应的方法，是表面的、空虚的、寄生的……所以合作运动之充实自身、强化自身的方法，就是积极向农业生产部门渗透"③。

综上所述，20 世纪二三十年代，山东省农村信用合作运动是在外部力量的推动下开展起来的。从华洋义赈会最初的诱致性倡导，到国民党山东省政府的强制性制度安排，山东信用合作运动经历了民间团体和地方政权分别独立领导、时间上相互衔接的两个阶段。与此同时，乡村建设思潮风云激荡，基于不同的政治目的，以梁漱溟为代表的乡村建设派与以韩复榘为首的国民党山东省政府携手联合，共同在邹平县开展了一场轰轰烈烈的乡村建设运动。从总体上看，无论是华洋义赈会的倡导还是省政府的领导，信用合作社在这一时期都获得了"异常"发展，取得了"一枝独秀"的地位。只是缘于战争之需要、农民之急需、政府指导力量之运用，运销合作社特别是特产生产运销合作社才会"逆势而上"。与此相反，梁漱溟则始终认为"如果合作是应于需要而来的话，那么中国的合作决不是消费合作，一定是生产合作"④。因此，在他指导下的邹平县乡村建设试验区从一开始就将发展生产合作作为农村合作运动的起点和

---

① 梁漱溟：《乡村建设大意》，载《梁漱溟全集》第 1 卷，山东人民出版社 1990 年版，第 604 页。

② 梁漱溟：《乡村建设理论》，载《梁漱溟全集》第 2 卷，山东人民出版社 1990 年版，第 429 页。

③ 同上书，第 542 页。

④ 梁漱溟：《中国合作运动之路向》，载《梁漱溟全集》第 5 卷，山东人民出版社 1993 年版，第 615 页。

重点，即所谓的"造产"。然而，无论是基于何种力量的领导，都没有抵得过战争对经济的摧残。1937 年，随着抗日战争爆发，国统区的乡村合作运动渐入低潮。

第二节　共产党领导下的山东信用合作
（1940—1949）

1940 年 8 月 7 日，共产党领导的山东省战时工作推进委员会将广泛发展合作事业列入《山东省战时施政纲领》，此举乃为中共有计划、有步骤地领导山东军民开展互助合作运动之开端。① 根据地合作运动的开展，很大程度上缘于扶助农民、发展生产、支援战争之需要。1941 年至 1943 年上半年，日本侵略者动用大批兵力对山东抗日根据地施以"治安强化"、经济封锁和规模空前的军事扫荡，"使我人力、物力、财力遭受到空前的浩劫——壮丁、牲畜、农具、粮食受到重大损失"②。在此艰难困境下，为了保证抗日军民的物质供给，巩固根据地革命政权的群众基础，山东各级抗日人民政府，领导广大军民进行减租减息，开展互助合作运动。

1940 年 11 月 11 日，山东省临时参议会通过并公布了《减租减息

---

①　事实上，早在抗日根据地创建时期，山东省莘县（朝城县、观城县）就已有了信用合作的萌芽。1938 年，苏鲁豫皖边区书记郭洪涛在县委书记会议上首次提出了发展合作社问题。1939 年中共苏鲁皖分局把开展合作事业列为抗日根据地建设的一项重要任务，并进行了合作社试点工作。但直到 1940 年，中共山东分局、山东省战时工作推进委员会才将广泛发展合作社列入《山东省战时施政纲领》，并制定了《合作社暂时规程》《合作社暂时规程实施细则》《县、区合作社联合社章程》等一系列较为完善的法规、制度，由此开启了中共有计划、有步骤地领导山东军民开展互助合作运动之开端。如 1940 年 8 月 4 日，《大众日报》突出介绍的朝城县五区粮食运销合作社，即为鲁西北地区创办最早的合作社之一。

②　《山东省战时工作推进委员会关于春耕的指示》，载山东省档案馆、山东社会科学院历史研究所合编《山东革命历史档案资料选编》第 8 辑，山东人民出版社 1983 年版，第161 页。

暂行条例》，规定了"双减"的标准为"地主之土地收入，不论租佃、半种、一律照原租额减少五分之一"，"按收获分粮者，不论其种子、肥料、农具谁负均按原定分粮比例，地主减收五分之一（减租百分之二十）"。"钱主之利息收入，不论新债旧欠，年利率不得超过一分五厘"；"十年以上之旧债，债务人得商请债权人停息还本，债权人不得借故拒绝"；"长期借债者所交利息之总和，不得超过本金"①，此即所谓的"五一减租、分半减息"。从1940年11月至1941年底的初步发动、宣传试行，到1942年1月至1943年10月的全面开展，再到1943年冬至1944年底的运动查减，封建剥削制度遭到严重削弱，仅牟平七县，减租退租即达10130163斤，文登县经查减获土地50000余亩，约占全县土地的1/10。截至1945年上半年，全省有50%—80%的村庄进行了查减，有的地方甚至高达90%。②然而，我们却不得不面对这样一个事实，即根据地的借贷关系出现严重停滞。"双减"中的减息政策在沉重打击封建高利盘剥的同时，也切断了农村中旧有的借贷链条。此前农民"害怕这时候青黄不接借不到粮"③的畏惧心理，真的就成了"今天广大农民群众最感痛苦的事"④。之后，政府虽以法律条文明确规定："凡抗战前成立之借贷关系，应以清理借债为原则，并厉行分半减息；债务人付息达原本一倍者，停利还本，付息达原本两倍以上者，债务消灭；清理之借款，债务人不得拒不清偿，其拒不清偿者，债权人得依法诉追之"；"凡抗战后本条例颁布前成立之借贷关系，以实行减息调处争议为原则"；"本条例颁布之后成立之借贷关系，其利率应按当地习惯双方自由议定，以利金融

---

① 《减租减息暂行条例》，载山东省档案馆、山东社会科学院历史研究所合编《山东革命历史档案资料选编》第6辑，山东人民出版社1982年版，第64页。

② 张永泉、赵泉钧：《中国土地改革史》，武汉大学出版社1985年版，第206页。

③ 《滨海区各县佃农迫切要求减租减息改善生活》，《大众日报》1942年5月28日。

④ 《中共山东分局关于减租减息改善雇工待遇开展群众运动的决定》，《大众日报》1942年5月25日。

流通为原则"①。但是，农村中借贷停滞的局面仍难以缓解。"在今天这样贫乏的农村中，分半行息是行不通的……完全按照习惯不加限制，也使农民吃亏太大。"② 为此，薛暮桥提出了处理借贷纠纷时的最高利率标准："借钱还钱，一年以上者，最高利率不得超过年利二分；一年以内者，最高利率不得超过月利三分。禁止利上滚利，利息总额不得超过原本一倍。""借粮还粮，麦收前借，麦收后还，至多加利百分之二十。春借秋还，至多加利百分之五十。""借粮还钱，如果'听涨不落'，不得再加利息，粮价涨落太大时候应予适当调剂。""借钱还粮，或还其他农产品，预买农产品所得利益最高不得超过五分，超过五分（还时市价超过买价一半）时，应将超过部分退还卖主（债务人）。"此外，"放工夫账应按普通利息及短工工资计算，如果应得工资已经超过应付本利，即应算还"③。尽管如此，在借贷资源稀缺、借贷关系被压制、借贷环境沉闷的情况下，"贫苦农民仍可能以更加高的利率，秘密去向地主高利贷者借钱借粮"④。当然，银行和农民借贷所也可对外放贷，可对于深受战争摧残的农民来说，一来利息依然很高，二来须以土地、房屋或其他动产作抵押。如《胶东区农民贷款所贷款办法》规定："借款在100元以上者，除需取具农救会或借款小组之保证外，还应交付抵押品。"一般来讲，能够充当抵押品的只有土地和生产品。土地，指抗日民主政府纳税过的地契，按照当时当地生产工具等价格估价，凡值200元者可借100元；生产品，指布、线、花生油等，按照当时当地价格作价，凡值200元者可借100元。

---

① 《山东省借贷暂行条例（一九四二年五月十五日山东省战工会公布实施）》，载山东省档案馆、中共山东省委党史研究室合编《山东省的减租减息》，中共党史出版社1994年版，第67—69页。

② 薛暮桥：《抗日战争时期和解放战争时期山东解放区的经济工作》，山东人民出版社1984年版，第94页。

③ 同上书，第93—94页。

④ 同上书，第94页。

如若过期不还，贷款所和保证人有权将抵押品估价拍卖。① 如此条件，对于穷苦农民"实在更加酷苛了"②。因此，"建立对农村之信用合作低利借贷，帮助农民从事生产事业的发展"③，已成为急切之要事。

1943 年秋，海阳县邵家村成立合作社，兼营纺织、医药、信用、消费和木业。信用部虽仅 1 处，但 1 分 5 厘的低利，还是使信用部经常有 3 万—4 万元的存款，深受群众拥护。1944 年 6 月，东栖桃村联合社决定改变过去以发展纺织为主的方针，兼营信用、医药和运输。④ 由此可见，这一时期的信用合作多采兼营或附设信用部的形式，业务范围随综合性合作社的发展而有所拓展，但发展极为缓慢，主要分布在胶东、滨海、鲁中等地区，总共不过几十处。究其原因，一是缺乏群众基础，多采用摊派股金或干部包干的形式组织起来；二是"在残酷的战争年代，生产、运输、消费类型的合作社，对农民经济的发展更直接、更有效"⑤。

抗战胜利后，解放区的面积迅速扩大，农民生产情绪高涨，对调剂资金的需求更为强烈，这就为信用合作组织的进一步发展提供了契机。1946 年 9 月 15 日，《山东省政府关于今年秋冬季生产工作指示》明确提出："除发展纺织外……尤应发展运销合作社，并试办调剂农村金融的信用社。"⑥ 1946 年 12 月，海阳县济源合作社为吸收群众游资、刺激生产、繁荣市场，达到"以群众资本扶持群众生产之目

---

① 中国农业银行山东省分行：《山东农村金融历史资料（1938—1990）》，中国农业银行山东省分行编印，1992 年，第 14 页。

② 《怎样办信用合作社》，《大众日报》1941 年 9 月 28 日。

③ 《山东工作报告》，载中国社会科学院经济研究所中国现代经济史组编《革命根据地经济史料选编》，江西人民出版社 1986 年版，第 51 页。

④ 《东栖桃村联社决定发展为综合性合作社》，《大众报》1944 年 12 月 23 日。

⑤ 李金铮：《借贷关系与乡村变动——民国时期华北乡村借贷之研究》，河北大学出版社 2000 年版，第 369 页。

⑥ 《山东省政府关于今年秋冬季生产工作指示》，《大众日报》1946 年 9 月 15 日。

的"①，在渔业社内分设信用部。信用部设有营业所和会计各 1 名，资金 30 万元，主要经营存款和放款业务。存款利息因存款方式的不同而异，活期存款月息 1.8 分，按日计算，存款量至少 100 元；定期存款月息 2.7 分，最少不能少于一个月，按期满计算。放款对象以贫苦渔民、农民为主；放款用途严格限定在生产上；放款种类按照性质可分为特种放款、商业放款和活期存款透支。一般而言，特种放款月息 2.8 分至 4.5 分，视贷户需要与资金松紧情形当面议定；后两种月息均在 4.5 分至 12 分之间，期限、限额、利率均需当面议定。贷款以存款户优先，以鼓励其积极存款。

"信用合作社是老百姓的金融机关，是调剂农村经济，帮助生产的堡垒。"② 但"怎样吸收群众存款，再来贷给群众，调剂活跃农村金融，这一问题我们未能很好地解决，因为一般群众只愿入股，而不愿存款（因利息很低）。同时政府的贷款也未与合作社结合起来协助它们建立信用业务"③。抗战胜利后，政府虽开始重视农村信用合作事业，但如何开展？由谁来扶植、指导？这一重任自然就落到了银行的肩上，"今后我们银行贷款应当逐渐通过合作社来贷款，同时适当提高存放利率，试验实物存放和分红等办法，扶助合作社信用业务的发展"④。

银行通过合作社发放农贷，因各分行所在地区的特点不同而有所不同。渤海分行地处内陆农村，以发放农贷为主。一般来说，在生产合作基础较为巩固的广（广饶）、博（博兴）、蒲（蒲台）地区，银行通常采取两种方法发放农贷，即代办性和自营性。对前者而言，合

---

① 中国农业银行山东省分行：《山东农村金融历史资料（1938—1990）》，中国农业银行山东省分行编印，1992 年，第 119 页。

② 《怎样办好信用合作社》，《大众日报》1941 年 9 月 28 日。

③ 薛暮桥：《山东合作事业的回顾与瞻望》（1947 年 1 月），载山东省供销合作社联合社史志办公室编《山东省供销合作社史料选编（1924—1949）》，山东人民出版社 1991 年版，第 294 页。

④ 同上书，第 285 页。

作社需立一贷款账册，贷户每人立一借券和一份贷款登记表。账册由信用社保存，登记表和借券则交银行备存。后者只需立一总借据，贷出款后交银行一份登记表，其余不加限制。对于虽无合作社，但环境较为稳定、基础较为巩固的地区，一般是委托可靠的人成立代办所，代理放款、收款及管理手续，待有一定群众基础后，再逐步引导其向前一种地区发展。①

胶东分行靠近沿海一带，以发放渔贷为主。与渤海地区相比，该区合作社承担银行贷款的最大不同在于贷"物"而非贷"款"，也就是说，银行将应贷给渔民的款先发放给合作社，由合作社购买实物后再贷放给渔民。这种贷放方式主要有两种：其一，合作社制买实物。银行把款按活期贷放给合作社，合作社预先有计划地采购和制买实物，银行与群众订立借券后，贷户持借券到合作社领取实物，合作社以借券向银行兑账，银行与群众发生借贷关系。其二，合作社代买实物。银行与贷户办妥贷款手续后，动员贷户把所用此款要买的实物清单，一并交给合作社代为购买。合作社随买实物要随去银行取款，群众贷款到期时，合作社随收随交银行。②

在银行的扶持下，山东解放区的信用合作事业进入了新的发展阶段。但总的来说，专营信用业务的合作社很少，或附设在综合性的合作社内，以信用部的形式开展工作，如潍坊市群力运销合作社信用部；或直接通过代理信用业务来开展工作，如莒南县坊前合作社。潍坊市群力运销合作社信用部是潍坊市运输工人于1948年集资成立的金融机构。在政府和银行的扶持下，到1949年1月，活动资金已由最初的500万元增至3200万元。截至1948年底，共贷款72次，累计放款8121万元。贷款一般先经小组讨论，订出生产计划，然后根据组内劳动力的强弱、各地的行情、销路、路途的远近，决定贷款的

---

① 中国农业银行山东省分行：《山东农村金融历史资料（1938—1990）》，中国农业银行山东省分行编印，1992年，第79—80页。

② 同上书，第66页。

数目与时间。贷款利率因贷款用途的不同而不同，生产贷款可分为三个等级：1 万元至 10 万元，月息 4.8 分；10 万元至 20 万元，月息 5.4 分；30 万元至 50 万元，月息 6 分。工具贷款月息 4.5 分。信用部自立账目，单独设有三本账，即贷款日记账、钱银流水账和分户账。信用部仅成立 3 个月，即为工人添置胶轮小车 13 辆，大地盘车 9 辆，换车带的 21 辆，修理车子 14 辆，给运输工人们带来了极大的便利，有的工人说："不用愁钱了，没有本钱，坏了车子，信用部都贷款解决，这是我们自己的银行呀！"①

　　与潍坊市群力运销合作社信用部不同的是，莒南县坊前合作社并未单独设立信用部，而是遵循着群众的需要，从小到大，逐步增加业务而兼营信用合作。该社经营简单的信贷业务，一种是以入股的方法吸收游资，按期分红。由于利润相对较高，农民都乐意将手里的货币投入合作社，许多妇女也将私房钱投资入股。另一种是借贷，借款不要利息，用粮作价，以市价为准，并且不限制借款用途，添置牲口、小本买卖、婚丧嫁娶等，都可以向该社借款。不过，这种非营利观点在给农民带来极大实惠和便利的同时，也使该社业务受到很大影响。②

　　此外，除牟平县外，胶东东海区的所有渔业合作社都设有信用部。如 1946 年 12 月成立的海阳县济源渔民合作社信用部，经过发展已相对独立，配有营业员和会计，并划出 30 万元专门办理存贷业务。然而，正如薛暮桥所说："信用合作山东做得很差，只有渔盐合作社的实物贷款，对于扶助渔盐民生产确实起了显著作用。"③ 究其原因，一是银行通过合作社发放农（渔）贷，只是简单分配任务，并没有给

---

　　① 《潍坊市群力运销合作社信用部创立 3 月成绩斐然》，《北银月刊》1949 年 1 月 20 日；中国农业银行山东省分行：《山东农村金融历史资料（1938—1990）》，中国农业银行山东省分行编印，1992 年，第 79—80 页。

　　② 《莒南县坊前合作社信用社》，《大众日报》1948 年 8 月 5 日。

　　③ 《山东的群众生产工作——薛暮桥同志在华北财政经济会议上的报告（记录稿）》，载山东省档案馆、山东社会科学院历史研究所合编《山东革命历史档案资料选编》第 19 辑，山东人民出版社 1985 年版，第 75 页。

予业务上的实际指导，既没有引导其单独成立信用合作社，也没有重点扶持综合性合作社建立信用部。二是战争年代，一切均以扩大生产、支援战争、巩固根据地和解放区为中心，生产、运销合作一直被视为重点发展对象。三是信用合作缺乏群众基础，或者说群众觉悟性不高，只愿贷款，不愿存款，还贷意识较差，信用业务难以持续发展。

总之，20世纪四五十年代，共产党领导下的信用合作运动恰逢炮火硝烟的战争年代。残酷的战争考验、恶劣的生存环境以及日渐飞涨的物价，使山东根据地和解放区的信用合作具有以下特征：其一，专营信用合作业务的信用社很少，普遍以信用部的形式附设在综合性的合作社内，或者兼营信用业务。一方面，战争环境决定了生产、纺织、运输合作社优先且重点发展；另一方面，停滞的借贷困境、卷土重来的高利贷势力以及有限的银行农贷，都催促着信用合作组织的建立。二者兼顾的最好办法就是合作社附设信用部或兼营信用事业。其二，银行通过合作社发放农（渔）贷的做法，扶持和推动了信用合作的发展，成为解放区信用合作事业发展的显著特点。其三，信用合作地区间发展不平衡，多集中在胶东、滨海等地区，其中以海阳县济源渔民合作社信用部发展较为独立和完备。内陆地区数量少且业务难以开展，如博兴、广饶曾在纺织合作社的基础上建立信用部，吸收股金，开展存贷业务，却因无群众基础而"无大成就"①。

---

① 中国农业银行山东省分行：《山东农村金融历史资料（1938—1990）》，中国农业银行山东省分行编印，1992年，第120页。

第二章

山东省农村信用合作化的实现

20世纪50年代，山东省农村信用合作组织在国家政权的强力主导下，于1956年底迅速实现了合作化。中国的合作运动"乃系一种政策之推行，而非一种运动之成长也"[①]。方显廷的这句话虽是对30年代南京国民政府合作运动所作的描述，但置于50年代的山东信用合作也未尝不可。所谓"政策"，即从上往下；而"运动"则自下而上。信用合作运动的推行既然是一种"政策"，必然承载着国家的利益诉求，而非西方近代合作运动小生产者直接或间接联合，谋求自身利益的"自组织行为"[②]。因此，新中国成立初期的山东省信用社虽极力向合作原则靠拢，提倡自愿原则、民主管理、互助合作、不以盈利为目的。当然，初期的信用合作组织也的确在一定程度上体现了这些原则，但却不可避免地渗透着政治色彩，特别是"反冒进"后的信用社大发展时期，合作原则中的"异化"端倪逐渐显露。这就为农业集体化运动时期信用社的体制变动埋下了伏笔。

[①] 方显廷：《中国之合作运动》，《政治经济学报》第3卷第1期，1934年10月。

[②] 赵泉民：《移植与嬗变：西方合作经济思想在近代中国的境遇》，中国法制出版社2013年版，第182页。

第一节　国家政策的必然选择

20 世纪 50 年代的中国由"破"而"立"，由"乱"求"稳"，这一时期的中国农村百废待兴、百端待举。对于新生的共产党政权而言，既要满足历经战火硝烟而千疮百孔的乡村社会对资金的刚性需求，又要实践革命政权怀揣苏联模式的社会主义制度的政治志向。农村信用合作组织则成功地将二者揉捏在一起，既缓解了农民告贷无门的困境，又承担了引导小农经济向社会主义过渡的重任。社会主义过渡时期总路线提出后，重工业优先发展战略就成了党和国家超越要素禀赋结构的实际，加速过渡到社会主义的"最可能和最现实的选择"①。从林毅夫对重工业及由其资本高度密集特点衍生出的三个基本特性之一，即"重工业投资规模与资金动员能力的矛盾"来看，必须要求一个有效而集中的资金配置制度与之相配套。以中国人民银行为中心的高度集中的一元化农村金融体系的建立，则实现了"资金配置与发展战略目标和低利率宏观政策环境的衔接"②。被称为银行的"脚"的农村信用合作社，自然成了国家银行联系群众的纽带，成了农村金融体系的重要组成部分。总之，活跃农村金融、引导小农经济向社会主义过渡、构建社会主义农村金融体系，这三种力量推动且促进了农村信用合作化在短期内的迅速实现。

一　活跃农村金融的迫切需求

共产党革命性的减息、废债政策，在沉重打击封建高利盘剥的同时，也切断了农村中旧有的借贷链条，民间借贷趋于停滞，高利贷势力伺机抬头。随后，虽然采取了一些缓解政策，但是广大农村的借贷

---

①　张占斌：《中国优先发展重工业战略的政治经济学解析》，《中共党史研究》2007年第 4 期。

②　林毅夫、蔡昉、李周：《中国的奇迹：发展战略与经济改革》（增订版），上海三联书店、上海人民出版社 1999 年版，第 62、71 页。

活动依然陷入僵局。同时，土改后，获得土地的农民并未因此降低对资金的需求，反而日益迫切。资金供应不足与农民刚性需求之间的张力急剧扩大，成为 20 世纪 50 年代农村金融面临的主要困境。为了活跃农村金融，政府采取了"多管齐下"的方针，正所谓"以国家银行为农村金融工作的中心……同时还要宣传自由借贷，组织信用合作，才能全面开展农村金融工作，达到发展生产的目的"①。在国家农贷有限且季节性较强的情况下，自由借贷和信用合作就成了缓解农村金融困境的重点。然而，随着政治意识形态的强化，国家开始逐步加紧对自由借贷的限制，认为"在小农基础上发展起来的私人借贷，如继续让其自流地发展，必然会走向高利贷盘剥的道路"。社会主义性质的信用合作社成了"配合国家银行农贷工作""代替私人借贷"的必然选择。②

　　提倡自由借贷是新政权变革命性的"堵"为策略性的"疏"的必然结果。1950 年 8 月中国人民银行总行在《人民银行区行行长会议关于几个问题的决定》中指出："大力提倡恢复与发展农村私人借贷关系……鼓励私人借贷的恢复与发展。利息数不要限制，债权应予保障。"③ 山东省人民银行在宣传政府保障自由借贷政策的同时，予以解释道："今天的私人借贷，是农民与农民之间资金互助融通的互助关系，放款稍多、利息稍高者，也不能认为是高利贷。"④ 即便是在开展信用合作的同时，也一再强调"决不能孤立地去发展信贷工作"，不能把"开展自由借贷工作抛置不顾"，"必须很好推动自由借贷工

---

① 孙放：《农村金融工作中银行与信用合作的关系》，《中国金融》1951 年第 8 期。

② 卢汉川：《中国农村金融历史资料（1949—1985）》，湖南省出版事业管理局，1986 年，第 188 页。

③ 中国社会科学院、中央档案馆编：《1949—1952 年中华人民共和国经济档案资料选编（金融卷）》，中国物价出版社 1996 年版，第 528 页。

④ 《关于开展农村信用合作工作的指示》，1951 年 9 月，山东省档案馆藏，档案号：A068/02/483。

作"①。"应普遍在农民中宣传'有借有还，再借不难'，利息不勉强规定过低，但亦不能超额剥削。"② "只有信用合作社开展的好，利息自会趋于合理。"③

随着政府对自由借贷的放宽以及农业生产的发展，山东农村中的自由借贷有了初步开展（见表2-1）。

表2-1   20世纪50年代初期山东省农村自由借贷开展状况

借贷名称	借贷方式	借贷利息（月）	借、贷成分	
			借出	借入
高利借贷	暗中	30分以上	新、旧富农	贫农、灾农
一般性借贷	半公开	7—10分	中农、富裕中农	贫农、部分中农
无利或低利借贷	半公开	无息或2.4—3分	亲朋之间	

资料来源：根据《山东省农村自由借贷及信用合作工作情况》（1951年，山东省档案馆藏，档案号：A068/02/495）整理而成。

按照借贷利息的高低，一般可分为高利借贷、一般性借贷、无利或低利借贷三种。第一种多系暗中进行，极不公开，月息在30分以上。借出者以新、旧富农居多，借入者多是贫农、无劳力者以及个别灾困户。如临沂专区邳县三区清上村一个病灾户，麦前借15000法币（约折合麦子15斤），麦后即还小麦100斤。又如日照涛雒区小海村渔民因急用借钱24万元，3个月后即还50万元，月息高达28分。第二种多属于月息7—10分的半公开借贷。出借对象主要是中农与富裕中农，借入者多是贫农以及部分急需借贷的中农。如德县平原一区邓庄乡三里庄中农陈向英借出小麦400斤，按每月利息10斤粮计算。第三种是指亲朋之间的无利或低利借贷，多以感情借贷或互助借贷为

---

① 《农村信用合作开展情况和今后意见（草稿）》，1955年，山东省档案馆藏，档案号：A060/02/032。

② 《关于开展农村自由借贷的指示》，1951年4月3日，山东省档案馆藏，档案号：A101/04/023。

③ 《关于开展农村信用合作工作的指示》，1951年9月，山东省档案馆藏，档案号：A068/02/483。

主。大部分不要利息，即使收利也比较低，多在 2.4—3 分，即即春借一斗，秋还斗半，或春借一斗粗粮，麦收后还麦一斗。一般来说，借贷形式多以实物为主，有借粗粮还细粮、放款还实、放债作股等。产粮区多以粮，经济作物区多以棉、麻，沿海地区多以棉纱作为折算标准。从借贷规模和发展趋势来看，第三种较为普遍，第一种数量较少，但有增长之势，第二种比第一种多，但有向第一种发展的趋势。①

在自由借贷有所开展的同时，农村信用合作组织也得到了长足发展。银行通过合作社发放农贷的做法，帮助且促进了合作社信用部的建立。1950 年春贷，全省通过合作社贷粮 600 万斤；秋贷，通过合作社贷粮 260 万斤，贷款 781329 万元。② 此后，信用部的力量不断增强，逐渐成为活跃农村金融的重要形式。据不完全统计，到 1950 年底，文登、沂水、临沂三专区共有信用部 43 处，其中，沂水、临沂专区是年春季即有信用部 6 个（莒南 2 个、日照 2 个、莒县 1 个、赣榆 1 个），专职干部 13 人，固定资金 14000 斤粗粮。文登专区海阳县有信用部 13 处（区社信用部 8 处，渔社信用部 4 处，村社信用部 1 处），专职干部 29 人，固定资金 102000 斤粗粮。③ 这些信用部均系供销合作社兼营，但资金、账务、干部与供销业务分开，在社务委员会统一领导下，分头经营，分别决算。1952 年，重点试办农村信用合作社的方针实施后，截至 1952 年 12 月，全省共有信用互助组织 49 个，其中信用合作社 18 个，业务人员 54 人，社员 20077 人，集中股金 41340 万元；信用互助小组 23 个，业务人员 22 人，组员 1348 人，集中股金 1360 万元；另外还有 4 个信用小组，组员 6500 人，股金 8500

---

① 《山东省农村自由借贷及信用合作工作情况》，1951 年，山东省档案馆藏，档案号：A068/02/495。

② 中国农业银行山东省分行：《山东农村金融历史资料（1938—1990）》，中国农业银行山东省分行编印，1992 年，第 154—155 页。

③ 《山东省合作社信用部工作情况的报告》，1951 年，山东省档案馆藏，档案号：A068/02/495。

万元。①

从 1949 年 10 月中华人民共和国成立到 1952 年底，是国民经济恢复时期，为了巩固新民主主义的经济基础，"不但不怕资本主义"，反而应该"拿资本主义的某种发展去代替外国帝国主义和本国封建主义的压迫"②。不可否认，部分私人借贷存在一定的剥削行为，但仍具有调剂资金的作用，不能盲目打击，乱扣帽子，只要"信用合作社开展的好，利息自会趋于合理"。在活跃农村金融上，倡导私人借贷与发展农村信用合作社是并行不悖的，正所谓"提倡信用合作，保证借贷自愿"③。但过渡时期"总路线"提出后，"使生产资料的社会主义所有制成为我国和社会主义的唯一的经济基础"④ 就成了社会主义的题中应有之义。毛泽东如同斯大林终止列宁"新经济政策"一般，取消新民主主义阶段，直接向社会主义过渡的做法，"一开始就偏重于农业生产资料公有化过程，即偏重于改造小农落后的生产关系方面，而相对地忽视农业生产社会化过程"⑤。这就使建立在个体农民基础上的自由借贷，任其"自流发展下去，就会走向高利剥削，助长阶级分化……在今后农村借贷关系的发展方向上，应是积极而稳步地发展信用合作，逐步改造自由借贷，并与高利贷去作经济斗争"⑥。

中央对私人借贷政策的转变并不是"出其不意"的，从"逐渐以

---

① 山东省人民银行：《1952 年重点试办信用合作社工作总结》，载中国农业银行山东省分行《山东农村金融历史资料（1938—1990）》，中国农业银行山东省分行编印，1992 年，第 188 页。

② 《毛泽东选集》第 3 卷，人民出版社 1991 年版，第 1009 页。

③ 中国人民银行河南省分行农村金融科：《目前信用合作社业务中几个问题的商榷》，《中国金融》1953 年第 5 期。

④ 中华人民共和国国家农业委员会办公厅：《农业集体化重要文件汇编（1949—1957）》（上册），中国农业出版社 1981 年版，第 211 页。

⑤ 卓尚进：《试论农业合作化与农业集体化的区别与联系》，《湘潭大学学报》（社会科学版）1988 年第 1 期。

⑥ 王沛霖：《加强对政治经济学法则的研究，做好农村金融工作——〈苏联社会主义经济问题〉学习心得》，《中国金融》1953 年第 20 期。

较为进步的方式代替落后的方式（指私人自由借贷，引者注）""对自由借贷就不再一般的提倡……以期在相当时期后，能以信用合作形式代替自由借贷"① 等言辞，即可窥见恢复时期提倡私人借贷只不过是囿于当时所面临的经济困境而采取的权宜之计。客观地分析过渡时期山东省的自由借贷，不难发现，首先，借贷关系多发生在农民群众之间。土改后，生产资料大体均等的各阶级之所以出现经济地位的升降变化，主要是辛勤劳动、善于经营的农民"力农（田）致富"②。虽然这一时期的出贷者主要是富农或富裕中农，但基本上还是农民群众之间正常的互通有无的借贷。其次，借贷利率与当时中国政府规定的农村自由借贷的最高利率标准，即"货币贷款最高月息 3 分，实物借贷春借 1 斗，秋还 1 斗 3 至 1 斗 5"③ 相比，并不算高。特别是随着农村信用组织的开展，私人借贷利率呈现出逐步走低的趋势。据曲阜县八区、嘉祥县五区调查，社会私人借贷利率由 1953 年的 5 分降到1955 年的 3 分左右，有的已与信用社的借贷利率一致。到 1955 年 5月，全省大部分地区社会借贷利息一般均在 2 分至 3 分。④ 当然，不可否认高利贷剥削也在暗中活动，但是，仅以此来批判尚未广泛开展的私人借贷未免有些因噎废食。然而，形势的发展却是这样的：在用经济办法尚未战胜高利贷之时，已经迫不及待地采取单纯的行政命令了。

经"总路线"的宣传，农村信用合作社已被纳入互助合作运动之中，"从属于社会主义战胜资本主义的总要求，从属于以农业生产为

---

① 卢汉川：《中国农村金融历史资料（1949—1985）》，湖南省出版事业管理局，1986 年，第 187 页。

② 王先明：《试析富农阶层的社会流动——以 20 世纪三四十年代的华北农村为中心》，《近代史研究》2012 年第 4 期。

③ 卢汉川：《中国农村金融历史资料（1949—1985）》，湖南省出版事业管理局，1986 年，第 187 页。

④ 《中国人民银行山东省分行全省信用合作会议报告》，1955 年 7 月 6 日，山东省档案馆藏，档案号：A060/02/032。

中心的农业社会主义改造"①。为了系统地支持农业合作化运动，切实贯彻"自愿两利"的原则和"积极领导、稳步前进"的方针，山东省人民银行决定在全省范围内重点试办信用社、普遍建立基层供销社信用部和适当发展信用互助组。经过发展，到1953年底，全省信用社达312处，信用部372处，信用组768处，有的县几乎区区有社，乡乡有组。②如海阳县10处信用社的活动范围就已占全县地区的1/3，通过扶持群众生产生活，"该卖的牛留下了，该买的猪买来了"，群众更加认可了信用社是自己的"小银行"。特别是与供销社、生产互助组订立结合合同，便利了群众，扩展了信用社的活动范围。值得注意的是，信用合作组织的发展却进一步挤压了自由借贷的活动空间。虽然没有具体数据表明山东省私人借贷下降的幅度，但从1956年底参加信用社的农户已占总农户的77%，存、贷款余额已达13936.8195万元③，还是能够窥视私人借贷已受到了相当的排挤。特别是农业集体化实现后，"收入分配大体平均的生产资料所有制及分配方式，致使借贷资金的供给与借贷需求都相应减少"④，私人借贷出现了大幅度的下降。鉴于国家投资的重点是工业，"不可能也不应该无限制地扩大农业投资"⑤，而作为国家正规金融机构的信用合作社，毕竟有着严格的存贷手续和管理制度，不会也不可能完全满足农民的需求。所以，这一时期的私人借贷只是受到排挤，并未消失，即使是在人民公社化时期，亲友之间互助性借贷仍然在一定范围内存在。

　　概而言之，建立在小农经济基础上的私人借贷一直是共产党革命性借贷政策的矛头指向，新中国成立后之所以提倡并加以宣传，主要

①　高维：《第一个五年计划期间的农村信用合作》，《金融研究》1958年第4期。

②　中国农业银行山东省分行：《山东农村金融历史资料（1938—1990）》，中国农业银行山东省分行编印，1992年，第205页。

③　同上书，第280页。

④　苏少之、常明明：《建国前后人民政府对农村私人借贷政策演变的考察》，《中国经济史研究》2005年第3期。

⑤　《积极发展信用合作社（摘要）》，《大众日报》1954年11月24日。

目的在于活跃借贷死滞局面，避免高利贷的暗中猖獗。"农民自由借贷，实物计算，利息较高，但比没有借贷好"①，也就出现了新中国成立初期信用社"联手"自由借贷，共同活跃农村金融的局面。但是，"社会主义的利益决不在于维护个人私有，而在于排除它"②。建立在小农经济基础之上的私人借贷，如同小农经济本身一样，都是"社会主义经济制度不成熟，与生产力不适应"的表现，"要把它们完善掉"，"向纯而又纯的社会主义方向发展"③。因此，在农村开始实行社会主义改造之后，自由借贷就被视作社会主义的对立物而受批判、遭排挤。而作为农业合作社一翼的信用合作社则成了"排挤"甚至是"代替"民间借贷的重要选择。

二　引导小农经济向社会主义过渡的内在需求

改造小农经济向社会主义过渡，是无产阶级夺取政权后针对小农的首要任务。马恩、列宁分别从理论和实践上论述了"在向完全的共产主义过渡时"，"必须大规模地采用合作生产作为中间环节"④。在中国，新政权的领导人同样笃信合作社是从个体私有制向集体所有制过渡的必然途径。新中国成立初期，在百废待兴、百业待举的国内背景下，农民迫切需要推销多余的生产品，价格上不吃亏；供应他们所需要的生产资料，价格、质量和供应时间上不吃亏；办理信贷事业，能存款、取款，利息上不吃亏。⑤ 所以，流通领域的供销合作和信用合作亟待发展，恢复小农与改造小农同步实为明智之举。当然，恢复目的是更好地改造，是"进一步地实现生产的集休化（合作社）"，唯有这样，"才能使他们不走资本主义道路，不是经过新民主主义走

---

① 卢汉川：《中国农村金融历史资料（1949—1985）》，湖南省出版事业管理局，1986年，第187页。

② 《马克思恩格斯选集》第4卷，人民出版社1995年版，第302页。

③ 虞和平主编：《中国现代化历程》第三卷，江苏人民出版社2007版，第1041页。

④ 《马克思恩格斯全集》第36卷，人民出版社1975年，第416—417页。

⑤ 王贵宸：《中国农村合作经济史》，山西经济出版社2006年版，第232页。

上资本主义道路，而是经过新民主主义走上社会主义的道路"①。这是当时中国领导人设想的改造小农的方案，事实上，国民经济恢复时期的发展路径也确实是按此方案部署的，即从流通到生产，从供销合作社、信用合作社到农业集体化。只是过渡时期"总路线"提出后，新民主主义阶段被取消，对小农进行社会主义改造才进入了另一个运行轨道。

土地改革废除了封建土地所有制，实现了"耕者有其田"，但对于新政权和执政党来说，这"却不是实现社会改造的最终目标，它要紧的是接下来所要规划的以塑造新社会为目的的一系列政治社会运动的起点……其所塑造的历史新逻辑才刚刚延展开来"②。循此逻辑，之后的合作化、集体化以及人民公社化都是党和国家为了"塑造新社会"，更确切地说是为了变革生产关系，改造小农经济向社会主义过渡所采取的一系列政策选择。

早在1949年3月的七届二中全会报告中，毛泽东就指出："占国民经济总产值90%的个体农民经济和手工业经济，是可以和必须谨慎地、逐步地而又积极地引导他们向着现代化和集体化的方向发展，任其自流的观点是错误的。必须组织生产的、消费的和信用的合作社……单有国营经济而没有合作社经济，我们就不能领导劳动人民的经济逐步地走向集体化，就不可能由新民主主义社会发展到将来的社会主义社会，就不可能巩固无产阶级在国家中的领导权。"③毛泽东的这段讲话至少传递了以下三点信息：第一，如同革命导师马、恩、列宁所论述和实践的那样，中国共产党的领导人仍然相信合作社是改造小农向社会主义过渡的中间环节；第二，改造小农是一个"谨慎的"、循序渐进的过程，先是合作化，然后再逐步地走向集体化；第三，生产、消费和信用合作都要发展。

---

① 《张闻天文集》第4卷，中共党史出版社1995年版，第37页。

② 吴毅、吴帆：《传统的翻转与再翻转——新区土改中农民土地心态的建构与历史逻辑的研究》，《开放时代》2010年第3期。

③ 《毛泽东选集》第4卷，人民出版社1991年版，第1432页。

　　事实上，国民经济恢复时期，流通领域的消费和信用合作一直处于优先发展的地位。这是因为：一方面，农民土地私有观念根深蒂固，自土地改革实行"耕者有其田"，农民获得了梦寐以求的土地后，生产积极性普遍高涨。以沛县（现归江苏省徐州市管辖）东井山区前北新村一户外乡人为例，自分得一亩土地后，"恣的三晚上没睡觉，打谱生产过好日子"①。由此不难看出，脱贫致富就成了获得土地的农民接下来最迫切的愿望。在这一过程中，出现了所谓的"两种积极性"，即个体经济的积极性和互助合作的积极性。实际上，这两种积极性确实存在，但后者是无奈中的选择。缺乏生产工具和牲畜的农户是不得不参加到变工组中去的，"因为不参加地就种不上"，但他们的目的却是"把自己发展起来，将来买马拴车，实现单干"②。究其实质，还是个体经济的积极性，是在土地私有的基础上求富的积极性。当然，不排除一部分生活不如别人，甚至越过越差的"贫"农，有着借合作之名，"均"别人"产"的投机心理。但仅据此就认为农民有互助合作的积极性，则未免太过牵强。薄一波后来在谈及农业合作运动时也说道："不仅当时的实际材料而且后来的实践发展也证明：我们曾经高度赞扬的贫下中农的'社会主义积极性'，有不少在相当大的程度上是属于'合伙平产'的平均主义'积极性'。"③

　　另一方面，新中国成立初期小商品经济发达，占到整个国民经济的90％以上。"要使这千千万万的农民小生产者依照无产阶级的计划去进行生产，并在将来要使他们走向社会主义的前途，采用行政手段，将是完全不中用的，而且是很危险的。"④唯有采用经济的办法，

---

① 《土地改革后农村土地租佃办法》，1950年，山东省档案馆藏，档案号：A060/01/006。

② 中华人民共和国国家农业委员会办公厅编：《农业集体化重要文件汇编（1949—1957）》上册，中共中央党校出版社1981年版，第9页。

③ 薄一波：《若干重大决策与事件的回顾》上卷，中共中央党校出版社1991年版，第119页。

④ 《张闻天文集》第4卷，中共党史出版社1995年版，第36—37页。

才能避免苏俄强行取消商品货币关系，切断小生产者同市场联系的覆辙。这种经济的办法，就是合作社。"合作社如能组织百分之九十的小生产者是有决定意义的……合作社办好，走上正轨，是我们国家走向社会主义的关键。"① 这里的合作社主要是指"供销合作社②、生产合作社以及将来的集体农场等"③。很明显，之所以强调"将来"，是因为当时的国家领导人普遍认为，1949 年 10 月新中国成立后，进入的是新民主主义社会。新民主主义社会不是一种独立的社会形态，而是过渡到社会主义的准备阶段。所以，这一时期的工作重点在于夯实新民主主义的经济基础，而并不主张立即进行生产关系的变革。

在这种背景下，供销合作社和信用合作社承担起了引导小农向社会主义过渡的重任（本书对供销合作社暂且不做论述，而专意于信用合作社在引导小农走向社会主义改造过程中所起到的作用）。首先，信用合作社是连接国家银行与农民的桥梁和纽带。国家银行通过发放农贷与农民建立联系，然而，"农村是分散的贷款，不是客户找银行，而是银行找客户"，在"银行机构不可能深入到每一个村庄"的情况下，设想"各经济部门单独的建立系统深入村庄，是不可能与不合理的"④。反之，如果在农村中普遍地建立信用合作组织，国家银行就可以通过合作社发放农贷，一方面可以改造和推动信用合作组织的发展；另一方面，可以通过合作社与农民建立关系，吸收存款，毕竟"将来国家经济建设资金很大的来源，是要依靠把土改后生产提高的农民手中的闲散资金集中起来解决的"⑤。其次，国家可以通过信用合作社，将分散的小农生产与国家计划联系

① 中共中央文献研究室、中华全国供销合作社总社编：《刘少奇论合作社经济》，中国财政经济出版社 1987 年版，第 79—80 页。

② 当时的信用合作或以信用部的形式附设在供销合作社，或供销合作兼营信用业务。

③ 《张闻天文集》第 4 卷，中共党史出版社 1995 年版，第 37 页。

④ 中国农业银行山东省分行：《山东农村金融历史资料（1938—1990）》，中国农业银行山东省分行编印，1992 年，第 151 页。

⑤ 同上书，第 150 页。

起来。新中国成立后，国家发展面临的一个重要问题就是如何将分散的、数量庞大的、具有资本主义自发倾向的小农经济纳入国家计划的轨道。信用合作社则通过适时发放贷款或者以贷放国家农贷的形式，成功地掌握了农民季节性的资金需求；通过吸收存放、收回贷款等回笼货币的形式，聚集农村闲散资金用于国家计划建设；通过与供销合作社、农业生产合作社订立产、供、销三角合同的形式，进一步增强了小农生产的计划性。

当然，我们也应该看到，信用合作社在小农经济向社会主义过渡过程中发挥的是"引导"而非"改造"作用，它并未实现生产关系的变革，只是增强了这种变革的趋势。尽管如此，毕竟增强了新民主主义的经济基础，为向社会主义过渡做了准备。令人唏嘘的是，在新民主主义的经济基础尚不巩固、准备尚不充足之时，急于求成的心理便占了上风，新政权遂开始了向社会主义的全面突起。

三　构建社会主义农村金融体系的重要组成部分

"重工业优先发展战略"是新中国在 20 世纪 50 年代的国际、国内政治形势和经济压力下所采取的一种赶超型战略发展模式。在"国外和国内资金'双缺口'"[1] 的短缺背景下，为了获取重工业化建设最稀缺的"资本"要素，新中国确立了以中国人民银行为中心的集权型金融体制。这种金融体制的目标，正如安纳特·G. 钱达瓦卡所言，它是"围绕城市工业化建立和发展的"，是"一种城市偏向（city-bias）的金融安排"[2]，究其实质，是因推行"重工业优先发展策略"而内生出来的为重工业筹措、配置资金的融资制度安排。[3] 在"工业

---

① 周立、周向阳：《中国农村金融体系的形成与发展逻辑》，《经济学家》2009 年第 8 期。

② 安纳特·G. 钱达瓦卡：《欠发达国家中城市的资金引力》，《国际货币基金组织和世界银行季刊〈金融与发展〉》1985 年第 2 期。

③ 林毅夫、蔡昉、李周：《中国的奇迹：发展战略与经济改革》（增订版），上海三联书店、上海人民出版社 1999 年版，第 47 页。

化不可能不从农业上打主意"①，而"银行机构不可能深入到每一个村庄"的情况下，"以合作社为中心的农村金融工作"② 逐渐成为银行在农村工作中的重点。信用合作社则"联系于国营经济，并通过国家银行接受国营经济的领导，成为社会主义农村金融体系的组成部分"③。

实现社会主义工业化是中国共产党矢志不渝的奋斗目标。从 1945 年中共七大报告提出的"在新民主主义的政治条件获得之后，中国人民及其政府必须采取切实的步骤，在若干年内逐步地建立重工业和轻工业，使中国由农业国变为工业国"④，到 1949 年《共同纲领》规定的"应以有计划有步骤地恢复和发展重工业为重点"⑤，再到 1951 年 5 月中国共产党第一次全国宣传工作会议报告中指出的，"重工业和轻工业，开始还是要搞一些轻工业"，"轻工业发展了再来大量地进行重工业建设"⑥ 等一系列纲领、文件都突出了这一奋斗目标。新中国成立初期，中国的工业化一直是沿着先轻工业、后重工业的道路发展的。但是，过渡时期总路线提出后，中国领导人放弃了原来所设想的新民主主义的工业化道路，选择了一条"能够快速而且直截了当地实现强国、自立目标"⑦ 的优先发展重工业的工业化道路。

重工业是一个建设周期长、设备进口需求量大、初始投资规模大

① 李德彬：《新中国农村经济纪事（1949.10—1984.9）》，北京大学出版社 1989 年版，第 20 页。

② 中国农业银行山东省分行：《山东农村金融历史资料（1938—1990）》，中国农业银行山东省分行编印，1992 年，第 149—151 页。

③ 周立、周向阳：《中国农村金融体系的形成与发展逻辑》，《经济学家》2009 年第 8 期。

④ 《毛泽东选集》第 3 卷，人民出版社 1991 年版，第 1060 页。

⑤ 中共中央文献研究室编：《建国以来重要文献选编》第 1 册，中央文献出版社 1992 年版，第 9 页。

⑥ 中共中央文献研究室：《刘少奇论新中国经济建设》，中国文献出版社 1993 年版，第 7 页。

⑦ 林毅夫、蔡昉、李周：《中国的奇迹：发展战略与经济改革》（增订版），上海三联书店、上海人民出版社 1999 年版，第 28 页。

的资本高度密集型产业。"一五"计划中，重工业基本建设投资达212.79亿元，占工业基本建设投资的85%，占工农业基本建设总投资的72.9%。① 而反观新中国成立之时工农业产值占全国总产值的比重，农业占70%，工业占30%，重工业仅为工业产值的7.9%。② 在极低的"经济发展的历史起点"上，进行大规模的重工业建设，与中国"当时的经济水平的资源禀赋特点及资源动员能力产生了直接的矛盾"。其一，人均低收入水平无法支撑起重工业所需求的高积累；其二，短缺的外汇收入和较高的汇率无法满足重工业对机器设备进口量的需求；其三，本就稀缺的资本市场，依靠较高利率的调节，无法实现资本的连续追加。也就是说，在一个开放的市场竞争环境下，有限的资力和财力只会流向农业、轻工业等部门，20世纪50年代的中国重工业是没有自生能力的。但是，为了保证重工业优先发展战略的顺利实施，唯有按照林毅夫等人所言的，"人为地压低重工业发展的成本，即压低资本、外汇、能源、原材料、农产品和劳动力的价格，降低重工业资本形成的门槛"，同时，配之以"扭曲产品和要素价格的宏观政策环境，高度集中的资源计划配置制度和毫无自主权的微观经营机制"③。随着这些措施付诸实施，一个高度集中的，包括金融管理体制、外贸外汇管理体制、物资管理体制和农产品统购统销制度的资源计划配置制度在50年代中期前后逐渐形成。其中，最先确立的是集权型的、垄断式的、以中国人民银行为中心的金融体制。

1948年12月1日，中国人民银行在华北银行、北海银行、西北农民银行的基础上合并组建而成。在1949年9月的中国人民政治协商会议上，人民银行被赋予国家银行的职能，国民经济恢复时期，中

---

① 国家统计局编：《中国统计年鉴1985》，中国统计出版社1985年版，第451页。

② 《中国经济年鉴》编委会编：《1981年中国经济年鉴（简编）》，经济管理出版社1982年版，第VI—4页。

③ 林毅夫、蔡昉、李周：《中国的奇迹：发展战略与经济改革》（增订版），上海三联书店、上海人民出版社1999年版，第39、41、29页。

国人民银行在中央人民政府的统一领导下，普建分支机构，统一货币体系，实行金融管理，开展存款、放款、汇兑和外汇业务。随后，为了实施重工业优先发展的工业化目标，中国人民银行确立了较低的利率政策。该政策虽然保证了重工业以较低的建设成本迅速增长，但却降低了群众的储蓄意愿，减少了可贷资金的来源。考虑到"在存在其他融资渠道的情况下，储蓄就会流到银行以外的渠道中"，而"国家控制之外的金融渠道又不能执行支持重工业的任务"①，实行金融垄断就成了当时的唯一选择，并最终形成了自上而下的高度集中的人民银行体制。与之相适应，集中统一、"统存统贷"的综合信贷计划管理体制也逐渐确立。

集权型、垄断式的金融体制在广大农村呈现出正规金融机构高度垄断，非正规民间借贷因"不能通过行政命令和资金划拨朝政府意愿的投资方向放贷"②而受抑制的显著特征，究其实质是以中国人民银行为中心的高度集中的一元化农村金融体制。在中国人民银行集中统一领导之下，中国农业银行③和信用合作社组成了覆盖整个农村的金融网。鉴于农业银行"起""落"不定，信用合作社事实上成了人民银行在农村金融体制中的"脚"，承担起了调剂农村闲散余资、集中资金力量、促进工业化建设的重任。

工业化建设初期，可供重工业发展的资本本就稀缺，仅存的少量经济剩余，也大多分散在广大农村。为了筹集更多的资金，用于工业化建设，必须狠抓农村金融工作。为此，1951年，在第一届全国农村

---

①　林毅夫、蔡昉、李周：《中国的奇迹：发展战略与经济改革》（增订版），上海三联书店、上海人民出版社1999年版，第45页。

②　周立、周向阳：《中国农村金融体系的形成与发展逻辑》，《经济学家》2009年第8期。

③　中国农业银行在发展史上有所谓的"四起三落"之说。第一次成立：1951.7—1952.7；第二次成立：1955.3—1957.8；第三次成立：1963.11—1965.12；第四次成立：1979.1—　。参见苏怀平《由农业银行四起三落看农村金融发展的曲折性》，《银行家》2012年第11期。本节只讨论1951—1956年。

金融会议上，时任中国人民银行行长南汉宸指示："国家银行必须在机构组织方面，通过自上而下的把机构推下一层，以及自下而上的广泛组织信用合作社工作，在国家银行领导下，互相补充，互相帮助，来开展农村金融工作。"① 事实上，由于农村广阔、分散且交通不便，单靠银行有限的干部力量，是难以深入农村，与广大个体农民建立密切联系的。另外，"农村发展的前途，是以合作社为经济活动中心枢纽"②，因此，中央人民政府政务院出台的《关于建立国家金融体系的决定（草案）》明确要求成立中国农业银行、普遍发展信用合作社，构建以国家银行为主导、合作金融为基础的农村金融体系。一般说来，在农业银行存在并发挥职能期间，信用社受农业银行指导。也就是说，"只要农业银行成立，就赋予它管理农村信用社的职责"③。但是，农业银行总行在业务上要受中国人民银行总行领导，分行"受中国农业银行总行和同级政权领导，并受当地中国人民银行省分行的指导"。④ 农业银行被撤并期间，信用社仍由人民银行负责领导。如是，彰显了中国人民银行高度集中统一的一元化领导。

重工业优先发展战略的推行，加快了农业合作化的步伐。在农业合作化高潮的影响和推动下，1956 年底，山东省参加信用合作社的农户已占全省总农户的 77%，基本上达到了"乡乡建社"的要求。本着精简精神和因事设人的原则，每个信用社一般设有业务员 3 人，地区较大的 4 人，一般不超过 5 人，业务员分片负责，联系每个社员于信用合作之中。通过个别动员、普遍号召，借助定时、定点、定线流动服务的方针，农村信用合作社逐渐超过国家银行，成为吸收农村存款

① 中国农业银行山东省分行：《山东农村金融历史资料（1938—1990）》，中国农业银行山东省分行编印，1992 年，第 162 页。
② 同上书，第 151 页。
③ 苏怀平：《由农业银行四起三落看农村金融发展的曲折性》，《银行家》2012 年第 11 期。
④ 卢汉川：《中国农村金融历史资料（1949—1985）》，湖南省出版事业管理局，1986 年，第 73 页。

的主要力量（见表2-2）。

表2-2　　1951—1956年山东省银行与信用社吸收农村存款的比较

单位：万元

年份 类别	1951	1952	1953	1954	1955	1956
银行	56	104	525	1629	6092	10297
信用社	1	17	377	1880	6429	14518

资料来源：中国农业银行山东省分行：《山东农村金融历史资料（1938—1990）》，中国农业银行山东省分行编印，1992年，第177、192、212、229、255、283页。

特别是统购统销政策的实施，大量资金流向农村，国家亟须回笼货币以维持财政和市场的稳定。这既为信用社的大发展提供了契机，更重要的是，借以聚集农村大量余资，用以工业化建设。

以国家银行为中心、信用合作社为基础的集中统一的一元化农村金融体制，是适应重工业优先发展战略而确立的一种融资制度安排。"抽取"农业、"供应"工业是资金短缺条件下，发展重工业的必由之路。正如陈云所言，"中国是个农业国，工业化不可能不从农业上打主意。"[1]中国人也"没有'坚船利炮'，没有那个铁爪子，不能伸手掠夺，拿不到别人的东西，只能拿自己的，拿谁的？拿农民的"[2]。随着计划经济体制的逐步确立，农村信用合作化也逐渐实现。信用合作社在调剂农村资金、扶持农业生产、打击高利贷的同时，也承担起动员农民储蓄的重任，成了国家银行在农村金融体系中的"脚"[3]。

---

[1]　中共中央文献研究室编：《陈云年谱修订本中卷》，中央文献出版社2015年版，第79页。

[2]　温铁军：《我们为什么还需要乡村建设》，《改革内参》2003年第8期。

[3]　毛泽东曾将银行与信用社的关系比喻为"信用社有了头，银行有了脚"。参见卢汉川《中国农村金融四十年》，学苑出版社1991年版，第47页。

第二节　山东省农村信用合作化的实现过程

山东省农村信用合作化的实现过程包括重点试办、普遍推广、整顿巩固、"随乡并社"四个阶段。作为共产党在农村追求革命理想的政策性工具，农村信用合作化的实现离不开国家权力的主导，体现了农村合作金融的强制性制度变迁。

一　重点试办阶段

农村信用合作组织是在个体经济基础上劳动人民的资金互助组织，是国家银行在农村开展金融业务的得力助手。根据山东的具体情况，华东局在《华东区五二年冬季农村信用合作组织计划草案》中规定："开展农村信用合作应该是采取积极的、逐步发展提高的方针"，遵照"由小到大逐步扩大组织，进一步建立信用合作社"的原则。① 鉴于群众觉悟水平不高、基础差，干部经验少，信用合作社一时尚难在全省范围内普遍建立，"应选择重点，根据群众自愿、生产需要与可能条件，试办一处或数处，以取得经验，打下逐渐发展的基础"②。除了重点试办信用合作社外，"既稳且快"且"简而易行"的做法就是利用基层供销社现成的组织基础、经济条件以及领导条件建立信用部，然后逐步过渡到信用合作社。③ 除此之外，"还要有重点、有领导、有计划、适当地发展信用互助组，以便迅速占领农村金融阵地"④。

信用合作社是高级群众性的信用合作组织。信用社一般须在以往

---

① 《华东区五二年冬季农村信用合作组织计划草案》，1952 年，山东省档案馆藏，档案号：A068/02/622。

② 《积极稳步地发展农村信贷合作工作》，《大众日报》1953 年 12 月 27 日。

③ 《关于建立农村供销合作社信用部的指示》，1953 年 11 月 26 日，山东省档案馆藏，档案号：A063/01/136。

④ 《莒南支行上半年试办信用工作总结报告》，1953 年 8 月 1 日，莒南县档案馆藏，档案号：28/1/5。

有过合作信用部（这些信用部因 1951 年供销社整编、改组而被全部撤并①）、群众对信用合作业务已有初步认识、多数要求积极办社的地方进行试点。试点工作一般须经以下三个阶段：第一阶段，宣传教育。在党和政府的积极领导下，结合"农业生产政策贯彻的程度"和"自由借贷开展的情况"，进行宣传教育，以打破农民"不愿入社"和"怕露富"的思想顾虑。通过扶持生产，让社员感受到"不参加信用社，哪能得到这样的好处"②；通过宣传，解释政府保障自由借贷的政策，说明"今天的私人借贷，是农民与农民之间资金互相融通的互助关系，放款稍多，利息稍高者，也不能认为是高利贷"③，以使私人借贷从"暗中"走向"公开"，最终"存入"信用合作社。第二个阶段，组织筹备。先从群众自由借贷入手，组织信用互助小组，使之逐步提高到信用社。而后以村为范围，由各信用互助小组成立信用互助调剂委员会，再由委员会提出建社要求；继而由调剂委员会组成建社委员会，制定社章、编制业务计划草案，征收股金、入社费等。④ 第三个阶段，正式建社。在群众自愿参股入社的基础上，召开全体社员大会或社员代表大会，讨论信用社理事、监事及社主任的候选人，制定社章、业务计划和利率标准。随后，经社员大会讨论，确定干部和理事、监事的具体人选。由此可以看出，农村信用合作社的建立过

---

① 1951 年 4 月，针对供销合作社存在的"四少一多"（即社员少、资金少、业务少、满足社员需求少、干部多）的现象，全国合作总社向中央提出了乡村以集镇为中心建社的建议，并于 1951 年下半年普遍进行了组织整顿。经整顿，供销社与集镇相结合，在满足社员需求、完成国家任务、与私商竞争等方面，都发挥了很大作用。参见武力《新中国成立初期国家对合作社的整顿》，2010 年 1 月 26 日，中华人民共和国国史网（http：//www.hprc.org.cn/wxzl/wxxgwd/201001/t20100126_42734.html）。

② 《山东省农村自由借贷及信用合作工作情况》，1951 年，山东省档案馆藏，档案号：A068/02/495。

③ 中国农业银行山东省分行：《山东农村金融历史资料（1938—1990）》，中国农业银行山东省分行编印，1992 年，第 175 页。

④ 《莒南支行上半年试办信用工作总结报告》，1953 年 8 月 1 日，莒南县档案馆藏，档案号：28/1/5。

程，不单是宣传教育、筹备组建过程，也是信用业务从低级到高级逐步发展的过程，同时还是建社工作和业务开展相互结合的过程。信用合作组织的建立，对组织群众闲散资金、扶持农业生产、活跃农村金融产生了深远的影响。仅海阳 10 个信用社，到 1952 年 11 月，即积聚股金 35070 万元，一年来累计吸收资金 815457 万元，累计贷出 538244 万元，扶持社员群众增加了耕牛，打井 160 眼，买进水车 15 架，新式步犁 26 部，肥料 1462317 斤，毛猪 2782 头，大车 788 辆，修船 352 只，修网 1339 块，并扶持了 2120 户手工业。①

　　信用合作社建立后，其在农民生产、农村金融、与高利贷作斗争等方面所起的作用是毋庸置疑的，但"在目前情况下尚难普遍建立"。"为进一步发展农业生产，解决农村中的借贷问题，各地供销合作社必须建立信用部"。信用部是开展农村信贷工作简而易行的一种形式，一般附设在工作开展较好、民主管理制度健全、与社员群众联系密切、账务清楚、会计制度较好、领导力量较强的基层供销社内。信用部的建立通常需要经过以下三个步骤：第一，向所在区委汇报建部的意义和作用，经党委批准后，在党委的协助下进行；第二，向供销干部讲清供销社和信用部的关系，在党委的统一领导下，成立由党委、供销社、银行参加的建部筹备委员会，办理一切建部事宜；第三，召开社员大会或社员代表大会，通过部章、计划、利率，同时宣布信用部正式开始办公。② 信用部作为供销合作社的组成部分之一，通常不再另外征集社员、吸收股金。信用部的业务基金，主要以吸收群众存款为主；但在信用部尚无基础时，可先从代理银行办理存放业务入手。同时，根据业务之简繁需要，设专职干部两三人，在供销社理事会统一领导下，积极开展存放业务。原则上，信用部对供销部门不予贷款，但在供销部门业务经营中，发生一时资金调剂不灵时，信用部

① 中国农业银行山东省分行：《山东农村金融历史资料（1938—1990）》，中国农业银行山东省分行编印，1992 年，第 188 页。

② 《整建信用社、部的计划（草案）》，1954 年，成武县档案馆藏，档案号：51/1/14。

可根据自身资金力量，在不影响解决农民借贷需要和提存的情况下，酌情给以临时性的贷款支持。其放款利息一般低于对社员群众的放款利息，略高于社员群众的存款利息，应以保本为原则。信用部必须接受当地银行在金融政策上和存放业务上的指导和监督。当地银行应在存放业务上给信用部以大力支持，当信用部贷多于存时，应给予放款支持；信用部存多于贷时，可准其将款转存当地银行。当然，信用部也须按时向当地县银行报送存贷情况表，接受银行委托办理之农贷。信用部应尽可能避免实物存贷，倘若无法避免，所存实物应以适合供销部所能销售，或在供销部经营计划以内为限，掌握"量销为存"的原则。① 信用部只是向信用社过渡的形式之一，在其"影响已经扩大、业务发展有了一定基础、干部有了一定经验时，即应发展社员，吸收股金，有领导地转为信用社"②。

　　信用互助组是信用合作的初级形式，也是为广大农民群众易于接受的形式。信用互助组一般有三种形式：第一种形式是既不经营存款，也不代理银行业务，仅在农业生产合作社和互助组内部制定公约、规定办法，低利借贷，互通有无、互助互济、发展生产。第二种形式通常由一乡或一村内的三四个或十几个群众组成，主要是在余钱户和困难户之间发挥桥梁作用，使前者可以将钱贷出去，后者可以贷到所需款项。第三种形式的互助组，既发展组员，征集股金，又经营存放业务，其实质就是小型的信用合作社。但因不具备办社条件，没有社章和管理办法，只能以组的形式经营社的业务。③

　　一般而言，发展信用合作，应根据不同地区、不同情况，采取不同的步骤，发展不同形式的信用合作组织。在生产互助合作运动已普遍发展、信用合作在群众中已有广泛影响、领导上有了一定经验的地

---

　　① 《关于建立农村供销合作社信用部的指示》，1953 年 11 月 26 日，山东省档案馆藏，档案号：A063/01/136。

　　② 中国农业银行山东省分行：《山东农村金融历史资料（1938—1990）》，中国农业银行山东省分行编印，1992 年，第 219 页。

　　③ 同上书，第 220 页。

区，应大力发展信用合作社。在生产互助合作组织开展较差、信用合作还缺乏必要经验的地区，应以建立基层供销社信用部和广泛发展信用互助组为主。截至1953年9月，据不完全统计，全省共有信用社251处，基层供销社信用部12处，信用互助组215处，共有社员、组员123373人，吸收股金178967万元，现金存款1787436万元，存实（粮食）2034675斤，现金贷款2816006万元，贷实（粮食）2749141斤。[①] 信用合作组织的发展速度是迅速的，有的县几乎区区有社，乡乡有组。但到了1953年底，普遍认为信用合作工作已经从思想上、认识上、行动上落后于群众的要求。这就为1954年信用合作组织的"大跨步"发展埋下了伏笔。

二　普遍推广阶段

"组织起来"的道路有两种，一种是列宁的以流通领域为中间环节，将小农经济与国家计划联系起来的合作制思想；另一种是斯大林的以生产合作社为基础的集体化发展道路。中国在过渡时期的发展战略错位地选择了斯大林的集体化道路，在批判"小脚女人走路"的背景下，信用合作社也如同生产合作社一般，在批判右倾保守思想中急速向前迈进。

1954年是山东省农村信用合作组织大发展的一年（见表2-3）。

表2-3　　　　1953—1955年山东省农村信用合作组织发展概况

时间　　　　数量	信用合作社（个）	供销社信用部（个）	信用互助组（个）	社员（人）	已建社（部）乡占全省总乡数比例（%）
1953年9月	251	12	215	123373	—
1953年底	312	768	372		—
1954年3月	696	902	1570	390000	
1954年8月	2342	1135	1581	1137800	29

---

① 中国农业银行山东省分行：《山东农村金融历史资料（1938—1990）》，中国农业银行山东省分行编印，1992年，第205页。

续表

时间 ＼ 数量	信用合作社（个）	供销社信用部（个）	信用互助组（个）	社员（人）	已建社（部）乡占全省总乡数比例（%）
1954 年底	10061	922	358	3380809	50.8
1955 年 3 月	12630	480	289	4578840	85.7
1955 年底	13687	—	—	—	90

资料来源：中国农业银行山东省分行：《山东农村金融历史资料（1938—1990）》，中国农业银行山东省分行编印，1992 年，第 205、218、221、226、251、255 页。

与 1953 年 9 月相比，短短一年的时间，到 1954 年 8 月，信用社、部、组分别翻了 9.3 倍、94.5 倍、7.3 倍。自 1954 年 9 月，全省第一次信用合作会议明确了以建社为主，积极、迅速、大量发展的方针后，信用合作工作进入了新的发展高潮。与 1954 年 8 月相比，到 1954 年底，仅仅四个月的时间，信用合作社增长了近 4.3 倍，从 2342 个上升到 10061 个。农村信用合作社数量的激增，除了指导思想上的"左"的急躁冒进倾向外，最重要的原因就在于由"组"提高到建"社"，或由"部"转变为"社"，即所谓的"转社"。这也是该时期信用部和互助组数量分别减少了 213 个和 1223 个的原因所在。"由组转社"并不意味着信用合作组织的萎缩，而是办社经验由不足走向成熟的表现，也是实现农村信用合作化的必要步骤。"各种形式的农村信用，只要是对生产有利的，都应该认为是有进步性的"，但又"不是静止不变的，而是发展的"，由简单到复杂，由初级到高级，最终"都将逐渐趋向于信用合作社这一比较高级的形式"①。"转社"应在党委的统一领导下，有条件地进行，"绝不能一转全转，亦不能一味拖延不转"。一般来说，凡是已吸收社员股金，业务已有相当开展，干部有一定经验，在群众中具有较好影响的信用部，可以直接转社；对于已吸收社员股金，且经营一两个乡的业务的信用部，可在不断扩大业务的基础上，吸收积极分子成立筹委会，再行转社；对于经

① 芦苇：《农村信用合作工作的几个问题》，《中国金融》1952 年第 4 期。

营四五个乡的业务的信用部，可将经营范围压缩到一两个乡，同时积极吸收社员、股金，扩大业务，有条件地逐步转社。但在实际工作中往往难以避免"左"的偏向，不够条件的也强制转社。同时又规定"凡有条件的地区都可以直接建立信用社，不一定先办信用部，由部转社"①。这就成了该时期信用社数量激增的一个重要原因。

这也从另一个方面反映出该时期的任务观点较为突出，存有单纯追求数字的偏向，只顾及"训练一批、发展一批"，却相对地忽视了"巩固一批"。很多已经建立的信用合作社，只是搭起空架子，社员人数少，组织工作与业务开展相脱节，难以满足群众的需求。如1955年底，全省12630处信用社，有100—300户社员的社占37.4%，300—500户社员的社占44.4%，500户社员以上的社占18.2%。入社股金多未缴齐，约有3%的社尚未缴纳股金。业务开展很差与未开展业务的社约有5700处，其中完全没开展业务的约1000处。②此外，不少信用社还存在经营管理混乱、财会制度错乱等现象。据济宁、泰安、聊城3个专区1397处社统计，制度较健全的1105处，占79%；账务混乱，制度不健全的人292处，占20.9%。文登专区800余社中，建立财务制度的仅有182处。聊城专区10个县41处社，有47个干部贪污、挪用社款。③因此，为了保证农村信用合作组织的健康发展，整顿巩固势在必行。

三　整顿巩固阶段

1955年2月7日，山东省委农村工作部发出《关于抓紧整理巩固信用合作工作的通知》，指出"除了某些工作落后没有完成预定计划

---

① 《关于加强基层供销合作社信用部工作的联合指示》，1954年10月11日，莒南县档案馆藏，档案号：28/2/31。

② 《中国人民银行山东省分行全省信用合作会议报告》，1955年7月6日，山东省档案馆藏，档案号：A060/02/032。

③ 中国农业银行山东省分行：《山东农村金融历史资料（1938—1990）》，中国农业银行山东省分行编印，1992年，第252页。

的地区必须一面巩固、一面发展，继续完成发展任务之外，一般地区应集中力量，做好整顿巩固工作"①。整顿巩固工作之所以成为1955年最迫切的任务，其原因主要有：第一，在已建立的12630处信用社中，大部分是1954年下半年新成立的。时间短、资金少、制度混乱不堪，业务难以开展，大部分信用社处于亏损状态。第二，多数新建立的信用社，信用社干部缺乏经验，群众思想发动不够，有的甚至存在强迫命令等现象。第三，一部分信用社已经发生账务混乱、贪污、挪用社款、违反政策等现象，严重脱离了群众。②上述问题已经严重危及信用社的存在与发展，必须及时采取切实措施予以整顿巩固。

整顿应在党委的统一领导下，根据当地实际情况，分类排队，制订整顿计划，从开展业务入手，"总结一类社的经验，抓住三类社的整顿，带动二类社"③。整顿内容主要有：第一，教育社员群众，做好思想发动的补课工作。根据群众的思想情况和觉悟水平，进行深刻的政策教育工作。通过摆事实、讲道理，提高群众对信用合作组织优越性的认识。交代清楚入社自愿、退社自由、为存户保密的储蓄原则，解除群众的思想顾虑。凡群众不愿入社者，允许退出；凡强迫多入股或征收股金过高者，应主动退还。第二，审查、培养信用社干部，健全信用社的组织基础。通过审查，保证信用社干部由阶级成分纯洁、在群众中具有较高威信、工作能力较强的人担任。同时，还要定期召开干部座谈会议、举办培训班，加强对干部的教育和培养，提高干部的政治水平和业务水平。第三，加强信用社的财务会计工作。财务会计工作跟不上业务的要求，限制了业务的正常开展。因此，必须建立健全信用社的财务会计工作，对会计人员要有计划地普遍进行培训，

---

① 中国农业银行山东省分行：《山东农村金融历史资料（1938—1990）》，中国农业银行山东省分行编印，1992年，第248页。

② 《全国农金会议总结报告记录》，1955年3月16日，山东省档案馆藏，档案号：A068/02/1096。

③ 《当前信用合作社的整顿情况与今后意见的报告（初稿）》，1955年9月24日，山东省档案馆藏，档案号：A060/02/032。

提高业务水平。检查现有信用社的账目财务情况，通过互查、小组检查、专员检查等方式，以期做到"财务公开、账目正确、制度健全"①。第四，加强领导扶持，开展存贷业务。这是巩固信用社的中心环节，也是衡量信用社好坏的一个重要指标。要使存贷业务能够开展起来，既要发挥组织作用，加强与生产合作社的联系，相互帮助，互相支持；还需要信用社干部深入群众，采取定时、定点、定线流动服务的方法，但要防止"挨户摸底""大会揭发""开会评议存款"、"追踪动员"等带有强迫性质的做法。②

经过整顿、巩固，信用社数量减少了，但并未影响"质"的提升（见表2-4）。

表2-4   1954—1956年山东省农村信用合作社存、贷款年末余额

单位：万元

项目 年份	存款		贷款	
	金额	比上年加、减额	金额	比上年加、减额
1954	1880	+1503	767	+622
1955	6429	+4549	2229	+1462
1956	14518	+8089	8105	+5876

资料来源：中国农业银行山东省分行：《山东农村金融历史资料（1938—1990）》，中国农业银行山东省分行编印，1992年，第229、256、283、305页。

据统计，1956年，信用合作社的数量从1955年的13687个减少到8824个，减少了35.5%。③与此相反，存款余额和贷款余额却比1955年增长了近2.3倍和3.6倍，分别为14518万元和8105万元。这在一定程度上满足了广大农村对资金的迫切需求，促进了以互助合

---

① 《继续深入进行信用合作社账务财务整顿工作意见》，1955年9月，山东省档案馆藏，档案号：A068/02/1003。

② 《目前信用合作的基本情况与今后意见（初稿）》，1955年5月24日，山东省档案馆藏，档案号：A068/02/1096。

③ 中国农业银行山东省分行：《山东农村金融历史资料（1938—1990）》，中国农业银行山东省分行编印，1992年，第255、280页。

作为中心的农业增产运动的开展。据泰安、昌南、胶县等 29 个县 2 个市郊区 1915 处信用社统计，自 1954 年 10 月到 1955 年 3 月共放款 4433478 元，贷给贫农 2791277 元，占 63%，贷给中农 1231003 元，占 27.7%，其他放款 411198 元，占 9.3%。另据聊城专区及昆嵛、莱西两县 160 个信用社统计，1955 年 2 月、3 月间放款 74870 元，扶持了 185 个农业生产社、互助组和 1563 户个体农民，添置牲畜 187 头，肥料 73500 余斤，各种小农具 5650 件，种子 14000 斤，大小车 166 辆，步犁 10 部，解决了 600 余头牲畜和 50 头崽猪的饲料，877 户贫困农民的生活困难。[①] 此外，部分信用社还与农业社、供销社订立存贷合同或三结合合同，通过合同形式把信用社的存放业务、供销社的供销活动与农业社的生产紧密结合起来，互相联系、相互促进，大大鼓舞了群众的合作生产情绪，保证了农业社生产计划的完成。

四 "随乡并社"阶段

"随乡并社"是达到"乡乡建社"，实现信用合作化的最后一环。1956 年，随着行政乡的调整与合并，信用社也随之合并。截至 1956 年 11 月，山东全省 11334 处信用社中约有 1000 处进行了合并。其中，济宁专区行动较早，该区的汶上、济宁、嘉祥等 7 个县均已基本结束；莱阳专区的莱阳、福山以及泰安专区的平阴县亦已完成合并工作；临沂、惠民专区在着手试点；其他专区开始摸底，制订计划，准备"随乡并社"。

在步骤上，多数是在并乡后新的乡党委的领导下，由原信用社干部成立筹委会，下设业务、财务两个组，分别负责开展业务、查对账务、办理交接等工作，最后通过选举正式建社。具体表现在：首先，加强领导，统一规划，统一安排，成立筹委会，并乡与并社同时进行；其次，精减干部，因事设人，分片负责，妥善安置；再次，查对

---

① 《目前信用合作的基本情况与今后意见（初稿）》，1955 年 5 月 24 日，山东省档案馆藏，档案号：A068/02/1096。

账目，清点财产，处理悬案，办理交接；最后，通过选举，正式建社，同时明确分工，改进方法，并社与开展业务紧密结合。①

从并社的效果来看，凡是按照步骤、掌握进度的地区，都取得了较好的效果。如莱阳县并社后信用社业务有了新的进展，全县存款业务逐月上升，1956年8月就比7月增加31万元。②但是，由于对并社的重要性和复杂性认识不足，也产生了不少问题。如做法简单草率、急于求成；财务账目处理不认真、交接不严格；对干部选拔不慎重、安置不当；对群众宣传不深透、教育不够。如平阴县在原有的59个信用社的基础上合并为21个，但其做法过于简单草率，一般由区党委将信用社干部集中起来，宣布一下新干部名单，由新干部完成并账任务，草草完事。还有的并社与开展业务相脱节，并社后对群众宣传不深透，干部缺少适当分工和新的工作方法，导致群众产生不少思想顾虑。如怕存贷不便、怕不保密、怕社大业务大把家底搞乱，有钱不敢存，有存款要求提取，没困难的争先贷款，造成被动局面。结果不少信用社存款下降，贷款上升。如济宁专区1956年9月的存款较7月存款连续下降32%。另外，也有一些地区通过并社虽然发现不少问题，但由于处理不认真，交接不严格，查出来的问题未能得到及时处理，以致贪污、挪用、盗窃、长短款、错账、错款等相当严重。特别是有些地区对信用社干部教育不够，选拔不慎重，对多余干部缺乏妥善安排，不适当地把不称职的干部安插到信用社的岗位上。结果应留的未留下，应安置的未得到安置，干部不满情绪相当严重，思想顾虑重重。怕选不上，怕被乡干部顶替，怕回家被群众看不起，悲观失望，严重影响了信用社业务的开展。③

对因"随乡并社"而带来的负面影响，山东省农业银行也采取

---

① 《关于信用合作社合并工作情况和今后意见报告》，1956年11月12日，山东省档案馆藏，档案号：A068/02/1248。

② 同上。

③ 《关于当前信用合作工作情况和意见》，1956年5月9日，山东省档案馆藏，档案号：A068/02/1245。

了一系列规避措施。如加强对并社工作的领导，做好财务账务的查对、交接工作，妥善安置信用社干部，并社与业务开展紧密结合等。这些措施在一定程度上减轻信用社干部、群众的顾虑，最大限度地保证了并社工作的顺利开展。不管怎样，到1956年底，全省信用社已合并为8824处，如同农业集体化一般，信用社带着诸多诟病、弊端和缺陷在短期内迅速达到了"乡乡建社"的要求，实现了信用合作化。

总之，山东省农村信用合作社在经历了重点试办、普遍推广、整顿巩固、"随乡并社"四阶段后，于1956年底迅速实现了信用合作化。如果说，重点试办阶段是广大群众自下而上的需求与国家权力自上而下的主导相结合的产物，那么，过渡时期"总路线"提出后，特别是统购统销政策的推行，使大力发展信用合作成为国家的政策性选择。从普遍推广到整顿巩固，再到"随乡并社"，最后实现信用合作化，更多的是国家强力主导下的强制性制度变迁过程。

第三节　初露"异化"端倪的合作金融

移植与嬗变是一个悖论，却是对一种理论学说"未脱先进国影响，而达于创造期"[1]的真实反映，再现了西方合作经济理论在中国的尴尬境遇。新中国成立后的信用合作组织以西方合作制为建社原则，却奉马克思主义合作理论为其指导思想，这种理论上的杂糅，放之于实践，其结果可想而知。入社自愿、退社自由、民主管理、合作互助、不以盈利为目的，是西方合作原则的基本要义。它是一种"源于市场经济又试图超越市场经济的社会发展理念"[2]，反映了资产阶级统治下的弱势群体追求公平、正义，渴望避免激烈的市场竞争，却不

---

[1]　夏炎德：《中国近百年经济思想》，商务印书馆1948年版，第190页。

[2]　赵泉民：《移植与嬗变：西方合作经济思想在近代中国的境遇》，中国法制出版社2013年版，第23页。

反对资本主义制度的复杂心理。马克思合作主义理论则恰恰相反，它一开始就反对资产阶级的剥削，并将其视为向共产主义过渡的中间环节。"经济思想是人类社会特定经济环境的产物，某一时期或某一个地域，产生某一种的经济环境，便随着产生某一种的经济思想。换句话说，就是产生某一种的经济理论。"① "简单性移植"② 于西方的合作原则，被"栽培"在一个市场化力量缺失的身份性社会，丧失了内生性土壤；另外，承载着中国共产党人对理想社会追求的马克思主义合作理论，又因背负着太多的国家利益诉求，难免会染上"急功近利""急于求成"的弊病。将这两个旨归相异的理论强行捏合在一起，并用于指导中国的合作实践，最终导致合作原则在信用合作化的过程中出现异化，着实不难理解。

一　信用合作原则的历史考察

信用合作社是合作社的一种，信用合作原则在某种程度上讲，是合作原则的特殊化。信用合作原则固然有别于合作原则，但其根本特性必然体现在合作原则之中。信用合作原则和合作原则实质上就是一种特性和共性、特殊性和普遍性的关系。因此，考察信用合作原则，有必要首先对合作原则作一大致了解。

（一）合作的基本原则——"罗虚代尔原则"

英国的"罗虚代尔公平先锋社"（the Rochdale Equitable Pioneers Society）最早、较系统地提出了合作社基本原则，并在 1937 年的国际合作联盟大会上正式予以承认，被命名为"罗虚代尔原则"（the Principle of Rochdale），是为国际上第一个通行的合作制原则。

英国是世界上最早爆发资产阶级革命的国家，也是世界上第一个实行产业革命的国家。其资本主义发达，劳资矛盾特别突出。资本主

---

① 区克宣：《近代经济思想史纲》，上海乐群书店 1929 年版，第 1 页。

② 赵泉民：《移植与嬗变：西方合作经济思想在近代中国的境遇》，中国法制出版社 2013 年版，第 343 页。

义制度被批判为"是幸运的对立物，是颠倒世界，是社会地狱"[①]；私有财产被认为是"人们所犯的无数罪行和所遭的无数灾祸的根源"[②]。劳动者们向往欧文所创建的理想社会——新和谐村（New Harmonious Community Equality）。1843 年，在英国北方小镇罗虚代尔，一些深受欧文合作思想影响的法兰绒纺织工人，在要求增加工资的罢工斗争失败后，逐渐认识到组织合作社是限制资本家盘剥、改善工人们自身条件和社会地位的最好办法。在这种思想的指导下，28 个纺织工人经过周密筹备，并凑集了 28 英镑股金，于 1844 年 12 月成立了一个消费合作社，取名为"罗虚代尔公平先锋社"。

　　罗虚代尔公平先锋社在成立之初，就制定了一些切实可行的组织及经营条款，集中表现在合作社的章程和会议记录中。这些条款虽早已见诸其他合作社章程之中，但直至罗虚代尔合作社才把它们汇集并具体记录下来。这些条款所涉内容庞杂，主要包括以下几个方面：首先，对合作社经营方面的技术性规定。第一，设立食品、衣服等贩卖店各一所；第二，设立工厂，制造社员所需物品；第三，倡导节约，于社内设立禁酒会，提倡戒酒。其次，对合作社未来发展的设想。第一，协助社员改善社会地位、改良家庭境遇；第二，通过租赁或购置土地，帮助失业或难以维持生计的社员从事耕作；第三，建立新村，发展生产，增进团结。最后，对合作社管理原则的规定。第一，不接受任何社员捐赠，由社员筹集股金，自愿入社；第二，社员平等，一人一票表决权，不因股金的多少而有差异；第三，对政治和宗教保持中立；第四，一律实行现金交易，不予赊买赊卖；第五，按市价或时价出售商品，遵守质优、准斤足尺原则；第六，按社员向合作社购买额的多寡分配利润；第七，提取 2.5%

---

　　① ［法］傅立叶：《傅立叶选集》第 1 卷，赵俊欣、吴模信、徐知勉、汪文漪译，商务印书馆 1982 年版，第 1 页。

　　② ［英］欧文：《欧文选集》第 2 卷，柯象峰、何光来、秦果显译，商务印书馆 1997 年版，第 11 页。

的盈余，作为对社员的教育费用。①

罗虚代尔公平先锋社的组织管理原则主要是为消费合作而设立。随着各国合作运动的发展，一些条款有了较大变化，需要不断调适。1937 年，经国际合作联盟大会讨论、修订，最终做出决议，将原有的经营管理原则归纳为 7 项，正式命名为"罗虚代尔原则"，即入社自愿、民主管理、按交易额分配盈余、股本利益应受限制、对政治和宗教的中立、现金交易以及促进社员教育，是为"罗虚代尔原则"。此外，还有四项附加条款：（1）只对社员交易；（2）社员入社是自愿的；（3）按时价或市价交易；（4）创立不可分的社有财产。② 国际合作联盟确认，一个理想的合作社，应该具备上述 11 项原则。不过，如若能具备前四项，也可视为合作社。由此可见，前四项是合作原则的核心，是合作社区别于其他组织的基本特征。

（二）信用合作的基本原则

1. 舒尔茨信用合作原则

赫尔曼·舒尔茨—德利奇（Hermann Schulze‑Delitzsch，1808—1883，旧译"许尔志"）被称为"手工业信用合作社之父"。19 世纪中叶，为了解除因欧洲大范围的经济恐慌所引致的家庭手工业的破产，同时为应对产业革命加速到来对手工业、农业所造成的不利影响，舒尔茨于 1850 年在德利奇建立了以扶助手工业者为目的的城市信用合作社。舒尔茨的信用合作社遵循以下原则③：

第一，合作社由社员集股成立，入社股金额为无限，股份可以自由买卖转让，按股分红。

---

① 参见尹志超《信用合作组织：理论与实践》，西南财经大学出版社 2007 年版，第 105—107 页；赵维新《中国农民合作经济组织发展研究》，中国市场出版社 2004 年版，第 8—11 页；米鸿才《合作社发展简史》，中共中央党校出版社 1988 年版，第 7—8 页。

② 尹树生：《合作经济概论》，三民书局 1983 年版，第 10—11 页。

③ 尹志超：《信用合作组织：理论与实践》，西南财经大学出版社 2007 年版，第 105—107 页；张乐柱：《农村合作金融制度研究》，中国农业出版社 2005 年版，第 68—70 页。

第二，以对社员贷款为主，实行有限责任制。

第三，社有财产（包括准备金和公积金）实行股份制，为全体社员所有。

第四，社员民主平等，实行民主集权制，合作社事务由领取工薪的理事管理。

第五，专门经营纯粹的金融业务，不兼营其他业务。合作社以城市手工业者为主，以相互间的信用为融通资金的基础，实行信用贷款，贷款以短期为主。

第六，自助原则。这是舒尔茨信用合作原则的核心。舒尔茨拒绝政府或者第三方的援助，意在降低社员对外界的依赖性。该原则旨在通过一些具有相似经济处境、社会地位，有着共同利益和目标的社员之间的相互参与、相互依赖、相互援助，以改善经济境况。

第七，自主经营和自我管理原则。该原则体现了合作社对社员个人财产所有权的尊重，并通过监事会和理事会得以实现，主要表现在社员民主选举理事会、监事会成员，决定合作社章程等事宜。

第八，信用合作社不隶属中央金融机关，也不参加系统联合。

通过以上原则可以看出，合作社的资金来源是以股金和公积金为基础，社员收益按股分红，股份可以自由买卖、转让。这类似资本主义的股份制银行，也成为时人所诟病之处。不过，我们应该看到，在拒绝政府或第三方的任何援助，而自身力量薄弱、资本有限的情况下，若不采用此种办法，着实难以生存立足。

2. 雷发巽信用合作原则

雷发巽（Friedrch Raiffeisen，1818—1888）是农村信用合作社的创始人。1845 年雷发巽任德国威雅布许市市长，1846—1847 年，该市遭逢灾年，连续两年农业歉收，农产品价格大跌。贪得无厌的中间商趁火打劫，哄抬物价，从中牟利。高利贷者也趁机抬高借贷利率，农民陷入极度困境之中。这种情景使身为市长且有着宗教和道德信仰的雷发巽极为震动，遂决定效仿欧文成立合作社，救济农民。此后，从佛兰马斯菲尔特市到赫得斯多尔夫市，雷发巽在担任两市市长期间，先后创立了"佛拉梅斯佛尔德清寒农人救助社"以及"赫得斯多尔夫慈善合作社"。不仅如此，雷发巽还对合作社原则作了系统总结，并在其所著的《储贷协会》一书中得以体现。具体内容主要包括以下几点①：

第一，立足于本地发展原则，即社区化发展原则。信用社所涉地域范围不宜太大，以小村庄为合作区域，社员以农民为限，每社的社员为 1000 人左右。

第二，信用入社原则。信用既包括经济上的信用，也包括道德上的信用，特别是后者，将入社社员限定在相互熟悉、相互信任的人之间。

第三，无限责任制原则。这意味着合作社成员和所有社员都要对合作社的所有债务承担无限责任。

第四，业务综合化原则。雷发巽信用合作社除信用业务外，还可以经营购销及其他农村合作事业。

第五，发展合作协会原则，即基层合作社—区域性中心合作社—联邦或国家中央合作社。借助合作协会，连成较大的组织机构体系，以解决独立合作社在发展中所不能解决的问题。

第六，自愿原则。这是合作社的基本原则，即入社自愿，退社自由。

第七，自助原则。该原则与慈善原则相对应，起初，社员入社不需要缴纳入社费和股金，由合作社或向外借贷，或使用社员存款。

第八，贷款用于生产原则。合作社的贷款必须用于生产，贷款期限较长，视农业生产周期而定。

第九，信用合作社隶属中央合作金库。

上述信用合作原则表明：雷发巽成立信用合作社，意在促进农业

---

① 尹志超：《信用合作组织：理论与实践》，西南财经大学出版社 2007 年版，第 112—114 页；张乐柱：《农村合作金融制度研究》，中国农业出版社 2005 年版，第 70—72 页。

生产、防止农业灾荒，使农民免除高利贷盘剥。首先，合作社的成立不以社员是否缴纳股金为限，合作资金从多方筹集而来，如市政机关、教会等。这既充分照顾到了贫农的利益，又可吸纳社会其他阶层，增强了信用合作社的群众基础。其次，在贷款方式上，雷发巽信用合作社多以个人名义发放贷款，社员则以全部财产对信用社承担无限责任。贷款期限较长，一般以农业生产周期为限，充分照顾到了贫农的还款能力。最后，雷发巽信用合作社不发行股票或债券，社员的权力不得转让，合作社的红利及公积金不得用于分配。

3. 威廉·哈斯信用合作原则

继舒尔茨和雷发巽之后，威廉·哈斯（William Haas，1939—1913）成了德国合作运动的领导人。哈斯在综合雷式合作原则和舒式合作原则的基础上，提出了自己的折中方案，具体表现在以下五项[①]：

第一，筹集资金的多元化原则。信用合作社的资金可以多方筹集，既可由社员出资入股，也可从社会上集资。

第二，承担责任方式的选择性原则。各地可以自由选择承担责任的方式，既可选择有限责任制，也可选择无限责任制，进一步解放了合作社成员对无限责任制的顾虑。

第三，独立性原则。合作社须在政治和宗教上保持中立。

第四，综合性发展原则。合作社在发展信用业务的同时，也可兼营其他类型的合作业务。

第五，自治性原则。反对过分中央集权，以发展地方联合会为主。

从以上对舒尔茨、雷发巽和哈斯所倡导的信用合作原则的分析中不难看出，他们所强调的某些方面是相同的，但在具体内容上又是有区别的。舒尔茨把信用合作社看成提高手工业者和小生产者市场竞争

---

① 尹志超：《信用合作组织：理论与实践》，西南财经大学出版社 2007 年版，第 114—115 页；张乐柱：《农村合作金融制度研究》，中国农业出版社 2005 年版，第 72—74 页。

力的重要途径；雷发巽建立信用合作社的出发点则是促进农业发展，使农民摆脱贫困，免受高利贷的剥削。前者以城市为合作区域；后者则立足于农村"邻里"。舒尔茨不在意个人品质，以经济能力作为信用依据；雷发巽则关注个人道德，以道义作为贷款凭证。舒尔茨从经济着眼，入社缴纳股金，社员收益按股分红，股份可以自由买卖、转让。雷发巽则从宗教、慈善的角度出发，社员不以是否缴纳股金为限，不发行股票或债券，不参与股金分红或分配公益金等。这些不同之处与舒尔茨和雷发巽创办信用合作社的出发点、立足点，所需解决的问题、所要达到的目的不无关系。但有一点是相同的，即对于资本主义制度，他们不去否定，也不去改造，只是希望在适应资本主义制度的前提下，借助信用合作社保护小农、小生产者，使其免受大资本的剥削。威廉·哈斯在舒尔茨和雷发巽合作原则的基础上则"有了更为开放的视野和更为自由的氛围"①，进一步拓宽了合作社的基础。实际上，无论是舒尔茨、雷发巽，还是哈斯，他们所倡导的自助原则，自愿原则，自我经营、自我管理原则，已内含于"罗虚代尔"合作原则之中，从而奠定了西方信用合作组织的基础。

（三）20世纪50年代中国信用合作原则的历史考察

20世纪50年代，中国信用合作组织经历了国民经济恢复时期的起步阶段和社会主义改造时期的大发展阶段。相应的，颁布了两个合作章程，分别是1951年的《农村信用合作社章程准则（草案）》和1955年的《农村信用合作社章程（草案）》。不同时期的信用合作组织承载了不同的利益诉求，具有不同的组织特性，集中体现在不同时期的合作社章程之中。

1. 1951年《农村信用合作社章程准则（草案）》

1951年5月，在第一届全国农村金融工作会议上，中国人民银行作出了《全面开展农村金融工作，大力发展农村信用合作社》的决

---

① 尹志超：《信用合作组织：理论与实践》，西南财经大学出版社2007年版，第116页。

定，颁布了《农村信用合作社章程准则（草案）》。该草案共 6 章 32 条①，对信用合作社的基本原则作了较为详细的规定和限定：

第一，社员资格受到限定。"凡居住本社区域内之男女劳动人民，年满十六岁除被剥夺公权者"，"每人须缴纳入社费和社股股金，入社费规定为人民币一元，社股每人至少一股，每股金额为人民币一元……贫苦无力一次交清社股者，经理事会许可可分期缴纳，但期限不得超过六个月，在缴纳入社费和第一次股金后即取得社员资格，发给社员证"。

第二，入社自愿、退社自由。"社员自请退社，须于年终决算一个月前提出，并于决算后一个月内退还其股金，如有亏损按股扣除，如有分红按股发给。社员迁移时，经理事会许可于一个月内退还其股金，但须负在社时期的亏损责任。社员退社，入社费一律不退。社员死亡，股金退还其合法继承人，并负盈亏责任。"

第三，民主管理得以实现。社员"不论股金多少每人均只有一票表决权"。"设置社员大会或社员代表大会为合作社的最高权力机关，掌握合作社重大决策权，社员代表由社员直接选举产生。""理事会为合作社的执行机关，主要执行社员大会决议和国家银行的批示等。""监事会为监察机关，代表全体社员监督和检查理事会的工作。"

第四，存贷款对象以社员为主。"收受社员存款和储蓄（现金及实物），必要时得收受团体和非社员存款；贷放社员生产上和生活上必需资金（现金及实物），资金如有多余时，经国家核准，得对非社员贷款。"

第五，强调社员的无限连带责任。"年终决算，遇有亏损时，应以公积金及股金及不返还之收入依次补偿，如仍不敷时，按社员人数平均分摊归还或按社员最高信用评定数额比例摊还。"

第六，高积累的盈余分配原则。在盈余分配方面，"公积金占

①《农村信用合作社章程准则（草案）》，1951 年，山东省档案馆藏，档案号：A068/02/483；岳志：《现代合作金融制度研究》，中国金融出版社 2002 年版，第 408—414 页。

50%以上，公益金可达 10%，本社工作人员奖励金占 10%，教育基金占 10%"。"社员股金以不分红为原则，如必须分红时，不得超过 20%。"

上述六个方面的制度安排，总体上立足于国民经济恢复时期的国家经济发展战略特点，体现了入社自愿、退社自由、民主管理、承担相互保证责任、不以盈利为目的的合作原则，在一定程度上保证了新中国成立初期农村信用合作组织的"合作"性质。

2. 1955 年《农村信用合作社章程（草案）》

1953 年过渡时期"总路线"提出后，中国正式进入社会主义改造时期。在农业合作化的推动下，这一时期的信用合作组织得以迅猛发展。为了适应国家发展战略的调整，1955 年 1 月 14 日，中国人民银行颁布了《中国信用合作社章程（草案）》[①]，以对新时期农村信用合作组织的发展进行指导和约束。与 1951 年《农村信用合作社章程准则（草案）》相比，该草案具有以下几个特点：

第一，进一步提高了社员入社门槛。除继续要求申请入社者须"居住本社区域内""年满十六周岁""除被剥夺政治权利者外"，还"须经社员介绍理事会通过，并须缴纳入社费一千元和股金××元。贫困无力缴纳股金者，经理事会许可，可于一年内分期缴纳。在缴纳入社费后，即可取得社员资格"，并且明确规定"地主、富农、商人不得参加"。

第二，仍然赋予社员入社自愿、退社自由的权利。信用社是"劳动群众根据自愿原则组织起来的资金互助组织"。社员入社自愿，亦有退社自由。"申请退社须于年终决算一个月前（十二月份以前）提出，并于决算后退还其股金。有亏损时按股扣除。社员因迁出社区退社时，得随时退还其股金；因死亡退社时，其股金亦得退还其合法继

---

① 岳志：《现代合作金融制度研究》，中国金融出版社 2002 年版，第 414—419 页；卢汉川：《中国农村金融历史资料（194—1985）》，湖南省出版事业管理局，1986 年，第 176—177 页。

承人。"不过，"社员退社，入社费不退"。

第三，组织机构方面，仍然实行民主管理制度。社员大会或社员代表大会（社员代表由社员直接选举）是最高权力机关；理事会是执行机关，"执行社员大会或社员代表大会的决议，领导社内工作人员和社员小组活动处理日常工作"；监事会是监察机关，"监督理事会对社员大会或社员代表大会决议的执行情况"。

第四，业务对象有所增加。除"办理社员和社区内非社员及乡村机关团体的储蓄、存款"外，还"办理生产互助合作组织的和个体社员的农业（渔、牧）、手工业、副业等生产放款及必要的生活放款；对未入社的贫困劳动群众也给予贷款帮助"，但"不作商业放款"。

第五，突破了无限连带责任对社员的压力，实行有限责任制。规定信用社"如有亏损，应以公积金及股金依此补偿，社员所负责任以所任股金为限"。

第六，盈余分配方面，取消了 20% 的股金分红和 10% 的教育基金，整个分配标准呈现出"向上集中"[1]的趋势，公共积累达到了85%。具体表现为：公积金占 60% 以上，公益金占 25% 以下，奖励金占 15% 以下。

由此可见，1955 年《农村信用合作社章程（草案）》基本上保持了合作原则的精髓，较好地体现了入社自愿、退社自由、民主管理、互助合作、不以盈利为目的的组织特征。另外，国家发展战略的变化对微观经济组织所造成的影响也是显而易见的。虽说一切社会变迁和政治变革的终极原因，"应当到有关时代的经济中去寻找"[2]，正所谓经济决定政治，但政治亦反作用于经济。社会主义改造步伐的加快，促使信用合作原则作出适当调整，以适应农业合作化的进程。这主要体现在社员入社门槛的提高、业务服务对象的扩

---

① 谭贵华：《我国农村信用合作组织的历史定位及其形态变迁》，载岳彩申《中国农村金融法制创新研究》，群众出版社 2011 年版，第 72 页。

② 《马克思恩格斯选集》第 3 卷，人民出版社 1995 年版，第 355 页。

大以及盈余分配的高积累。既需缴纳入社费和股金，还需由社员介绍且经理事会同意，地主、富农、商人亦被排除在外的入社标准，说明随着向社会主义过渡步伐的加快，对社员阶级成分纯洁性的要求日益严格。贷款对象扩大到生产互助合作组织，以及对公积金、公益金提取比例的增加，意在为实现农业社会主义改造，为国家全面控制生产资料和资金，从而为重工业优先发展战略目标的实现奠定经济基础。

综上所述，从国际合作联盟所确认的 11 项合作制原则来看，门户开放、民主管理、按交易额分配盈余、股金利息受限制，也就是通认的前四项是合作原则的本质要求。这四项原则切实地反映了资本主义经济条件下，处境十分困难的手工业者、小生产者为摆脱中间商盘剥，以求改善自身社会地位和生活状况，联合起来向资产阶级作斗争的迫切需求。正如合作经济学者罗虔英所说，"合作社确是资本主义制度下产生的"[①]，是市场化的产物。其一，入社自愿表达了入社者对预期收益大于预期机会成本的期许，一旦实际收益小于成本，他们便要理性地退出，以规避风险、降低损失。其二，一人一票，不以出资多少而有差异的民主管理原则，适时地满足了社员"渴望避免市场的激烈竞争，追求非市场制度安排中平等"[②] 的要求。其三，限制股金分红，实际上是对资本逐利行为的一种限制，以有别于资本主义股份制企业的盈利特性。其四，按交易额，即按社员对合作组织的贡献大小分配盈余，在一定程度上纠正了社员因追求平等而致组织无效率的弊端，有利于激发社员积极参与合作社的经营活动，从而实现合作社的长期稳定发展。

在信用合作原则方面，无论是舒尔茨的自助、自我经营、自我管理原则，还是雷发巽的自愿、自治、自我承担风险原则，其实质都内

---

① 罗虔英：《世界合作运动的发展——从空想到科学的道路》，《合作经济》第 2 卷第 3 期，1948 年 8 月。

② 尹志超：《信用合作组织：理论与实践》，西南财经大学出版社 2007 年版，第 108 页。

已含于罗虚代尔原则之中。当然，缘于二者的立足点、出发点、所需解决问题以及所要达到目的的不同，它们在资本筹集方式、社员承担责任方式、业务发展范围以及合作社归属体制等方面都存在很大差异。威廉·哈斯则适时地综合了二者的不同，并在此基础上提出了一套折中方案。哈斯原则在使信用合作原则更具开放性和适应性的同时，也维护了信用合作社的独立性。

在中国，1951 年的《农村信用合作社章程准则（草案）》和 1955 年的《农村信用合作社章程（草案）》，基本上描述了新中国成立初期农村信用合作社的主要文本制度安排，突出了入社自愿、退社自由、民主管理、合作互助、不以盈利为目的的合作原则。但移植和"贩卖"西方合作原则所形成的文本制度安排毕竟有别于具体实践，随着信用合作社承载的政治功能越来越多，其合作制原则也在逐渐发生嬗变。比如，增加生产互助合作作为贷款对象，再比如，不断扩大对公共积累的提取比例等。如果说，20 世纪 50 年代的信用合作社多少还保留了合作制内核，但因其并不内生于中国本土，随着外部政治和经济环境的变化，特别是国家发展战略的调整，信用合作原则在实践过程中发生"异化"实属必然。

二　合作金融"异化"端倪的初露

中国的农村信用合作组织文本上移植了西方合作制，实践上却走上了马克思主义经典作家以合作理论改造小农经济向社会主义过渡的轨道。市场经济下处于竞争劣势的手工业、小生产者，为抵制资本家剥削所达成的经济上的联合，却成了计划经济条件下国家实现生产资料集体化的"方法论"工具。一边是追求个体产权的"集合化"效应，一边是变革生产关系由个体向集体转变的"集体化"目标[①]，如此"殊途"，实难"同归"。"中国的农村信用社自成立之日起就表现

[①]　张乐柱：《合作金融原则与实践异化的经济分析》，《山东农业大学学报》（社会科学版）2007 年第 1 期。

出同规范的合作制原则相背离的特征"①，只不过在信用社发展初期，这种"背离"是以较为缓慢的形式潜在地表现出来的。

（一）"入社自愿"中存在着变相强迫

入社自愿是合作制的首要原则。土改后，农民并没有因获得土地而降低对资金的需求，反而更为迫切。一方面，长期贫困、靠借债过活的农民，急需资金用于购买农具、种子、牲畜和其他生产资料以投入生产。另一方面，战争的长期破坏、婚丧铺张的陋习以及天灾人祸的侵袭，使本已家徒四壁的农户急需资金以购买生活资料。有限的国家农贷、处于停滞状态而难以活跃的私人借贷以及悖于主流意识形态而受打击、遭取缔的高利贷，除此之外，能够向农民提供贷款的就只有自战争年代便备受共产党推崇的信用合作借贷。可以说，新中国成立初期农民确实需要信用合作社，从内心深处也很愿意入社，但是，一贫如洗的农民缴不起入社费和股金；能缴得起的，又存有怕"露富"，怕拔高阶级成分，怕存款不安全等顾虑。因此，大多数农民并没有表现出与强烈的入社意愿相一致的入社行动。在这种情况下，宣传、教育、干部带头等途径就成了党和政府动员农民入社的重要手段。如莒南县某信用社积极向群众进行新旧对比教育，算高利贷剥削账，讲信用社的好处、目的和意义，具体到信用社能帮助农民解决什么困难，经营哪些业务等。在此基础上，选出积极分子和典型人物，加以培养，以带动其他群众入社。② 又如，莘县首先打通信用社干部的思想，在此前提下，召开群众大会，向群众宣传信用社的好处、意义和零存整取、零取整存、存款折实的灵活性，以调动群众入社的积极性。③ 再如，朝城舍刘寺村信用社干部，在群众大会上动员、教育、讲解信用社好处的同时，带头入股、存粮。村主任存谷子 310 斤，会

---

① 周脉伏：《农村信用社产生的制度经济学分析》，《江西财经大学学报》2012 年第 5 期。

② 《关于信用组织试办共走初步总结》，1953 年，莒南县档案馆藏，档案号：28/1/5。

③ 《1951 年 8 月 24 号催收发放简结报告》，1951 年 8 月 24 日，莘县档案馆藏，档案号：16/1/23。

计存红粮 300 斤，社主任存小麦 80 斤、红粮 87 斤、玉米 444 斤。^①经过宣传、教育、动员，农民入社积极性高涨，甚至出现了端着装满鸡蛋的篮子，兴冲冲地去信用合作社要求入股的现象。^② 然而，正如张乐柱所言：这种政府选择代替农民选择，"只不过农民在特定环境下认可了政府选择，体现了非自愿顺从"^③。

如果说从广义的自愿性原则^④来讲，上述所论背景下的农民失去了"不交易的自由"，处于一种"被入社"的状态，那么，从狭义的角度来看，特别是过渡时期"总路线"提出、信用社进入大发展阶段后，信用合作社在组织过程中则出现了切实的强迫命令现象。如阳谷县郭围子村采取"开群众大会熬"的办法，强制群众入社。郓城县采取"普遍点火，到处冒烟"的方法，组织信用合作社。仅用 3 个月的时间就发展信用社 28 个，信用社干部 141 人，信用组 42 个，组干部92 人，社（组）员 7214 人，股金 2541 万元。^⑤ 观朝县各信用社掀起了"红旗竞赛运动"，出现了"争先恐后"入社存粮热潮，甚至出现了"全部"入社的现象^⑥，如此等等。上述现象表明信用合作的自愿原则受到侵犯，变相强迫，甚至是切实的强迫已存于信用合作原则之中。

---

① 《朝城舍刘寺重点村社信用工作总结》，1950 年，莘县档案馆藏，档案号：14/1/9。

② 笔者在聊城东昌府区对田洪贞老信贷员所做的访谈。田某某，男，92 岁，1928 年参加信用社工作。

③ 张乐柱：《合作金融原则与实践异化的经济分析》，《山东农业大学学报》（社会科学版）2007 年第 1 期。

④ 谢平在《中国农村信用合作社体制改革的争论》一文中，将自愿性原则分为狭义和广义两种。狭义的自愿性是指每一次合同签订都应严格自愿，以此保证市场机制运行。广义上认为"不交易的自由"比"交易的自由"更重要。但谢平认为，中国的合作经济组织恰恰不具备"不交易的自由"，进而认为中国没有一种合作制机构真正成功过。参见谢平《中国农村信用合作社体制改革的争论》，《金融研究》2001 年第 1 期。

⑤ 中国农业银行山东省分行：《山东农村金融历史资料（1938—1990）》，中国农业银行山东省分行编印，1992 年，第 201 页。

⑥ 《观城县委关于一年来农村信贷工作的专题总结报告》，1953 年 1 月 11 日，莘县档案馆藏，档案号：16/1/22。

（二）"民主管理"中沾染了行政色彩

"民主管理"主要体现在两个方面：一是"一人一票"的同等表决权，即社员无论缴纳股金多少，均享有同等的投票权和参与决策的权利；二是相互制衡的管理机构。社员大会或社员代表大会为信用社的最高权力机关，理事会是执行机关，监事会是监察机关。理事会执行社员大会或社员代表大会的决议和国家银行的指示，监事会代表全体社员监督和检查理事会的工作，作为最高权力机关的社员大会或社员代表大会则有权选举和罢免理事主任和理事、监事主任和监事。"三会"共同组成了一个相互制衡的管理班子。西方合作原则中的民主管理是为了迎合在激烈的市场竞争中处于劣势的手工业者、小生产者渴望避免竞争、抵御市场风险、追求平等的心理而作出的制度安排。在中国，这一制度安排则演变成了塑造社员主人翁态度的政策性工具。虽说该原则的设立动机与西方迥异，但如能严格执行，其结果仍会促进信用合作组织的发展，至少能促使社员从切身利益出发，去关心信用社业务经营的好坏。然而，移植过来的民主管理在中国效用甚微，多数信用社，如胶南县九区黄岛信用社，社员不知道理事、监事是干什么的，建立的制度只是流于形式。[①] 从文本角度看，该制度安排是相对完善的，只是一向习惯于"被领导""被安排"的底层群众，其文化水平、觉悟程度无法达到如此高度。"只要能贷款，能应急，使我们不受难，其余的我们都不愿管"[②]，这委实道出了农民参加信用社的真正意愿。这在一定程度上为行政力量插手信用合作事务提供了"缝隙"。

事实上，20 世纪 50 年代初期，山东省农村信用合作社的建立是自下而上诱致性制度变迁和自上而下强制性制度变迁共同作用的结果。国民经济恢复时期，囿于群众对信用社的不信任，不愿也不敢冒

---

① 中国农业银行山东省分行：《山东农村金融历史资料（1938—1990）》，中国农业银行山东省分行编印，1992 年，第 222 页。

② 笔者在烟台市海阳县对一位老信用社员王某某所做的访谈。王某某，男，生于1936 年，原海阳县济源渔业合作社信用部的社员。

险入股、存款，国家需要以其自身信誉作担保，以便消除群众顾虑，进而借助国家银行的力量推动信用合作运动的开展。这一时期，诱致性变迁所占比重大一些。社会主义改造时期，农村信用合作社"通过信用活动联系小农经济于国家计划之内，在信贷关系上组织广大农民"，调剂资金、组织存款，成为"资金短缺条件下的储蓄动员机器"①，并且承载了改造小农经济向社会主义过渡的任务。在这种背景下，如果说，国民经济恢复时期政府是以"一只看不见的手"暗中掌控；那么，这一时期，政府便伸出这只手"牵着"并"引导着"信用社大踏步地向前发展。因此，强制性制度变迁占据主导地位。不管怎样，在农村信用合作社的发展过程中，政府这只"手"一直如影随形。所以，信用社希冀通过民主管理机构独立决定自身发展状况的可能性几乎是不存在的。学者周脉伏甚至提出了"政府投资人假说"这一命题，以示政府对信用社的控制。他认为政府是信用社的投资者，政府通过投入信誉、救助以及大量的组织成本，取得了对信用社的控制，"是一个无可争议的事实"。在政府的控制下，"信用社的民主管理形同虚设，不经社员同意随意撤并信用社，理事会、监事会并不是真正由社员大会或社员代表大会选举产生，信用社主任也不是真正由理事会选举出来的，监事会事实上没有监督的权利，也就不可能起到监督的作用。信用社的管理权掌握在信用社主任手中，而信用社主任的任免权事实上被控制在政府手中"②。

　　从1951年《农村信用合作社章程准则（草案）》和1955年《农村信用合作社章程（草案）》对信用社组织机构的文本安排可以看出，除社员大会或社员代表大会的召开次数由1951年的"每半年召开一次"变为1955年的"每季召开一次或每半年召开一次"外，其余安排基本相同，较完整地体现了西方信用合作原则对"自我经营、

---

①　周立、周向阳：《中国农村金融体系的形成与发展逻辑》，《经济学家》2009年第8期。

②　周脉伏：《农村信用社产生的制度经济学分析》，《江西财经大学学报》2012年第5期。

自我管理"的规定。然而，这种制度安排所体现的"社会成员经济活动的独立自主性以及相互间的平等关系"是立足于"契约理念上的'自主性'或说是'非强制性'"①，是市民社会的产物。另外，相对于西方国家而言，中国处于这样一种二重制度结构之中，即"发达而富有控制力的上层机构，流动性强且分散化的下层机构，但在上下两层结构之间却缺乏严密有效且富于协调功能的中间结构"②。在这种制度结构中，强大的政府因其掌握巨大的资源，本身就处于一种自上而下的控制状态，再加上信用社逐渐走上了一条由国家控制的强制性制度变迁轨道，移植于西方国家的民主管理制度，嫁接到乡土中国的土壤上而"淮橘为枳"，实不难理解。

（三）"非营利性"中充斥着国家利益诉求

农村信用合作社的非营利性主要体现在以下几个方面：其一，股金不分红。信用合作社吸收的社员股金只能获取利息，不以分红为原则。③ 这是信用合作组织与股份制企业的最大不同之处，也从根本上限制了信用社的盈利性。其二，农村信用合作社的盈余分配以公共积累为主，并呈向上集中的趋势。1951—1954 年的盈余分配以公积金 50% 以上、公益金不超过 10%、奖励金 10%、教育基金 10%、股金分红不超过 20% 为标准。到 1955 年，分配标准则变为公积金 60% 以上、公益金 25% 以下、奖励金 15% 以下。公共积累从60% 增至 85% 左右，本身就表明了信用社的盈利空间在不断缩小。其三，存贷利差较小，只求"社方保本"，基本无利可图。信用社以国家银行的利率标准为依据，以既有利于发展生产，又能够提高

---

① 赵泉民：《政府·合作社·乡村社会——国民政府农村合作运动研究》，上海社会科学院出版社 2007 年版，第 361—362 页。

② 张杰：《中国金融制度的结构与变迁》，山西人民出版社 1998 年版，第 2 页。

③ 1951 年《农村信用合作社章程准则（草案）》规定："社员股金不以分红为原则，如必须分红时，不得超过 20%。"所谓"必须"，最基本的前提条件就是有盈余，而从当时农村信用合作社的经营状况来看，基本上处于亏损状态。能够实现分红的信用社，可以说寥寥无几。

群众的存款积极性为目标，以维持信用社正常的开支费用为获利底线，而制定自身的存放款利率，存放利差一般以5厘或7厘为宜。① 随着国家银行利率的逐步降低，信用社的存放款利率也顺势走低，存放利差相应的有了一定缩小，一般仅维持在4—5厘。② 不仅如此，"某些干部的高利吸存、低利贷出的救济观点，社干的营利思想，以及认为信用社利率不和银行一样就会妨碍业务开展的思想"，都被视作因"利息上的偏差"而导致的错误认识。③ 在这种"保本"或非营利思想的指导下，信用社难免会出现亏损。从某种意义上讲，这是一种政策性亏损，国家银行一般予以兜底、补贴。国家的这种行为在增强信用社对国家银行政策性依赖的同时，也进一步降低了信用社的盈利动机。

然而，经济上的非营利性并不代表政治上的无目的性。无论是1949—1953年的诱致性引导，还是1953—1956年的强制性变迁，在农村信用合作化的实现过程中，政府的力量是始终存在的。从宣传动员、人员培训、资金筹备到亏损补贴，政府"事实上承担了信用社的一切风险"④。尽管1951年和1955年的信用社章程都明确规定，由社员承担信用社的亏损（前者按社员人数平均负担；后者以所认股金为限，承担有限责任），但实际上，信用社的亏损或者由国家银行给予低利贷款，弥补亏损；或者由政府以呆账、烂账的形式予以核销。因此，信用合作社在发展、变迁过程中必然要体现其"投资人"，即政府的利益诉求。

"为农而设"是政府成立农村信用社的根本出发点。这是毋庸置

---

① 《农村信用合作社示范章程草案》，1956年6月8日，山东省档案馆藏，档案号：A068/02/1245。

② 《关于调整信用社及我行对信用社的存放款利率，请予审批的公函》，1957年4月25日，山东省档案馆藏，档案号：A068/01/227。

③ 《一九五二年重点试办信用合作社总结》，1952年，山东省档案馆藏，档案号：A068/02/622。

④ 周脉伏：《农村信用社产生的制度经济学分析》，《江西财经大学学报》2012年第5期。

疑的，而之所以如此，很大程度上是因为国家无法承担巨额的对农低利贷款。为了减轻政府负担，早在抗日战争时期，胶东地区就在胶东农救会总会的支持和领导下，成立了农民低利贷款所，以帮助农民解决种子、肥料、耕畜、农具的困难，活跃农村金融，发展农业生产，巩固抗日根据地。农民低利贷款所的成立，解决了部分农民的生产生活困难，加强了根据地的生产建设，提高了农民的生产热情，繁荣了农村经济。但是，战争的残酷破坏、物价飞涨而致币值的不稳定，特别是100元以上的贷款需缴纳抵押品的限制性规定，最终使农民贷款所在战争环境下无疾而终。① 因此，借助农民自身的力量，取之于民，用之于民，大力发展农村信用合作社就成了政府的政策性选择。随着重工业优先发展战略的确立，国家没有也不可能拿出大量的资金支持农业生产。相反，政府还需要借助农村信用合作社汲取分散于广大农村的闲散余资，用于工业化建设。另外，重工业优先发展战略的确立，加速了由新民主主义向社会主义的提前过渡，作为合作制经济重要形式之一的农村信用合作社成了"对小农经济实行社会主义改造的一部分"②。总之，活跃农村金融以发展农业生产、汲取农村闲散资金用于工业化建设、引导小农经济向社会主义过渡以实现共产主义理想，成了内含于信用社之中的国家利益诉求。

（四）互助合作原则的偏离

"面向社员、服务生产、存贷两利、适应农民的需要"③ 是农村信用合作社的第一要义，彰显了信用社的互助合作原则。从设立信用社的初始动机来看，互助合作的对象是有指向性和限定性的，特指社员

---

① 中国农业银行山东省分行：《山东农村金融历史资料（1938—1990）》，中国农业银行山东省分行编印，1992年，第12—15页；《胶东各地成立农民贷款所》，《大众报》1942年10月2日。

② 王沛霖：《发展农村信用合作应该注意的几个问题》，《中国金融》1954年第24期。

③ 中国人民银行总行农村金融管理局：《关于农村信用合作问题》，《中国金融》1952年第17期。

之间的互助合作。初期的文本制度安排也确是这样规定的，但是，如前所述，在国家行政权力的掌控下，信用合社无独立性可言，它不可能按照自身的发展逻辑，追求和实践初始化的互助合作原则。

首先，服务对象突破了社员的限制，增加了各种生产互助合作组织。1953 年党在过渡时期"总路线"提出后，农村信用合作社便"从属于社会主义战胜资本主义的总要求，从属于以农业生产为中心的农业社会主义改造"①。"它必须按照过渡时期党在农村的阶级路线，发展互助合作，增加农业生产的政策进行业务活动，在资金再分配的过程中体现对农业的社会主义改造的要求。"② 由此，信用合作社的贷款也逐渐向农业生产领域倾斜。据胶州专区统计，1955 年全区8000 多处生产社，有 90% 以上获得了信用社的支持。聊城专区及昆嵛、莱西两县 116 个信用社两个月（1955 年 2 月、3 月间）共放款74870 元，扶持了 185 个农业生产社、互助组和 1563 户个体农民。③其次，业务范围上突破了领域的限制。为了在生产合作的基础上，逐步地改造小农经济，信用社通过与农业社、供销社订立存贷合同或"三结合"合同，逐渐形成了生产、供销和信用的三联合。据统计，莒南、观朝两县 14 处信用社，与生产社、供销社订立三角合同共计218 份。1954 年冬至 1955 年春，莘县、德县宋官屯、昌南营子、莒南相邸四处信用社先后与 52 个农业生产社、7 个互助组订立 42 份存贷合同和 18 份三结合合同。④

从合作理论上讲，贷款对象和业务范围的扩大，偏离了传统的仅以社员为服务对象的贷款原则，削弱了信用社互助合作的基础，是对信用合作原则的一种偏离。但从实践上看，向农民提供贷款的目的还是更好地发展生产，而通过合同的形式，将信用社的存放业务、供销

---

① 高维：《第一个五年计划期间的农村信用合作》，《中国金融》1958 年第 4 期。

② 高维：《信用合作社放款工作中的几个问题》，《中国金融》1955 年第 11 期。

③ 《全省信用合作会议总结报告》，1955 年 6 月，山东省档案馆藏，档案号：A068/02/1096。

④ 同上。

社的供销活动与农业社的生产计划紧密结合起来，互相联系、相互促进，大大鼓舞了群众的生产热情。农民说："有了信用合作社日子好过了，再不受高利贷剥削了"，"有了生产合作社，提高产量、增加收入有保障了"，"有了供销社不受私商剥削，买卖方便了"①。因此，贷款对象的扩大在一定范围内还是起到了积极作用。值得注意的是，这里的"一定范围内"，指的是社会主义改造期间。而在社会主义集体所有制确立之后，农村金融领域随即展开了一场关于信用社有无存在必要的争论。虽然长期办社的方针得以最终确立，但农业社动员社员投资和信用社发动社员存款之间的矛盾则始终存在，并为 1958 年的"三社合一"、取消信用社的独立性埋下了隐患。

剖析合作原则产生的经济环境，并较之于新中国成立后的实践背景可以看出，"贩卖"而来的信用合作组织发生嬗变实属必然。尽管如此，面对理论与现实的巨大张力，以及实践过程中的诸多困境，信用合作化在实现过程中还是尽力恪守合作原则。这也是山东省农村信用合作社与合作原则最为"形似"的一个时期。信用合作运动受制于国家权力，可以说，合作原则在信用合作化过程中之所以出现"异化"，其直接原因就在于国家发展战略的调整。重工业优先发展战略的确立，加速了社会主义改造的步伐，必然要求突破合作原则的限制，去追求形为合作化、实为集体化的目标。然而，这只是"异化"端倪的初露，随着农业集体化运动的"左"倾冒进，信用合作体制处于不断变动之中。

---

① 《全省信用合作会议总结报告》，1955 年 6 月，山东省档案馆藏，档案号：A068/02/1096。

第三章

农村信用合作社体制变动：
从合作金融到集体金融

如何改造小农经济向社会主义过渡？对于新生的共和国来说，马恩深入论述的、苏联亲身实践过的"小农经济—合作化—集体化"农业改造路径，已"深深扎根于中国共产党的理论纲领之中"，成为一个"迟早要等待着去兑现的革命承诺"①。但与苏联一步跨入集体农庄的农业改造模式相比，中国则是逐步地，经由互助组到初级社再到高级社，最终实现了生产资料的集体所有制。然而，中国的集体化进程并没有止于1956年社会主义改造的完成，而是如同"被负载了加速器一样"，"一往无前"地进入了人民公社。②从农业生产合作化到人民公社化是农村生产关系的一次重大调整，是所有制方面的一次大的跨越和变革。计划经济体制之下，为了实施工业化发展战略，国家必须拥有对社会经济资源和社会产出剩余的控制权和支配权。"两放、三统、一包"的财贸管理新体制，适时而又恰好满足了人民公社化下国家对社会资源垄断产权的追求，由此揭开了农村信用合作社体制变动的帷幕。

---

① 吴毅、吴帆：《结构化选择：中国农业合作化运动的再思考》，《开放时代》2011年第4期。

② 满永：《生活中的革命日常化——1950年代乡村集体化进程中的社会政治化研究》，《江苏社会科学》2008年第4期。

第一节　体制变动的序曲[①]："大跃进"背景下的"三社合一"

所谓"三社合一"就是将农村供销社和农村信用社合并到农业生产合作社，成为农业生产合作社的供销部和信用部，把原来的农业生产、商业、金融三个组织合并为一个组织，实行统一领导、统一核算、统一经营。一定程度上讲，"三社合一"是农业社会主义改造完成之后，"信用社有无继续存在必要性"争论[②]的延续。这场争论最终否定了"乡银行"和"改社建部"的设想，以"长期办社"方针保持不变，终结了在信用合作组织形式问题上的争辩和摇摆。但是，这既没能解决信用社与农业社在发动社员存款与动员社员投资之间的

---

① 1957 年下半年，"三社合一"首先在福建省莲塘乡进行试点。1958 年 3 月，新华社以"三社合一在福建初见成效"为题，在《大公报》上进行了报道。合并后的信用部实质上已成为集体所有制的农业社的下属机构，产权性质已发生改变，但由于"三社合一"只在福建、安徽、山西、山东等少数省份试行，并未在全国范围内推开，因此，学术界普遍以"两放、三统、一包"政令下的信用社下放作为其体制变动的起点。

② 关于农业合作化实现以后，信用合作社是否需要继续存在的问题，学术界主要有以下几种观点：第一，继续保持信用社的独立存在。黎辛、杨培相、汉川、吴朝恩、先哲天、靳荣等均持此种观点（参见黎辛《关于信用社组织形式问题的我见》、杨培相《还是信用社这种组织形式好》、汉川《农业合作化后信用社仍有独立存在的必要》、吴朝恩《信用部不能代替信用社》、先哲天《信用合作组织不宜附设在农业社内》、靳荣《信用社有独立存在的必要》，分别载于《中国金融》1957 年第 17、15、6、10、15、11 期）。但是，怀九则认为，"农村的信用合作组织仍有存在的必要，不能改为乡银行，但是，在全乡已经成为一两个大农业社的情况下，信用社可以变为农业社的信用部，在全乡仍是很多小农业社的情况下，信用社最好继续独立存在"（参见怀九《信用合作的组织形式问题》，《中国金融》1957 年第 5 期）。第二，将信用社并入农业社，变为农业社的信用部。树坤在分析了建立信用部的利弊后，仍主张将信用社划归农业社。因为改社为部仅是改变了信用社的组织形式，并未因此而影响社会主义的性质和集体所有制的经济基础。陶启疆虽主张在农业社建立信用部，但认为乡信用社仍需保留（参见树坤《试点建立信用部的几点体会》，《中国金融》1957 年第 9 期；陶启疆《建部要留社》，《中国金融》1957 年第 14 期）。第三，取消信用社的独立存在，变成国家银行的基层机构——乡银行。

矛盾①，也无法弥缝农业社集体产权与信用社社员私有产权之间的差异。"大跃进"高潮的到来，与其说激化，倒不如说弥合了农业社与信用社之间的缝隙。一方面，在波澜壮阔的"大跃进"面前，一切均以"促生产"为中心，为了最大限度地将农村剩余资金用于扩大生产规模的投资，需要将二者拧成一股绳。另一方面，套用邓子恢的话，"官不官民不民"的信用合作社"必须回到农业社中"，接受农业社的统一领导②，这既能体现出集体所有制的优越性，又便于统一调拨，支援生产"大跃进"。在此背景下，信用社并入了农业生产合作社成为农业社的信用部，由此，"唱响"了农村信用合作社体制变动的"序曲"。

一　"三社合一"的逻辑起点：农业生产"大跃进"

"无论就中国说，或者就全世界说，1958 年都是一个伟大的转折。"③ 此处"转折"，意为"跃进"。1958 年的"大跃进"运动是鼓足干劲、力争上游、多快好省地建设社会主义总路线的具体化或者说必然产物。无疑，"总路线"反映了广大人民群众要求尽快改变我国经济文化落后状况的迫切愿望，但从实践结果来看，片面突出"快"和追求脱离实际的高速度，所带来的不是"好"与"省"，而是人力、物力、财力的极大浪费。本书无意于讨论"大跃进"对中国所造成的破坏性影响，事实上，被狂热的"大跃进"所"燃烧"起来的中国民众已无暇顾及于此，他们所思所想的是怎样完成上级强制的"高指标"。

---

① 随着以乡为单位建立的农业生产合作社与按照"一乡一社"而建的农村信用合作社在地域覆盖范围上逐渐趋同，大多数群众既是农业社社员又是信用社社员。信用社要发动存款，农业社也要动员投资，信用社和农业社之间的矛盾难以避免。

② 卢汉川：《中国农村金融历史资料（1949—1985）》，湖南省出版事业管理局，1986 年，第 398 页。

③ 中共中央文献研究室编：《建国以来重要文献选编》第十二册，中央文献出版社1996 年版，第 1124 页。

　　实现农业生产"大跃进"，各种生产要素的投入是必不可少的，其中，既包括货币形式的资金投入，也包括实物形态的资本积累。自新中国成立以来，农业生产的发展主要依赖政府投入和生产合作社的内部积累，呈现出"双源结构"的发展特征。[①] 但由于重工业优先发展战略的确立，从总体上看，国家对农业还是"取多予少"。"大跃进"战略确立后，举国上下倾其所有地为炼就1070万吨钢而奋斗，对农业的投入更是大幅度缩减。不仅如此，农业还需将其剩余资金最大限度地用于支援工业。这种情况下，理论上四个方面的资金来源，即农业社挖潜力、信用社动员群众资金、国家预购定金和农业贷款[②]，落实到实践上，能够担负起从资金方面支援农业生产"大跃进"、实现《全国农业发展纲要》的，就剩下农业社自身的积累以及信用社的贷款支持。

　　农业生产合作社的公共积累主要由两部分组成，一是社员入社时所缴纳的股份基金，既包括生产性股份基金，也包括公有化股份基金；二是合作社每年按比例所提取的公积金和公益金。一般来说，股份基金主要用于生产性开支，公积金用于农业基本建设和增加农业生产的物质投入，公益金用于发展合作社的文化事业和公共福利事业。作为农业社的公共财产，既不能挪作他用，也不允许分散，社员只有在退社时才能取回属于自己的那一份。[③] 极高的社员入社比例、较高的公共积累提取比例以及较为严格的运用规定，在一定程度上保障了农业社公共财产的不受侵犯。经过积累，具有一定规模的公共财产，基本上能够满足农业社平日的投资开销，如补充更新农具、牲畜、兴修小型水利工程等。但在浮夸、虚报成风的"大跃进"期间，无限拔

---

　　① 顾焕章、张超超：《中国农业发展质之研究》，中国农业科学技术出版社2000年版，第40页。

　　② 中国农业银行山东省分行：《山东农村金融历史资料（1938—1990）》，中国农业银行山东省分行编印，1992年，第308页。

　　③ 中国社会科学院、中央档案馆编：《1953—1957中华人民共和国经济档案资料选编》（农业卷），中国物价出版社1998年版，第131页。

高的指标使农业社的公共积累日渐捉襟见肘。这种情况下，动员投资就成了农业社从内部扩充财源唯一可行的手段。

对于信用社来说，"大跃进"前，其主要任务是"通过信用活动联系小农经济于国家计划之内，在信贷关系上组织广大农民"[1]，调剂资金、组织存款。"大跃进"期间则成了扶持农业生产，满足社员生活、副业贷款需求，进一步巩固农业合作化制度，促进1958年农业生产"大跃进"的重要杠杆。[2] 为了支援农业生产"大跃进"，山东省信用合作工作出现了一个空前的储蓄跃进浪潮。冠县计划1958年年终存款余额达1500万元；历城争取在1957年年终余额的基础上翻9倍，达到1100万元；荣成、文登、海阳、牟平、益都5个县均计划要达千万元以上。[3] 很明显，这是一个急于求成、赶超冒进的存款计划，自然与资金短缺、物资匮乏的实际发生了激烈碰撞。为了完成"跃进"任务，加强政策宣传和思想引导，发动社员储蓄存款、倾囊相助也就成了必需。

农业社一般将动员而来的实物和资金用于扩大再生产，周期较长、支取不便、作价不公，相较于此，社员更愿意将资金存入信用社。首先，信用社"存款自愿、取款自由、为存户保密"的原则，能够保证社员随用随取，并且还能获取一定的利息收入。其次，信用社组织群众资金的方式灵活、多样，且定时、定点、定线流动服务，很容易博取群众的信任。最后，也是最重要的一点，信用社加强了政策宣传和思想引导，并借助上述优势，充分挖掘了农村的资金潜力和农民的储蓄能力。主要表现在：其一，政策动员。把开展存款工作与党在农村的政治运动、政治宣传口号相结合，使之成为贯彻党的方针、

---

① 周立、周向阳：《中国农村金融体系的形成与发展逻辑》，《经济学家》2009年第8期。

② 《58年信用合作工作意见》，1958年3月13日，莘县档案馆藏，档案号：12/1/45。

③ 《关于报送58年农村存款规划的通知》，1958年3月12日，莒南县档案馆藏，档案号：28/2/75。

政策的一项具体内容。如高唐县陈庄乡信用社结合向社员进行"三勤"（勤俭建国、勤俭办社、勤俭持家）、"三爱"（爱国、爱社、爱家）、"四大支援"（支援祖国建设、支援解放台湾、支持灾区、支持生产高潮）、"四方面节约"（节约用粮、用棉、用布和节约一切开支）和"两个保证"（保证存钱存入信用社、保证完成积干菜任务）的政治教育，借以提高社员的政治觉悟。此外，还有部分信用社运用算账、对比、辩论的方法。譬如，阳谷县有些信用社发动群众算四笔账（贷款支持作用账、与高利贷对比账、还与不还的利害账、存款利国利己的好处账）、辩论三个问题（有借有还好，还是只借不还好；有款还账好，还是花掉好；有款到期不还，贫困户有困难贷不着对不对），以便克服右倾保守思想。经过政治动员和算账、辩论，陈庄乡全乡 816 户，已有 80% 的户存款 13200 元；阳谷县归还银行贷款 15.4 万元，信用社贷款 159886 元。[①] 值得注意的是，政治动员施以"软"指标，已变成变相强迫，而算账、辩论无异于贴政治标签，其最终结果都将群众的思想统一于上级的指示精神，为"大跃进"推波助澜。其二，传媒动员，即通过报纸、杂志、广播等大众传播媒介，营造强大的社会舆论，进行宣传动员。1958 年 2 月 27 日的《大众日报》社论《银行工作必须为中心工作服务》指出："银行工作远远落后于整个跃进形势的后面，这充分证明，银行系统中，存有严重的右倾保守思想。"[②] 1959 年 6 月 20 日《大众日报》以专栏的形式倡导踊跃储蓄，要"户户存款""月月上升""存贷结合、支援生产"[③]。1959 年 12 月 8 日《大众日报》在《省委召开财贸工作广播大会发出战斗号召》中号召"全省财贸职工大力支援农业生产高潮，大干二十

---

① 《关于旺季信用合作社开展存款工作的通报》，1958 年 1 月 8 日，莒南县档案馆藏，档案号：28/2/75。

② 《银行工作必须为中心工作服务》，《大众日报》1958 年 2 月 27 日第 2 版。

③ 株秀荣：《储蓄月月上升》，滕进玉：《户户存款》，黄南县人民银行：《存贷结合支持生产》，《大众日报》1959 年 6 月 20 日。

几天，完成今年各项工作任务，实现财贸工作满堂红"①。此外，《中国金融》《农村金融》等杂志也发表文章鼓励农民踊跃存款。如时任中国人民银行总行、农村金融管理局副局长的王沛霖，在1958年第3期的《中国金融》杂志上撰文号召"依靠群众力量，克服右倾思想，组织农村存款大跃进"②。中国人民银行山东省分行也在《中国金融》同一期撰文指出："农村确实存在着巨大的资金潜力，只要善于把这个潜力动员起来，就可以有力地支持农业生产大跃进。"③ 此外，还采用了黑板报、街头标语等宣传方式。如莘县十八里铺信用社所服务的22个村中，19个村有街头墙壁标语，15个村有黑板报，村村民校的教材上都有信用社存款储蓄的宣传口号。④ 被誉为"第四种力量"的"大众传播工具能够产生巨大的和统一化的影响，这种影响足以把全国性的一致带给形形色色的亚文化"⑤。借助媒介宣传所形成的合力，引导、激励广大群众认识并参与社会活动。其三，口号动员，是指中国共产党巧妙地将"大跃进"的内容、任务和目标，以宣传口号和其他群众喜闻乐见的形式，更直接、更生动、更具体地表现出来。如莘县十八里铺信用社提出："跃三跃，猛三猛，赶城关，学王奉，应函丈，追妹姝，临走路过是朝城。力争全县第一名，站住擂台永不动的口号。"⑥ 平原县幸福人民公社信用部善于总结，勤于交流，且习惯于将经验和教训以口号、快板的形式总结出来。如"拳打泰山倒、手指

---

① 《省委召开财贸工作广播大会发出战斗号召》，《大众日报》1959年12月8日。

② 王沛霖：《克服右倾思想，组织农村存款大跃进》，《中国金融》1958年第3期。

③ 中国人民银行山东省分行：《冠县信用社开展长期存款的经验》，《中国金融》1958年第3期。

④ 《莘县支行关于十八里铺信用社大力吸收存款支持工农生产大跃进的经验通报》，1958年4月28日，莘县档案馆藏，档案号：12/1/45。

⑤ ［美］加布里埃尔·A. 阿尔蒙德、小G. 宾厄姆·鲍威尔：《比较政治学：体系、过程和政策》，曹沛霖、郑世平等译，上海译文出版社1987年版，第112页。

⑥ 《莘县支行关于十八里铺信用社大力吸收存款支持工农生产大跃进的经验通报》，1958年4月28日，莘县档案馆藏，档案号：12/1/45。

到黄泉，龙出海、虎出山，金融尖兵一跃冲破天；风不停、雨不住，
保证红旗不出部；昼夜苦战忙不停，坚决夺取满堂红；腿跑断、眼熬
瞎，决心要听党的话"是表决心和干劲的；"小段有计划，按时来检
查；评比和竞赛，都来依靠他，计划促干劲，决心实现他"是明确任
务，狠抓目标的；"现场会议真是强，实人实事像课堂；参观以后有
办法，就像名医开处方；右倾保守解放了，真似良药灌肚肠；参见一
次阵地会，感觉浑身是力量；只要虚心来采纳，完成任务有保障"是
观摩、学习后的总结；"一九五八年，计划提前完；乘卫星、坐火箭，
重整队伍上前线；再接再厉再苦战，组织资金上千万；支持今冬河纲
化，支持明年大生产；支援钢铁元帅早升帐，支援卫星飞上天；苦战
决战 12 月，建设农村新平原"是为下一步目标制定方向的。① 这些宣
传口号通俗易懂，易于在群众中传播、弥散开来，且极具感染力、说
服力和鼓动性。借助这种雅俗共赏的直观语言，很容易在感情上引起
群众的共鸣，从而使"大跃进"的目标、方向深入人心，达到宣传动
员的目的。其四，典型示范动员。榜样的力量是无穷的，树立典范，
带动一般，是党进行宣传动员常用的方式之一。"吸收长期存款支持
农业生产大跃进"，是冠县张庄区贾镇乡信用社在农业生产高潮中的
一个大胆的尝试。其具体做法是：把发动长期存款与农业社实现 1958
年的生产规划结合起来，在摸清群众思想状况的基础上，结合生产安
排，层层发动，分片包干，全面发动群众，实现规划。② 自从贾镇乡
信用社长期存款的榜样被树立起来后，冠县其他信用社均表示少吸一
年旱烟，晚盖两年房，也要节约存款，支持生产。截至 1958 年 12 月
10 日，冠县全县采用这种办法开展一年以上长期存款 47 万元，并带

---

① 《关于转发幸福人民公社信用部彻底解放思想、鼓足干劲、服务生产、带动业务提
前 41 天完成满堂红的经验总结报告的通知》，1958 年 11 月 28 日，平原县档案馆藏，档案
号：49/53/33。

② 中国人民银行山东省分行：《冠县信用社开展长期存款的经验》，《中国金融》1958
年第 5 期。

动了活期存款的开展。① 典型示范的宣传动员方式，对信用社存款跃进局面的形成是不言而喻的。在这些因素的共同作用下，一定程度上实现了信用社存款数量的激增。截至 1958 年 5 月底，全省信用社存款比 1957 年同期增加 2230 万元，其中增加 100 万元以上的有冠县、荣成、临清 3 个县，增加 50 万元以上的有牟平、范县、阳谷等 6 个县，增加 30 万元以上的有 17 个县。②

如此数量庞大的资金，贷放到农业社，对农业社的支持是不言而喻的。但是，信用社和农业社毕竟不是一个组织系统，存款和投资之间的矛盾仍是不可避免。1958 年 3 月 11 日，新华社以《"三社合一"在福建初显成效》为题，对"三社合一"的优越性进行了详细的报道，"信用部也由于在统一部署下，能够及时掌握全社生产资金需要情况和社员收入和生活情况，发动社员存款和收回贷款，及时为农业社筹集生产资金和发放社员生活贷款，帮助农业社和社员克服生产和生活中的困难，并避免了过去那种与农业社争相发动社员存款或投资，贷款大多收不回来的现象"③。这无疑为山东省以"三社合一"的形式，解决信用社和农业社在存款和投资上的矛盾提供了启发和先例。

二　"三社合一"的实施：并入农业生产社，成为农业社信用部

1958 年 3 月 28 日，根据山东省委指示，省财贸部组织干部在泰安县山口、黄前两个乡进行"三社合一"的试点工作。4 月省委扩大会议认为"三社合一"是完全必要且可行的，遂决定将试点范围扩大到全省。6 月上旬，山东省 6 个专区（即济宁、临沂、菏泽、惠民、

---

① 《关于旺季信用合作社开展存款工作的通报》，1958 年 1 月 8 日，莒南县档案馆藏，档案号：28/2/75。

② 中国农业银行山东省分行：《山东农村金融历史资料（1983—1990）》，中国农业银行山东省分行编印，1992 年，第 313 页。

③ 卢汉川：《中国农村金融历史资料（1949—1985）》，湖南出版事业管理局，1986年，第 400 页。

聊城、昌潍）79个专县，已开展试点工作的有77处。其中，惠民、临沂地区进展较快，大部分已结束试点工作；昌潍、菏泽地区加紧开展，正在进行和尚未进行的各占1/3，另外1/3已告结束。济宁、聊城进度迟缓，正在进行和尚未进行的各占半数，仅有个别县完成试点任务。6月中旬，省委财贸部在泰安召开试点现场会议。这次会议的召开，标志着山东省"三社合一"工作开始由试点走向全面铺开。经过会议的宣传，并结合基层财贸单位的整风、"双反"运动，在政治挂帅、大鸣大放大辩论的声势下，7月底，全省范围内基本实现了"三社合一"①。

　　"三社合一"是农村财贸体制一次较大变革，牵扯到若干政策和许多具体问题。为此，各级党委都狠抓领导、统一规划、全面安排，以保证"三社合一"的顺利开展。其一，账目移交和盈余分配问题。按照规定，农村信用合作社的所有资财一律移交到农业生产合作社，其中，包括信用社的存放款及利息、社员股金、盈余损益、公积金、公益金、存借银行款等。如此庞杂的账目账户，要想做到零纰漏是不可能的，只能将差错最小化。因此，移交前的核实、查对将是一项巨大工程。对于信用社来说，库存现金、存借银行款应核实相符；存放款、社员股金要核实到户；代理业务、暂收暂付款项、损失呆账、悬案等须交代清理。对于农业社来说，应收取（付给）已接收的存（放）款账户利息，并依照计算办法结出纯益和纯损；允许亏损信用社先用公积金、公益金、入社费等资金弥补亏损，然后再按股金比例予以交接。对于银行来说，应清理、查收信用社存入或贷出的银行款项，信用社首先以存款归还贷款，如存款不足以归还时，银行有权将其差额另立新据。对于信用社代理业务，银行应按付费标准及时偿付手续费。农业社原贷信用社之款超过本社的股金存款者，银行应贷款予以解决。

---

　　① 《关于"三社合一"进行情况及今后意见（资料）》，1958年7月10日，山东省档案馆藏，档案号：A068/01/156。

移交后，信用社改为农业生产合作社的信用部，其存放款业务，一概由农业社统一管理和支配。信用部的存放款利息，在参照国家利率的同时，民主讨论决定，但一般应使社员在信用社存款所得利息，不低于在国家银行存款所得利息，并做到存款自愿、取款便利。社员股金作为农业社信用部的信贷资金，其损益可纳入信用部的损益科目账内，年终决算后由农业社统一处理。

其二，规章制度问题。"三社合一"后，为了保证信用部能够顺利开展业务，更好地支援农业生产，山东省委就信用部的性质、任务、业务范围、归属领导和干部待遇等问题作了详细的规定。明确指出：信用部是农业集体经济的一个组成部分，在农业社管委会的领导和国家银行的指导下，在其所在的农业社内开展业务（不得到其他农业社内组织存款），为农业生产服务，为社员服务。信用部成立后，农业社不再发动社员进行现金投资，社员有钱可存到信用部，信用部同样贯彻存款自愿、取款自由的原则。信用部以解决社员生产生活困难为主，如果资金允许，也可对农业生产资金的需要给予一定的支持。信用部留任干部的工资水平保持不变；新任干部，可根据其劳力情况，在一般不低于其全年参加农业劳动所得收入的原则下，由管委会或者社员代表大会讨论确定其全年应补贴的工分以及所参加的工日，如果业务开展好了，年终评比时，也可从盈余中给予适当的奖励。①

明确的移交原则以及必要的规章制度，在一定程度上保障了"三社合一"工作的顺利开展。从全省大部分地区的试点结果来看，并社后，信用社成了农业集体经济的组成部分，加强了党委的统一领导，克服了过去强调部门业务，相互掣肘、相互推诿的本位主义弊端。在农业社党委和社委会的统一领导下，信用社干部为政治服务、为生产服务、为群众服务的观点进一步明确，业务经营思想有了明显转变，

① 《关于实行"三社合一"工作中信用合作方面的初步意见（初稿）》，1958年5月26日，莒南县档案馆藏，档案号：28/2/75。

建设社会主义的热情空前高涨。

　　"三社合一"的积极意义是毋庸置疑的，但从信用社自身的发展前途来看，作为一个群众性的合作金融组织，其资金的组织、运用、盈余、分配，须处于农业社的管辖之下，信用部俨然成了农业社的下属分支部门，农业社亦把信用社的业务经营当作自己的"分内"之事①，其实质就是取消信用社的独立存在。不仅如此，有的农业社把信用部当成自己的小钱柜，随意挪用信用部资金，严重影响了信用业务的开展；有的农业社为了筹集生产资金，强迫社员向信用部存款，或把社员分红所得的现金扣下来转成存款，影响了群众的经济生活；有的信用部把股金和存款的大部分支援农业社生产，造成资金周转不灵，存款户提不出存款，困难户得不到贷款，致使有余资的群众也不敢向信用部存款了。群众怕"露富"、怕农业社动员投资的隐忧，使农村游资反而趋向隐蔽，信用部在组织农村闲散资金、调剂余缺方面处于相当被动的状态。

三　"三社合一"对信用合作体制的影响

　　新中国成立后的农村信用合作事业是新政权的领导人从当时中国所面临的借贷困境、引导小农经济向社会主义过渡、构建社会主义农村金融体系的角度来认识并诉诸实践的。过渡时期"总路线"确定后，信用合作社就成了"把小农经济的资金活动与国家资金使用计划结合起来，逐步达到社会主义信贷完全占领农村信贷阵地"②的工具。与西方国家不同的是，中国的信用合作事业主要以一种"国家政策"的面貌呈现出来。因此，在涉及信用合作的问题上，领导人更多的是从国家政策的角度着眼，较少顾及信用社作为一个独立经济组织以及信用社社员作为产权所有者的地位和利益。这种上层偏好或政府偏好

---

①　树坤：《试点建立信用部的几点体会》，《中国金融》1957 年第 9 期。

②　卢汉川：《中国农村金融历史资料（1949—1985）》，湖南出版事业管理局，1986 年，第 178 页。

行为，在很大程度上决定了信用社自身政策的有效性、发展状况以及制度变迁的走向。更为不利的是，中国是一个缺乏中间阶层的二重制度结构的社会。之所以说"不利"，是因为中间阶层，"不仅是中间，而且是中坚。因为是'中间'，所以它能够黏合上层与下层，使成为一个生存的有机体。因为是'中坚'，所以它能够左右上层与下层，使上层不致横施过渡的权，使下层不致妄动广泛的力"①。缺少中间阶层的协调与制约，政府在制定政策和追求自身利益最大化的过程中，自然且明显地呈现出强制性的特征。

　　农业社会主义改造完成后，围绕信用社的性质、组织形式等问题展开了激烈的辩论。对于社会主义的性质，辩论双方各持一端。持半社会主义性质观点的一方，以实行股金分红，作为反诘信用社社会主义性质的主要依据。除此之外，还从社员入社所缴纳的入社费、认购的股金以及信用社存款的所有者等三个方面论证信用社的半社会主义性质。与之相反，另一种意见则认为：不能简单地以股金分红和存款的所有权来判定信用社的性质，而应从信用社所处的政治制度、经济制度、领导关系与经济联系等方面来考察；从是否消灭借贷关系中的剥削行为去审视；从信用社的业务活动、盈余分配原则方面去探究。这三个方面足以表明信用社以执行国家金融政策为准则，通过国家银行接受国营经济的领导，并通过信贷活动联系小农经济于国家计划之内。在信贷关系上，组织广大农民，帮助农民解决生产和生活中的困难，消灭借贷关系中的剥削现象。盈余分配按公积金、公益金、奖励金的比例分摊，以提取公共积累为主。因此，信用社是社会主义性质的，是劳动人民群众的资金互助组织。②

　　信用合作组织究竟应该采取什么形式？1953年中共中央发布的《关于发展农业生产合作社的决议》曾指出：信用社、供销社信用部、

---

① 崔敬伯：《经济激流中之中间阶层》，《经济评论》第1卷第11期，1947年6月。
② 卢汉川：《中国农村金融历史资料（1949—1985）》，湖南出版事业管理局，1986年，第190—191页。

信用小组等都是信用合作组织的具体表现形式。及至 1956 年农业合作化实现后，情况出现了逆转："信用社没有单独存在的必要了，只要在农业生产合作社里设立信用部，兼办存贷业务就行了。"持这种观点的人认为，设立信用部有诸多好处，可以"减少组织，节省干部，方便群众"①。树坤就从有利于生产和便利群众的角度出发，认为：既然农业社是集体所有制，"作为农业社组成部分之一的信用部也就会更明显地显露出它的群众性"。在农业社的统一领导下，信用部"对资金的组织和运用更能随着不同的生产和收获季节，加以适时地安排和布置"，就能"减轻农业社一部分干部，尤其是领导干部对经济事务方面的负担，得以集中精力全力考虑生产"②。树坤的观点在当时产生了很大影响，但是，1957 年 3 月，中国人民银行全国分行行长会议却以并社"不利于存款""不利于放款"这两个根本性缺点为由，否定了"改社建部"的思想，肯定了信用社长期存在的必要。更令人匪夷所思的是，中共中央在批示人民银行党组所报送的有关这次会议的报告时却指出：关于信用社的组织形式，"有待进一步从实践中加以研究，允许各地在加强和巩固信用社工作的基础上，可以试办各种形式的信用社"。邓子恢 1956 年 7 月和 1957 年 9 月在农业社信用部问题上截然相反的观点，更是暴露了中共中央在这一问题上的前后矛盾。在 1956 年 7 月农村金融先进工作者会议上，邓子恢明确指出："信用社改为农业社信用部坏处很多"，它既会"助长农业社干部在动员社员投资时的命令主义"，"增加社员存款的顾虑"，又会使"信用合作社失去业务经营上的独立性"，还会"分散农业合作社领导生产的能力"。但到了 1957 年 9 月，邓子恢在《关于信用社问题的讲话》一文中却指出："现在的信用合作社不官不民，悬在空中，不好

---

① 卢汉川：《中国农村金融历史资料（1949—1985）》，湖南出版事业管理局，1986年，第 191 页。

② 树坤：《试点建立信用部的几点体会》，《中国金融》1957 年第 9 期。

活动"。"信用合作社必须合到农业社去"，"除此无他路可走"①。中共中央为什么会在信用合作社的组织形式问题上如此前后不一？鉴于资料有限，我们无法全面剖视，但有两点是可以肯定的：其一，与这一时期关于信用合作社性质的争论密切相关。由上述所论可知：信用合作社尚无定论的性质，已关乎自身的发展前途，就是说，是继续坚持信用社的独立存在，还是过渡到完全社会主义的国家银行？"乡银行"的设想虽被否认，但从所有制的角度来看，信用社由社员私有过渡到集体所有制已成必然，问题是什么时间过渡？这就涉及当时反"反冒进"、酝酿"多快好省"建设社会主义总路线的国内背景。经过社会主义改造、整风运动和反右派斗争，社会主义革命在经济、思想和政治路线上取得了决定性的胜利。为此，党中央和毛泽东认为，应该在广大人民群众建设社会主义热情高涨的基础上，将经济建设的步伐加快一些，酝酿并制定了社会主义建设总路线。该路线的确定，直接导致了生产力上的"大跃进"。狂热的跃进氛围聚焦了当时人们的所有视线，信用社的性质、组织形式已无暇顾及。当时的目标只有一个，即实现农业生产"大跃进"。

可以说，"大跃进"运动为"三社合一"提供了契机，终结了农业社会主义改造完成后，关于信用合作社性质、组织形式以及发展前途的争辩。正是由于只关注于"大跃进"这一主要矛盾的解决，恰恰忽视了对信用社自身作为独立的、由社员出资认股组建而成的具有私有产权性质的经济组织的影响。"三社合一"后，原来独立存在的信用社、供销社，成为农业生产社的下级附属机构——信用部、供销部。因是"三"社合为"一"，原来三个社分别单独设置的社员代表大会、选举出的社员代表，也统一进行了改造，合并为一个社员代表大会，并选举了新社员代表。与此同时，理事会和监事会也相应地进行了变动，由合并后的社员代表大会选举成立农业社管理委员会和监

① 卢汉川：《中国农村金融历史资料（1949—1985）》，湖南出版事业管理局，1986年，第191—192页。

察委员会。民主管理机构的改变，从根本上动摇了信用合作社独立性的根基，这是其一。其二，"三社合一"是对信用社私有产权的逐步削弱。所谓产权，是指以财产的所有权为核心或由财产的所有权所引起的一系列权利的总称，它包括财产的所有权、占有权、支配权、使用权、收益权和处置权。对信用合作社而言，信用社由社员出资、认股而组建；信用社决定自身的盈余分配；信用社主要为社员提供贷款支持，明显地体现出信用社私有产权的特征。"三社合一"后，一方面，信用社原有的民主管理机构被取消，导致理事不能理事，监事不能监事，社员代表无法真正地代表信用社的利益需求。另一方面，并社后农业社虽不再发动社员投资，但信用部的存款指标却连"放卫星"，所得款项大部分用于支援生产"大跃进"。为了最大限度地集中物资和财力，采用了各种非常规的存款方式，特别是实物转存，既存有界限不清、动员不够、强迫命令等缺点和错误，更为农业社随意平调社员资财提供了可乘之机。再者，作为农业社的组成部分之一，信用部的盈余分配均由农业社统一管理和支配，取消了信用部的收益权和处置权。上述权利的"被侵蚀"，严重削弱了信用社私有产权的属性，只是并未完全"异化"为集体产权，仅是如此，就已对信用社体制造成了严重影响，并成为信用社下放人民公社和生产大队的先声。

第二节　合作金融"异化"为集体金融

"以钢为纲""赶美超英"的"大跃进"运动是重工业优先发展战略的重要表现。为了该战略目标的实现，国家必须拥有对社会经济资源的控制权和社会产出剩余的支配权。政社合一、工农商学兵五位一体、农林牧副渔全面结合的人民公社适时而又恰好满足了国家对社会资源垄断产权的追求。根据"两放、三统、一包"的精神，将银行营业所和信用社合并，一起下放到人民公社，成为公社信用部。之后，银行营业所虽被收回，但原信用社却被继续下放到生产大队（相当于原来高级农业社的管理区），变为大队信用分部。信用体制的持续变动，背离了群众性合作金融组织的服务宗旨，远离了以全体社员的需求为服务对象的目标，侵犯了社员群众的利益。不仅如此，它严重破坏了农村信贷关系，信用社的独立性也丧失殆尽。更重要的是，信用社产权结构发生了彻底变化，单一的人民公社集体所有制经济体制决定了社员个人产权必然要让位于集体金融产权，丧失为社员服务的合作金融性质。此后，信用社在业务上虽重归人民银行领导，但在所有制关系上却进一步明确了信用社集体所有制的定位。

一　"两放、三统、一包"的财贸管理体制

1958 年 8 月，中共中央政治局扩大会议，即北戴河会议通过了在全国建立农村人民公社的决议。是年 8 月 20 日，山东省第一个人民公社——北园人民公社在济南市郊成立。人民公社实行政社合一，工农商学兵五位一体，农林牧副渔全面发展，既是基层政权组织，又是基层经济组织。从农业生产合作社到人民公社是农村生产关系的重大变革。为了进一步增加并扩大"人民公社全民所有制的成分"，"促进人民公社加速社会主义建设并有利于将来向共产主义过渡"，国家在农村的粮食、商业、财政、银行等部门的人员和资产，须全部下放到人民公社。希望借此"既可以保证国家政策和计划的全面贯彻，又有利于人民公社对工农学商兵作全面的安排；既可以保证国家的财政收入，又有利于人民公社充分发挥发展生产，增加积累的积极性"[①]。1958 年 12 月 20 日中共中央、国务院颁发了《关于适应人民公社化的形势改进农村财政贸易管理体制的决定》，提出：农村财贸体制应当根据统一领导、分级管理的方针，实行机构下放、统一计划、财贸包干，此即所谓的"两放、三统、一包"。1959 年 4 月，撤销公社信用部，收回银行营业所，却将原来的信用社改组为信用分部下放到生产大队。直至 1961 年 9 月《农村信用合作社若干问题的规定（试行草

---

① 卢汉川：《中国农村金融历史资料（1949—1985）》，湖南出版事业管理局，1986年，第 234 页。

案）》颁布，在此期间，农村信用合作体制一直处于不断变动之中。

（一）信用社下放到人民公社，改为公社信用部

1959年1月，山东省人民银行召开省委财贸会议，向与会的中心支行、直属城市支行和部分县行行长传达了全国分行行长武汉会议精神，其主题思想就是贯彻"两放、三统、一包"的财贸管理新体制。所谓"两放、三统、一包"，按中央的说法，就是"把国家在农村的粮食、商业、财政、银行等部门的人员和资产，全部下放给人民公社，由人民公社经营管理；人民公社在政策的执行、计划的制订和流动资金的管理等方面必须服从国家的统一规定；对于下放企业、事业单位的收入和过去国家在农村征收的农业税、工商税、地方附加以及其他收入，人民公社从中扣除原由国家开支的下放企业、事业单位的行政事业税外，按收支差额包干上缴国家"①。

第一步，下放农村金融体制。

农村金融体制的下放涉及账务交接、信贷包干、资金安排管理等诸多问题，是一项复杂且极易出错的烦琐事务。但为求速度，未经试点，便将营业所的机构、人员、资金全部下放到人民公社。从全省范围来看，到1959年2月，县以下乡一级营业所大部分都被下放到人民公社，改组为公社财贸部的信用部。

首先，营业所会计账务及财产的移交。第一，对营业所和信用社（部）的各种账簿及有关记录进行分类核算，"务使账账、账表相符"；对各往来存放进行内查外对，"做到内外相符"；对股金、公积金进行清理和核对。第二，对各过渡性科目的内容，进行逐笔检查，"应当收回和付出的款项，迅速处理清楚，应转入适当科目的转入适当科目，暂垫的费用开支，应按规定报销"。第三，对营业所、信用社（部）双方的存、贷款账务，进行相互核对，同时，结清营业所委托信用社（部）代办的各项业务手续费。第四，对各种放款借据进行检查核对，"做到账据相符"。在此基础上，将营业所的农业社社员放

---

① 《农村财政贸易管理体制的重大改进》，《人民日报》1958年12月23日。

款、信用社（部）的个体放款和生产社社员放款三科目内用于购买生产资料的部分借据，以及营业所贫农合作基金放款科目的借据一并交由人民公社，由人民公社出具总借据（原借据退还公社），以便转入公社农业放款新科目。对营业所已经过数次清理，且已证明确无收回希望的社员个人贷款、小商贩贷款，应转入应收款项，并设立待清理贷款户。第五，对器具等低值易消耗品、各种财产以及现金、金银、有价单证等库存进行盘查，并与账面记录进行核对。在核查、核对、核实上述项目的基础上，在县人民银行、公社及有关部门的监督下，"集中办理交接"。① 截至 1959 年 2 月 22 日，据淄博、聊城、济宁、青岛 4 个专区（市）和昌邑、苍山共 35 个县的统计，其中全部办好交接的有 29 个县，占 82.8%，正在办理交接的有 5 个县，占 14.3%，尚未办理的有 1 个县。上述地区共 572 个营业所，已办好交接的有 416 个所，占 72.5%，正在办理的有 81 个所，占 14.46%，未办理的有 75 个所，占 12.8%。②

其次，确定信贷包干数额。一般来说，信贷包干工作是由县支行按照各公社信用部 1958 年底的存、放款实际余额和 1958 年的农贷最高指标包给信用部。在步骤上，先和公社信用部确定一个资金控制额，待公社资金计划制订出来，且被批准后，对已包的差额再作适当调整。据青岛、聊城、淄博 3 个地区的 16 个县（市）的 338 个信用部统计，到 1959 年 2 月 22 日，包得比较好的有 100 个信用部，占 29.6%，正在包的有 71 个信用部，占 21%，尚未包干的信用部有 167 个，占 49.4%。③

最后，加强流动资金的统一管理。按照《中共中央、国务院关于

---

① 《银行营业所、信用社（部）转为人民公社信用部的账务、财务移交办法》1959 年，山东省档案馆藏，档案号：A068/01/283。

② 卢汉川：《中国农村金融历史资料（1949—1985）》，湖南出版事业管理局，1986 年，第 237 页。

③ 中国农业银行山东省分行：《山东农村金融历史资料（1983—1990）》，中国农业银行山东省分行编印，1992 年，第 327 页。

适应人民公社化的新形势改进财政贸易管理体制的决定》，人民公社信用部对流动资金的管理，坚持"既要坚决的放，又要坚决的统"①；既要保证国家转交给公社信用部的流动资金只能用于工农业生产的周转和商品流通，不得用于基本建设和其他用途，又可在满足各自需要的前提下，相互调剂使用。另外，公社的财政资金和信贷资金应当分别管理，不得把信贷资金当作财政资金使用。②

从以上统计数字可以看出，全省下放工作的进度是不平衡的。从地区上看，有的已办理完毕，有的尚未进行，济宁、淄博两地进展较快，交接工作进展得也较为及时。从进度来看，机构下放、财产交接工作进展较快，信贷包干工作较为迟缓。这主要是因为移交工作进行之时，公社农产品尚未售完，无法准确地制订生产计划。

第二步，建立健全各项规章制度。

首先，设置会计科目和报表。根据既要适应当地的具体情况，又要满足总行了解业务情况的需求，同时还须便于执行资金差额包干等原则，公社信用部对会计科目作了一定的削减、增添和调整。取消了农村生产合作存款、农业社放款、牧业社放款、渔业社放款、农业社社员放款、信用社往来、公社信用部往来等科目。新增了公社存款、公社农业放款、公社企业放款、公社工业放款、公社商业放款、公社社员放款、公社信用分部存款、公社信用分部放款等科目。对于信用分部所使用的会计科目和报表，总行不作统一规定，但是为了掌握全国信用分部的业务情况，公社信用分部的农业存款、农业放款（均包括生产队办的小型工业和手工业）、社员储蓄、社员放款、其他存款（如食堂、代销店等）和信用分部本身库存现金等项目，应每旬在项目电报内上报；公社信用分部自有资金（包括公积金、公益金、股金等）、存放银行、银行借款、其他资产、其他负债和损益（报各损益

---

① 中国农业银行山东省分行：《山东农村金融历史资料（1983—1990）》，中国农业银行山东省分行编印，1992年，第325页。

② 《农村人民公社信用部办事通则（草稿）》，1959年，山东省档案馆藏，档案号：A068/02/1490。

科目汇总轧差）等项目，则应每季在项目电报内报一次季末余额。①

其次，统一公社信用部的存贷利率。自 1959 年 1 月 1 日起，活期储蓄、定期半年的储蓄、定期一年的储蓄利率分别由月息二厘四、五厘一、六厘六降至月息一厘八、三厘、四厘。此次调整中，储蓄存款利率普遍下降，但是贷款利率变动较小。工业、农业、商业贷款利率统一按月息六厘计算。②

再次，信用部实行"存贷下放、计划包干、差额管理、统一调度"的资金管理办法。信用部根据人民公社内工、农、商、学、兵及其他事业单位的年度、季度计划，编制年度、季度信贷计划，严格控制包办差额。据此，如果需要增加贷款指标，必须经过一定的批准程序。人民公社在差额包干的范围内，可以根据企业对流动资金需要的季节性变化情况，在各项贷款之间调剂使用。在差额包干的范围内，如果存款增加或者收回贷款较多，可以相应地增加贷款数额。保持包干差额基本不变，更有利于人民公社统筹管理、合理使用资金。

最后，正确处理公社信用部同上级银行的关系。上级人民银行对公社信用部采取"存贷相抵、差额包干"的资金管理办法，二者之间的资金往来按存贷关系办理；公社信用部按年度编制信贷计划，报送上级人民银行审查，贷大于存，申请一个补助指标，存大于贷，确定一个存款任务，公社信用部在完成包干任务后，存款增加了，可以增加贷款。③

不可否认，公社信用部成立后，本着眼睛向下，依靠群众，自力更生的精神，从发展多种经济、开展储蓄、挖掘潜力、节约开支四个方面，在积极帮助人民公社、生产队全面安排资金、大力支援生产运动方面发挥了积极作用。但是，从信用合作组织本身的发展来看，成

---

① 《中国人民银行总行关于农村公社信用部会计科目、报表和账务转结问题的通知》，1959 年 5 月 3 日，山东省档案馆藏，档案号：A068/01/283。

② 卢汉川：《当代中国的信用合作事业》，当代中国出版社 1998 年版，第 141—142 页。

③ 同上书，第 141 页。

立后的公社信用部是人民公社的组成部分，人员属于公社人员，资金归公社管理使用；人民公社内部农业贷款、工业贷款和商业贷款各为多少，由公社掌握调剂；信用部干部的工资及费用开支由公社解决，盈利除留给公社一部分外，大部分上交国家银行。这无形之中为人民公社随意抽调信用部的流动资金和信贷资金用于其他财政性开支开了方便之门，严重影响了农村信用合作事业的发展。

（二）信用社继续下放到生产大队，改为大队信用分部

1959 年 4 月 1 日，中共中央发布了《关于加强农村人民公社信贷管理工作的决定》，对人民公社信贷管理工作做了四项补充和修改：第一，重申了人民银行对公社信用部的领导权，确立了人民银行在方针、政策、业务计划、规章制度等方面对公社信用部的领导，公社管理委员会只负责思想政治工作。第二，重新界定了人民公社信用部和上级人民银行之间的关系。将原来的存贷关系，改为银行内部往来关系，不再相互计算利息；信用部的盈余亏损亦由上级人民银行统一核算，不再由公社统一计算。此举进一步加强了人民银行对信用部的领导和管理。第三，进一步加强了人民银行对人民公社各种信贷指标的掌握和管理。人民公社的工业贷款、商业贷款和农业贷款，须经上级人民银行核定，且"专款专用"，不得挪用。第四，收回银行营业所，不再下放，但在人民公社的各个生产队（相当于原来高级农业社的管理区或生产队）设立信用分部。①

根据中共中央《关于加强农村人民公社信贷管理工作的决定》和山东省委、省人委《关于调整农村财政贸易管理体制的规定》中指出的"信用分部的设置，可以一个基本核算单位设立一个，也可以几个核算单位联合设立一个，由各市、县根据具体情况自行确定"的精神，在各级党政统一领导下，山东省各地银行自 1959 年 6 月初着手设立信用分部。信用分部在设立过程中，存在以下几个问题：（1）关

---

① 卢汉川：《中国农村金融历史资料（1949—1985）》，湖南出版事业管理局，1986年，第 242 页。

于信用部和信用分部的资金划分。首先，在股金和公积金的划分上，原属信用部的股金、公积金（包括尚未处理的损益）原则上留在信用部内，不再分给信用分部，但信用部可以根据各信用分部的资金状况，把这些资金无息放给信用分部使用。有些地方信用社（部）的股金、公积金，如能按原信用社情况划分清楚，并已下放给信用分部，各分部均无意见的，可以不再变动。其次，在存款的划分上，信用部存款中原属于各生产队和社员个人的部分，一律按照地区划分，账户在哪个队，就分到哪个队，作为该信用分部的存款。最后，在放款账户的划分上，公社信用部建立以前的放款，原由银行发放的，划归信用部，原由信用社（部）发放的，账户在哪个队即分到哪个信用分部。公社信用部建立以后的新放款，应由公社根据各生产队的放款使用情况，对于存大于放的富队，应先使用分部的自有资金；对于资金比较困难的穷队，划作国家银行放款的比例可以较大一些。（2）关于信用分部的人员配备和待遇问题。本着业务需要和精简原则，一般配备2名人员，特殊情况的，可酌情增加或减少。服务站的人员和代办员由生产队选择适当人员兼任。分部干部的工资待遇一般从分部利息收入中支付，非脱产的服务站人员，可给予适当手续费作报酬。（3）关于信用部的资金往来与使用。公社信用部和信用分部的资金往来，一律按存、贷关系办理（存、贷利率一致，月息4.2厘）。信用分部应按季编制信贷资金运用计划，同时帮助生产队或生产小队安排运用资金。（4）关于信用分部的领导和经营管理。信用分部以接受生产大队的领导为主，其人员任免、盈余分配等问题均由生产大队决定与核算。（5）划分信用部、信用分部和服务站或代办员的任务。公社信用部办理公社和国家企业之间、公社与公社之间、公社内部各经济单位之间（工业、商业、粮食、财政）的非现金结算；统一管理工、农、商业的流动资金，并配合财政部门协助各企业单位建立与健全财务管理制度，促进经济核算；贯彻执行国家关于现金管理的规定，并兑付公债，代理金库；领导信用分部贯彻政策，开展业务。信用分部则负责办理（发放）生产队与社员个人存款（贷款）；协助生产队建立和健全财务管理制度，并根据其生产计划协助全面安排资金；领导和代理服务站开展业务。服务站和代办员应积极宣传存、放款政策；了解和反映社员对存款、贷款的需求；办理本生产队或生产小队和社员个人的存款，此外，服务站还可办理规定范围内的小额储蓄。①

在明确上述原则和规定的基础上，经过制订方案和试点，截至1959年8月18日，全省共建立信用分部11414处，其中以一个基本经济核算单位建立一个分部的有2885处，占分部总数的25.3%；以几个经济核算单位联合建立一个的有2601处，占22.8%；以一个管理区或生产大队建立一个分部的有5769处，占50.5%；以几个管理区或生产大队建立一个的有159处，占1.4%。在建立信用分部的同时，大部分地区还将原来已设立的服务站和协储员进行了调整和补充，服务站扩大至30438个，协储员增加到90108人。烟台专区、青岛地区和部分县，已基本达到村村有站、小队有员。②

（三）信用体制连续下放的影响："中伤"了合作金融的根基

"农村人民公社是国家控制农民经济权利的一种制度形式"，它的建立意味着"农村各级经济组织成为各级行政机构的附属物，党和行政组织的职能取代了经济组织的职能"③。此种背景之下的信用体制连续下放完全是国家主导下的强制性制度变迁，是"三社合一"在信用体制变动上的延续。如果用一个词来形容这一时期信用管理体制的变化，"四处乱碰"再贴切不过。只是"四处乱碰"后，信用社所返回的点，已不再是本身的"合作金融"，而是"集体金融"。在行政力量的主导下，异化了的合作金融主要表现在以下几个方面：

第一，非独立性。高度集权的政治体制要求政令必须自上而下地"一以贯之"，生产体制上的变更"伤及"并"触动"了信用管理体

---

① 中国农业银行山东省分行：《山东省农村金融历史资料（1983—1990）》，中国农业银行山东省分行编印，1992年，第329页。

② 同上书，第336页。

③ 刘勇：《中国农村信用社制度变迁研究》，博士学位论文，华中农业大学，2010年。

制的连续下放，使信用社成了依附于生产组织的附属机构。至此，信用合作社从最初的"资金独立、自负盈亏"（事实上，信用社的亏损大多由国家银行以低息贷款予以弥补）到"三社合一"时期的"年终决算由农业社统一处理"①，再到"资金归公社管理使用"②，最后到"盈亏归生产队统一核算"③，俨然成了社、队的小金库。相应的，信用社也由成立之初的群众自我管理变为受"农业社党支部和管委会的领导"④，随后又成为"人民公社的组成部分"⑤，接着又要接受"生产大队的领导"⑥，最终演变成了地方基层组织的附属机构。

第二，非互助性。信用合作社远离了以社员为服务对象的宗旨。一方面，随着基本建设投资规模的不断扩大，信用社（包括公社信用部和大队信用分部）所发放的贷款中有相当一部分贷给了社队集体用于基本建设，或其他财政性开支。这部分资金长期收不回来，严重影响了资金的周转，使本应该用于解决贫农、下中农生产、生活困难的贷款无力发放，社员提取存款也不能保证支付。还有一部分资金被社队干部贪、占，用于买手表、自行车，请客送礼，挥霍浪费，在群众中造成了极不好的影响。另一方面，信用社干部长期被抽调搞中心工作或者兼任管理区的文艺员、统计员、电话员、炊事员等职务，不少地区出现了无人办理贷款和吸收存款，甚至出现了存款户提不到款的现象，严重影响了信贷业务的开展。惠民县132名信用干部，驻点包

① 《关于实行"三社合一"工作中信用合作方面的初步意见（初稿）》，1958年，莒南县档案馆藏，档案号：28/2/75。

② 卢汉川：《中国农村金融历史资料（1949—1985）》，湖南出版事业管理局，1986年，第400页。

③ 中国农业银行山东省分行：《山东农村金融历史资料（1938—1990）》，中国农业银行山东省分行编印，1992年，第328页。

④ 《关于农村供销、信用、农社"三社合一"的方案（草稿）》，1958年7月10日，郓城县档案馆藏（无档案号）。

⑤ 卢汉川：《中国农村金融历史资料（1945—1985）》，湖南出版事业管理局，1986年，第400页。

⑥ 路建祥：《新中国信用合作发展简史》，中国农业出版社1983年版，第144页。

村无暇顾及信贷业务的有 46 人，占 35%。沂水县黄山区某信用干部因兼职公社秘书，没时间搞业务，每天用 8 角钱雇人做信用工作。泰安市邱家店营业所 21 名信用干部中有 20 名被抽调到粮食站帮助收粮半个月多。[①] 信贷资金被随意平调、信用干部被任意抽调，导致社员与信用社之间的关系日渐疏远，到最后只剩下了两条："一是储蓄存款；二是向生产队借钱解决不了的生活资金困难。"[②]

第三，非自愿性。人民公社体制下，农民加入信用社成了一种政治象征，出现了"人人都是社员，人人都不是社员"的异常现象。人人都缴纳股金，并取得社员资格，但很少有人关心信用社业务经营的好坏。"一大二公"、供给制的实行，社员对信用社在经济上基本上无所求，取得社员资格就意味着政治任务的完成，也就标志着与信用社关系的终结。

第四，非合作性。信用社一经成立便以章程的形式，确立了社员的权利、义务和地位，通过"入社自愿、退社自由"来体现其自主权；通过缴纳股金来体现其所有权；通过股金分红来体现其收益权。这充分体现了社员个人的金融产权，以及信用社的合作金融性质。但是，在人民公社高度集权的计划经济体制下，政府对信用社的一切业务经营和存、贷活动具有垄断性的支配权和最高决策权。也就是说，"全体社员对他们出资组建的信用合作社只有名义上的产权归属关系，而实际上的产权所有者却是国家或集体——这个集体并非全体社员组成的集体，而是一个以地方政府为主体的比较含混的集体"[③]。在这种制度背景下，将信用合作社定性为集体金融似乎更与之相吻合。

总之，从产权的角度来分析，合作金融实质上是一种复合产权，是股金制度与公积金制度的结合，即"一定范围内直接结合的个人对

---

① 《中国人民银行山东省分行关于当前农村储蓄情况的通报》，1961 年 11 月 23 日，长清区档案馆藏，档案号：27/1/17。

② 尹志超：《信用合作组织：理论与实践》，西南财经大学出版社 2007 年版，第99 页。

③ 阎庆民、向恒：《农村合作金融产权制度改革研究》，《金融研究》2001 年第 7 期。

同一范围内资源大体均等的所有加上合作金融组织成员对一定金融资源的集体所有"①。在这一复合产权中，有一点需要明确的是个人始终保持着对一定生产资料直接的财产所有权。具体到中国的农村信用合作社，自成立之初就以50%以上的高比例（1955年占60%以上）提取公积金，这固然有利于增加信用社的公共积累和物质基础，但这在很大程度上是与改造小农经济向社会主义过渡，领导人有意识地增加信用合作社中的集体成分密切相关。随着1958年"大跃进"运动和人民公社体制的建立，农村集体经济取代了农村合作经济，合作金融失去了赖以存在的经济基础。特别是人民公社，集国家基层政权组织与基层经济组织于一体，远非单纯的农村经济组织。在国家政权的强力主导下，经过信用管理体制的连续下放，信用社实质上已异化为集体金融。信用社的改组与下放，使其失去了人权、财权和资金使用权，连同自主自愿、民主管理、合作互助原则的被废弃，信用合作社的组织名称与组织性质完全背离，独立性丧失殆尽，业务长期陷于停顿，信贷关系遭到严重破坏。

二　信用社集体金融产权的逐步确认

上文主要分析了农村信用社体制变动对其自身的独立性、合作性以及互助性所造成的影响，下面则着重从下层民众的角度探讨体制变动对社员群众自身利益的损害，并以此得出恢复信用管理体制的必要性和迫切性。实际上，经过"三社合一"的改组和人民公社时期的连续下放，农村信用合作社已异化为集体金融组织，只是没有得到法理上的确认。随着农村信用管理体制的逐步恢复，信用社集体金融产权的性质也逐步地以法令章程的形式得以追认。

（一）下层民众利益受损与其"反向"利益表达

近代中国，从晚清到民国政府无一不想将统治权力渗透到乡村社会，但"赖之以将自己的势力延伸到县属以下乡村去的附属机构却是

---

① 刘岩、仲晓天：《合作金融的制度分析》，《东北财经大学学报》2000年第5期。

一个脆弱的有缺陷的体系"①。新中国成立后，经过土改、合作化，到人民公社时期，国家权力史无前例地下沉到了基层社会，"政府以一种前所未有的方式渗透进入社会的各个角落"②。"国家权力的下移、深入，是与农村社会的低度整合、城乡关系的失调和农民利益的被剥夺相伴随的。"③ 具体而言，在国家政权干预下，信用社改组的根本目的在于最大限度地将农村的闲散资金聚集起来，以适应工业化发展战略和城市化建设。然而，在动员群众的策略上，共产党只强调或只注意到了农民革命性的一面，却忽视了农民小生产者的地位，解构了传统乡村社会的家庭观念。另外，经过清末改制、民国时期对乡村统治的加强，再到中华人民共和国成立，乡村政治格局已"从乡绅主导的乡村自治变为国家政权支撑的'干部统制'"④。原来的国家政权、士绅、农民之间可逆的双轨政治，被国家权力自上而下传达的单线路径所取代。农民利益表达渠道的淤塞，迫使农民个体只能以斯科特所说的"弱者的武器"⑤ 进行反向的利益表达。

农村信用社体制变动是支援"大跃进"战略的一个重要步骤，但却背离了群众性合作金融组织的服务宗旨，远离了以全体社员的需求为服务对象的目标，严重侵犯了社员群众的利益。"三社合一"看似

---

① 吉尔伯特·罗兹曼：《中国的现代化》，国家社会科学基金"比较现代化"课题组译，江苏人民出版社 2003 年版，第 78 页。

② ［美］费正清、麦克法夸尔：《剑桥中华人民共和国史（1949—1965）》，王建朗等译，上海人民出版社 1990 年版，第 72 页。

③ 陈益元：《后公社时期的国家权力与乡村社会：研究回顾与展望》，《中国农史》2006 年第 2 期。

④ 张鸣：《乡村社会权力和文化结构的变迁（1903—1953）》，陕西人民出版社 2013 年版，第 1 页。

⑤ 高王凌：《人民公社时期中国农民"反行为"调查》，中共党史出版社 2006 年版，第 192 页。斯科特在研究东南亚农民的日常政治行为时提出了"弱者的武器"的概念，他认为农民有两种形式的反抗行为："日常"反抗和公开性质的反抗，而农民在实践中更乐意采取"日常反抗"的方式来获得保全和生存的机会。弱势农民用于日常"反抗"的武器包括行动拖沓、假装糊涂、虚假顺从、小偷小摸、装傻卖呆、诽谤、纵火、破坏等。参见［美］詹姆斯·C. 斯科特《弱者的武器》，郑广怀等译，译林出版社 2007 年版。

将农业社与信用社拧成一股绳，弥缝了二者之间的矛盾，实际情况并非如此。信用社原有的民主管理组织机构被取消，理事不能理事，监事不能监事，社员代表无法行使职权；另外，并社后农业社虽不再发动社员投资，但信用部的存款指标却连"放卫星"。各种非常规存款方式，特别是实物转存，既存有界限不清、动员不够、强迫命令等缺点和错误，更为农业社随意平调社员资财提供了可乘之机。下放社队后，信用分部的资金被随意平调或挪用，其中相当一部分贷给了社队集体，用于基本建设或其他财政性开支。这部分资金长期收不回来，使本该用于解决贫下中农生产、生活困难的贷款无力发放，社员提存也无法保证。分部干部长期被抽调做中心工作或者兼任管理区的文艺员、统计员、电话员、炊事员等职务。不少地区出现了无人办理业务、存户提不到款的现象，有的信用分部干脆闭门不营业。在这种情况下，社员群众利益受到极大损害。在高度统合的人民公社体制下，农民不可能以公开的激烈的方式直接对抗，然而，这并不意味着农民就是"沉默的羔羊"。事实上，任何上层制度规定和地方区域实践都是互动、对立的两个方面，农民也"远非如许多人想象的那样是一个制度的被动接受者，他们有着自己的期望、思想和要求"[①]。农村信用管理体制的强制性变迁，不可避免地会触碰农民自身利益，充满了国家权力与农民利益之间的相互博弈。

　　传统乡村是以士绅为缓冲带的"国家—士绅—农民"双轨可逆政治。借助士绅阶层，传统乡土社会在很大程度上为民众设置了自下而上的利益表达渠道。但是，经过清末民初"高度畸形的政治化时期"[②]，到军阀割据下武化的乡村，直至以工农相结合、以广大人民群众为政权基础的新中国的成立，中国的乡村已彻底失去了传统士绅赖以行使权威的经济、社会、文化资源。填补士绅空缺的是共产党领导

---

①　高王凌：《人民公社时期中国农民"反行为"调查》，中共党史出版社2006年版，第192页。

②　张鸣：《乡村社会权力和文化结构的变迁（1903—1953）》，陕西人民出版社2013年版，第47页。

下的基层干部。然而，此时的政治精英已非彼时的乡村士绅。士绅凭借自身的功名与财富获取声誉和威望，倚仗于此，士绅具有与官府讨价还价的筹码，借此充当乡民保护人，以支撑起整个乡村社会的自治局面。基层干部则不同，他们的权力直接来源于国家授予。政府操纵着挑选干部的"筛子"，干部如同"沙粒"般在"筛子"上任凭"筛子运动"。结果，"一批'经过革命斗争考验的干部'被留在了'筛子'上，一批以服从为主旨的乡村干部成为乡村社会的事权者"①。对于这批地方基层干部来说，"一方面，是党和国家以强制性资源再分配的方式使这些人得到了土地和财富，提高了经济地位，获得了精英身份；另一方面，除了国家权力所给予的财富和职位之外，他们没有掌握任何稀缺资源可用于和国家交换，因而不具备传统士绅精英那样与官府讨价还价的余地"②。他们必须按照国家意志行事，执行上级指令，为自己争取更有利的地位。但是，他们又不完全是国家在乡村社会的代理人，他们大多农民出身或本身就是农民，在总体利益上和农民是一致的。在执行国家政策、法令时，他们要思忖、掂量着自身利益，也间接考虑到了农民群众的要求。他们固然可以向上级传递和反映民众的利益诉求，但是维持和提升自己地位的评判标准"已不再是对地方公共事务的贡献，而是对国家权力的忠实程度和对国家意志的贯彻程度"③。在失去中间保护人的情况下，"独立行为能力极低、自主选择空间极小，几乎没有资源可以用来和国家进行抗衡或讨价还价"④的乡村民众，要么反道而行，要么暗中抵制。

　　对于社员群众来说，令其难以容忍的是体制下放后社队随意坐扣贷款、强迫储蓄。济宁专区泗水城关公社芦城信用分部在生产队发放

---

　　① 张乐天：《告别理想——人民公社制度研究》，东方出版中心 1998 年版，第249 页。

　　② 李里峰：《群众运动与乡村治理——1945—1976 年中国基层政治的一个解释框架》，《江苏社会科学》2014 年第 1 期。

　　③ 同上。

　　④ 同上。

工资时，104 户社员有 59 户未经与本人商量即由小队干部代信用分部扣款。文登县宋村公社南桥大队借实物存贷之机，任意平调社员孙银寿价值 80 多元的木板和家具，并声称已被作款、顶账了。该社员激愤地说："真叫信用社害苦了，这样搞法谁还能安心生产。"① 此种事例不胜枚举。当然，社员也自有应对之策，据济宁邹县看庄信用社老信贷员曲某某说："经过几次作款、顶账后，社员们也学精了，家里值钱的东西能藏就藏，实在没办法，就先把借据拿到手，以后好歹还有个凭证。"② 有的社员则采用拖欠贷款的方法。农民的还贷意识本就薄弱，存有"公家的钱，能赚就多赚点"的侥幸心理。在自身利益受损的情况下，农民内心深处求补偿、找平衡的想法更是强烈。"就是不还，能拖就拖，走运的话，还能碰上国家豁免贷款的好政策。"③ 事实上，不仅是社员群众，一些被称为"20 多元钱信用社干部"④ 对其口粮待遇也极为不满，多数信用社干部，特别是服务站不脱离生产只有很少补贴的代办员和协储员，因难以糊口而伸腿不干。如日照县某信用社会计抱怨道："为社员服务连口粮都吃不上了，说千说万还得吃饭，宁愿搞不好工作受批评，也得多干几个工日。"⑤ 济宁市微山县某信用分部老会计李某某回忆说："为了一家老小糊口，多数干部撂挑子，下地挣工分，指望工资，吃不饱呀！"当问及他本人时，老人家惭愧地说："都一样，都一样！"⑥

　　总之，新中国成立初期，党和国家只注意了群众革命性的一面，

---

① 中国农业银行山东省分行：《山东农村金融历史资料（1938—1990）》，中国农业银行山东省分行编印，1992 年，第 379 页。

② 曲某某，男，84 岁，济宁市邹县看庄镇人。

③ 笔者在聊城东昌府区对田某某老信贷员所做的访谈。田某某，男，92 岁，1928 年参加信用社工作。

④ 中国农业银行山东省分行：《山东农村金融历史资料（1983—1990）》，中国农业银行山东省分行编印，1992 年，第 337 页。

⑤ 《关于妥善解决信用社干部口粮分配问题的报告》，1963 年 7 月 1 日，日照市档案馆藏，档案号：37/1/35。

⑥ 李某某，男，82 岁，济宁市微山县韩庄镇人。

却忽视了农民作为小生产者的利益诉求。不可否认，"中国是个农业国，工业化不可能不从农业上打主意"①，但过分汲取，致使农民无法再继续保持沉默。事实上，"对于政府方面的行为，农民群众是有反应的，总要有办法，来对付、应付的"，只是"中国农民的'反行为'……不是大的反抗（甚至与大规模的反抗无关），而仅仅依靠那些静悄悄的日常行为而最终对修改制度发生影响，导致了制度的变迁"②。

（二）信用社集体金融产权的逐步确认

到了 20 世纪 60 年代初期，农村信用社体制变动对下层民众利益的侵犯，以及农民的反向利益表达已使农村信贷关系遭到严重破坏。在缺乏制度化的民意机制下，"农民利益表达也就成为了实现国家与乡村有效衔接的关键所在"③。为了恢复二者之间的平衡，1962 年 7 月 2 日财政部、中国人民银行印发的《农村生产资金座谈会纪要》中明确指示："信用社应当恢复一九五七年以前的管理体制，即信用社应当是一个独立核算的单位，资金独立，自负盈亏，公社不得挪用或者支配信用社的资金。"④ 该指示开启了恢复信用社管理体制的起点，值得注意的是，在此恢复过程中，进一步强调了国家银行对信用社的领导，这为后期信用社成为国家银行基层机构埋下了伏笔。另外，"恢复"原有的管理体制，却未能"回到"1957 年前的合作金融产权，反而错位地确认了信用社的集体金融产权。

首先，收回被下放的银行营业所。1959 年 4 月 23 日，山东省人

---

① 李德彬：《新中国农村经济纪事（1949.10—1984.9）》，北京大学出版社 1989 年版，第 20 页。

② 高王凌：《人民公社时期中国农民"反行为"调查》，中共党史出版社 2006 年版，第 2、192 页。

③ 刘志民、杨友国：《寻求国家与乡村之间的有效衔接——基于农民利益表达的历史考察》，《江苏社会科学》2010 年第 4 期。

④ 卢汉川：《中国农村金融历史资料（1949—1985）》，湖南出版事业管理局，1986 年，第 402 页。

民银行颁布了《关于农村人民公社信贷管理工作的若干决定（草案）》，收回了被下放给人民公社管理的银行营业所，将原属于高级农业社信用部的自有资金和人员，交还给生产大队，成立信用分部。信用分部以接受设在地党委和管委会或队委会领导为主，同时在信贷业务方针政策计划上接受公社信用部领导。然而，该决定的意旨并非仅在收回银行营业所，设立大队信用分部，其更深层的用意则在于加强人民银行的领导权。中国的信用合作虽移植自西方，但异于后者的重要一点在于：农村信用合作社归属社会主义农村金融体系，是国家银行在农村的"脚"。50年代后期的体制变动，信用社成了农村生产组织的附属机构，社队将信用社视作自己的"小金库""小钱柜"，随意挪占信用社资金。国家银行失去了对信用社的领导，无法从宏观上掌控信贷资金的去向。因此，该决定着意于规定信用社"以受上级人民银行的领导为主"，"对上级人民银行规定的信贷方针政策、业务计划、规章制度必须保证贯彻执行"，其业务经营中的盈亏"由上级银行统一核算"[①]。此举加强了银行工作的集中和统一，对于解决"两放、三统、一包"后所出现的问题起到了一定的积极作用。

其次，进一步调整农村信用管理体制。1961年7月，山东省人民银行派出工作组在博兴县官王、纪吕两个公社进行了改进信用体制的试点。试点工作在听取汇报、召开座谈会、访问群众、摸清情况的基础上，召开社员代表大会，并针对信用合作工作存在的机构设置、干部配备、工资待遇、民主管理、股金分红、盈亏处理、资金运用等问题，逐一进行了讨论。9月，省人民银行向各级行发出了《有关改进信用体制试点工作中若干问题的意见》。该意见一开始就确认并肯定了信用社是社会主义的集体经济组织，一般"一（人民公）社一（信用）社"，每500—600户设专职干部一人，但服务范围较大，信用社干部力所不及，为了便利群众存取，可在较为偏远的村庄设置代

[①]　卢汉川：《中国农村金融历史资料（1949—1985）》，湖南出版事业管理局，1986年，第328页。

办员；信用社干部的工资水平原则上保持不变，仍以工资加奖励为准，个别工资偏低需要提高的，可进行适当调整；整顿健全民主管理组织，贯彻阶级路线，保证贫农和下中农占据优势地位；信用社的资金任何人都无权动用，过去已经平调的，要坚决退回。① 这些管理规定在一定程度上改变了过去盈亏由生产大队负责的做法，对纠正社队随意挪用信用分部资金起到了一定作用。值得注意的是，该意见允许有盈余的信用社实行股金分红（以提取 20%—40% 为宜），对要求退社的社员，也允许其退社，并且退还股金。这些规定似乎渐趋接近或者说恢复原来的合作金融性质，但落实到实践，一方面，有盈余的信用社很少甚至几乎没有，股金分红更是无从谈起；另一方面，在非"社"即"资"的高压意识形态和浓厚的政治氛围下，退社就意味着"走资"，等于自入绝境，谁人又敢言退社？

最后，恢复农村信用管理体制。1962 年 3 月 10 日中共中央、国务院印发了《关于切实加强银行工作的集中统一，严格控制货币发行的决定》（即《银行六条》），11 月 9 日批转了中国人民银行总行《关于农村信用合作社若干问题的规定（试行草案）》（即《信用社十五条》）。上述文件的实施，为加强国家银行对信用社的统一领导，恢复信用社原有的管理体制提供了政策依据。前者收回了银行工作下放的一切权力，银行业务实行完全的彻底的垂直领导，并将信用社纳入其麾下。后者则进一步明确了信用社的性质、任务、组织机构、领导关系、业务经营、管理体制、人员干部等方面的问题，重申了信用社是集体所有制的农村金融组织，在业务上受中国人民银行领导，在思想政治工作和干部的配备管理上受当地党委领导；它的任务是吸收农村中的闲散资金，帮助农民解决生产和生活上的临时性资金困难，任何个人和部门都不能随意挪用、抽调信用社的资金和干部。② 至此，

---

① 中国农业银行山东省分行：《山东农村金融历史资料（1938—1990）》，中国农业银行山东省分行编印，1992 年，第 405—406 页。

② 卢汉川：《中国农村金融历史资料（1949—1985）》，湖南出版事业管理局，1986 年，第 403—404 页。

基本上收回了"大跃进"期间下放的权力，恢复了国家银行领导下的信用管理体制；以法令条文的形式确认了中国存在两种公有制金融机构，一种是全民所有制的国家银行，另一种是集体所有制的信用社，并且明确了二者之间的领导与被领导的关系，使信用社向国家银行更靠近了一步。

第四章

农村信用合作社体制再变动：
从集体金融到国有金融

　　如果说社会"统合"是 20 世纪 50 年代中国的基本面相，那么，社会"动乱"基本上成了 60 年代下半期中国的代名词。一批以贫下中农为代表的"革命积极分子"登上了政治舞台，他们借助具有导向作用的革命话语，或通过揭发、批判，开展面对面的斗争，如"四清"运动；或以"斗、批、改"等无政府手段，进行所谓的"夺权"，如"文化大革命"。在农村信贷领域，以结束 50 年代末信用社体制变动后的混乱局面为初衷的整顿工作，因被纳入"四清"运动而演变成一场以贫下中农为代表的底层民众"清"信用社干部、"整"社内"走资派"的政治斗争。通过"四清"整社，贫下中农牢牢掌握了信用社的领导权，并为"文化大革命"期间实行贫下中农管理信用社（以下简称"贫管"模式）打下了阶级基础。"贫管"模式的核心内容就是将信用社下放到社、队，实行革命委员会一元化领导下的贫下中农直接监督和管理。如同"大跃进"时期的体制下放一样，此次下放对信用合作组织造成了严重破坏，而不得不将其再次收归国家银行领导。两次下放，两次收回，"每收回一次，银行对信用社就管得紧一些，管得多一些"；"每收回一次，都使信用社向银行靠拢一步，越靠越近，越像国家银行"①，最终成为国家银行在农村的基层

---

　　① 卢汉川：《当代中国的信用合作事业》，当代中国出版社 1998 年版，第 187、178 页。

机构。

第一节　"四清"运动下的信用社整顿

20 世纪 60 年代初期的信用社整顿本是其自身发展的内在需求，旨在调整 50 年代末的体制变动对农村信贷关系所造成的严重破坏，保持信用社的独立发展。但因一开始"阶级斗争"就被嵌入其中，正如张乐天所言，"理解革命输入的一个核心概念就是阶级斗争"①，注定了这次整顿的"革命"命运。"四清"运动的特殊背景，决定了这次整顿并不单纯是"土改阶级斗争的复苏"，而是"和反对村干部的斗争融为一体"②。在农村信贷领域，这一斗争矛头自然转向了信用社干部。激情燃烧的底层民众与噤若寒蝉的信用社干部构成了这一时期的特殊画面。借助"工作队—贫协"这一特殊时期的特殊组合，以贫下中农为代表的底层民众具有改造信用社的绝佳条件，以此牢牢掌握了信用社的领导权。

一　农村信贷领域的阶级斗争

"阶级斗争"是从马克思主义那里取得的一柄利剑，借助其尖刃，并结合中国革命的实际，依靠农村包围城市的道路，中国共产党人取得了中国革命的伟大胜利。新中国成立后，经过土地改革的深入开展，阶级话语成功渗透到乡村社会的每一个角落。及至"四清""文化大革命"，阶级斗争越提越高，可以说，"阶级与阶级斗争是中国共产党将自己革命话语对乡村社会的一次强行嵌入"③。但是，"农村阶

---

① 张乐天：《告别理想——人民公社制度研究》，东方出版中心 1998 年版，第 144 页。

② 黄宗智：《中国革命中的阶级斗争：从土改到"文化大革命"时期的表达性现实与客观性现实》，载黄宗智主编《中国乡村研究》第二辑，商务印书馆 2003 年版，第 85 页。

③ 张乐天：《国家话语的接受与消解——公社视野中的"阶级"与"阶级斗争"》，《社会学研究》2001 年第 6 期。

级斗争的表达性建构越来越脱离客观实践"①。

如果说土地革命时期，以土地和财富的多少来划分阶级还具有一定的现实基础，"阶级所包含的内容也与现存的生活方式有很大的相关性"②的话，那么，经过土改的均贫富以及中农化趋势的增长，即使是按照共产党自己原有的标准也很难再找出大量的地富，但是，"为了保持和巩固国家对乡村社会的控制与治理，在土改运动中建立起来的阶级分类体系必须长期保存"，必须以"想象中的阶级敌人长期存在，为党和国家在乡村社会进行民众动员和思想灌输提供了一种展示标本"③。于是，"当精确的阶级分析让位于简单地套用和普遍性的配额时，将会不可避免地出现浮夸和梯升，把富农错划为地主，把中农错划为富农。并且强制要求阶级利益和个人行为之间简单地一一对应"④。在失去了客观的经济基础的评判标准后，人的行为成了划分阶级成分的新尺度。"你属于什么阶级，你必定会这样行为，无论在什么运动中，情况都是如此。"⑤ 在原有的阶级成分固化的情况下⑥，依据行为标准划分的阶级，只是在原有

---

① 黄宗智：《中国革命中的农村阶级斗争：从土改到文革时期的表达性现实与客观性现实》，载黄宗智主编《中国乡村研究》第二辑，商务印书馆 2003 年版，第 70 页。

② 张乐天：《国家话语的接受与消解——公社视野中的"阶级"与"阶级斗争"》，《社会学研究》2001 年第 6 期。

③ 李里峰：《群众运动与乡村治理——1945—1976 年中国基层政治的一个解释框架》，《江苏社会科学》2014 年第 1 期。

④ 黄宗智：《中国革命中的农村阶级斗争：从土改到文革时期的表达性现实与客观性现实》，载黄宗智主编《中国乡村研究》第二辑，商务印书馆 2003 年版，第 77 页。

⑤ 张乐天：《国家话语的接受与消解——公社视野中的"阶级"与"阶级斗争"》，《社会学研究》2001 年第 6 期。

⑥ 解放战争时期，任弼时曾指出："老解放区的地主、富农，在民主政权下因合理负担，减租减息，清算斗争，或其他原因而下降，凡地主自己从事农业劳动，不再剥削别人，连续有五年者，应改变其成分，评定为农民（按实际情况定为中农、贫农或雇农）。富农已连续三年取消其剥削者，亦应改为农民成分。"但是，由于土改后马上进入了过渡时期，身份的固化已经成为一种主要的社会衡量体系。参见任弼时《土地改革中的几个问题》，载中央档案馆编《解放战争时期土地改革文件选编（1945—1949）》，中共中央党校出版社 1981 年版，第 104—105 页。

地富的基础上又增加了一部分没有任何客观基础，甚至是仅凭人的语言或政治思想而臆造出的地主、富农。无怪乎弗里曼说，中国的阶级划分是一种充满着主观性和政治色彩的种姓等级制的东西。①在地（主）、富（农）、反（革命）、坏（分子）四种类型的阶级敌人的惯用语中，谁又能说清楚真正的人民的敌人又有多少？随着阶级划分标准由土地和财富变为人的语言、行为和政治思想，"阶级"和"阶级斗争"已经变成了随意攻击别人、获取政治权力、抬高政治地位的有效工具。

"大跃进"的失误、苏联的背信弃义以及连续三年的自然灾害，使饥馑成灾、经济极度困难成为跨入 20 世纪 60 年代门槛前的灰色甚或血色画面。"曾经使人们对即将到来的共产主义乌托邦和经济繁荣产生了巨大希望的大跃进运动顷刻间就变成了纯粹为了肉体的生存而进行的绝望的挣扎"②，整个农村陷入了奄奄一息的危机之中。农村的严峻形势引起了决策者的注意，调整、恢复经济工作自属当务之急且迫在眉睫。1960 年 11 月 3 日，中共中央下达的关于农村人民公社当前政策的《紧急指示信》发出了"倒退"的信号。"倒退的实质是给农民一点点自由。但是，倒退的闸门一旦打开，似乎就很难控制了。有了一点自由的农民变着法儿想扩大这种自由；而在可能的自由范围内，农民又总是按照自己的方式行为。"③倒退政策很快就越过了毛泽东所能容忍的退却底线，并将这次倒退视为共产主义理想的凋谢。与此同时，"毛泽东对现存制度能否继续生存的信念也产生了怀疑。……他认为，革命的制度也许会'夭折'，并为非革命的国家取而代之。……他比以前更强有力地坚持说，社会主义社会产生着新的

① ［美］弗里曼、毕克伟、塞尔登：《乡村中国、社会主义国家》，陶鹤山译，社会科学文献出版社 2002 年版，第 417 页。

② ［美］莫里斯·迈斯纳：《毛泽东的中国及后毛泽东的中国》下册，杜蒲、李玉玲译，四川人民出版社 1989 年版，第 401 页。

③ 张乐天：《告别理想——人民公社制度研究》，东方出版社 1998 年版，第 85 页。

资产阶级分子，还存在着阶级和阶级斗争"①。然而，此时毛泽东所说的阶级斗争"在性质上已与过去大不相同"，"已不再被看成主要发生在意识形态领域中，大多数是以非对抗性矛盾的温和形式出现的斗争（如毛泽东在 1957 年所说的）了"②，而是"错综复杂的、曲折的、时起时伏的，有时甚至是很激烈的"③。阶级斗争的目标也不仅仅是土改时期的"四类分子"，还包括"我们的干部"，甚至专门强调了干部的剥削行为。阶级斗争的范围也已囊括社会各个领域、各个阶层；阶级斗争的手段也演变成了一场革命，"一场从'上面'输入的革命"④，即"四清"运动。在农村信贷领域，一场以打击高利贷势力为目标的整社运动，在纳入"四清"后，却演变成了对信用社干部的整顿、夺权与反夺权的斗争。

"高利贷活动是农村资本主义自发势力在金融方面的反映，是对贫农、下中农进行封建剥削的行为，是农村阶级斗争的一个重要方面。"⑤ 这是中国人民银行在报送中共中央、国务院《关于整顿信用合作社，打击高利贷的报告》中，对高利贷所作的定性分析。对此，我们该如何认识？严格意义上讲，所谓高利贷是指"已经从封建官吏、地主和商人的财富积累中分离出来，从一般高利贷中分化出来，

---

① ［美］莫里斯·迈斯纳：《毛泽东的中国及后毛泽东的中国》下册，杜蒲、李玉玲译，四川人民出版社 1989 年版，第 339—340 页。之所以说毛泽东"比以前更强有力地坚持"，是因为在 1957 年党的八届三中全会和 1958 年党的八大二次会议上，毛泽东一改八大关于社会主要矛盾的论断，认为无产阶级同资产阶级、社会主义道路同资本主义道路的矛盾仍然是社会主义的主要矛盾。1959 年庐山会议上，毛泽东也曾将党内矛盾夸大为两大对抗阶级的生死斗争。参见薄一波《若干重大决策与事件的回顾》下卷，中共中央党校出版社 1993 年版，第 1097—1098 页。

② ［美］莫里斯·迈斯纳：《毛泽东的中国及后毛泽东的中国》下册，杜蒲、李玉玲译，四川人民出版社 1989 年版，第 343 页。

③ 薄一波：《若干重大决策与历史事件的回顾》下卷，中共中央党校出版社 1993 年版，第 1100—1101 页。

④ 张乐天：《告别理想——人民公社制度研究》，东方出版社 1998 年版，第 110 页。

⑤ 卢汉川：《中国农村金融历史资料（1949—1985）》，湖南出版事业管理局，1986 年，第 426—427 页。

成为独立的资本形式，通过贷放货币或实物，获取高额利润的生息资本"[1]。广义上还应包括"封建地主、商人、贵族、官僚或其他小所有者，以自己的部分家财放债取利，利息收入只作为地租、利润收入的一种补充的一般高利贷"[2]。但从初步掌握的有关1963年后的高利贷活动来看，放债人成分复杂，有地主富农，也有中农贫农，有奸商，也有社队干部和国家干部。借债的多数是贫农。据菏泽、莒县、金乡、临清和嘉祥5个县784户放债户的统计，地富20户，占25%，奸商74户，占9.4%，中农671户，占85.6%，劳力强、收入多的贫农19户，占2.5%。借债的1883户中，贫农1024户，占56%，中农850户，占44%。以嘉祥县万张公社为例，放高利贷的141户中，地富9户，占6.4%，中农68户，占48.2%，奸商64户，占45.4%。借债的160户中，贫农72户，占46%，中农70户，占44%，地富16户，占10%。至于放债形式，有借粮还粮，借钱还钱，借实折款还款，还有的放利羊、猪、土布、租赁工具、运输工具等[3]。放债资金来源，有常年积累，也有退职金和转业费，还有商业资本。据临清县37个大队的调查，1963年放债的32户，款1380元，粮食2001斤，其中：买自行车的3户，款100元，粮食510元；奸商6户，款410元，粮食280斤；生产队干部8人，款70元，粮食845斤；转业军人2户，款300元；常年积累的13户，款500元，粮食360斤[4]。由此可见，这一时期的高利贷现象既非严格意义上的高利贷，也不符合广义上的高利贷。它实质上是民间传统借贷的一种延伸，是广大农民在穷困交加、无以为生、情急之下的一种自救方式。

高利贷之所以会在这一时期出现所谓的"死灰复燃"，与山东省

---

① 方行：《清代前期农村高利贷资本问题》，《经济研究》1984年第4期。

② 刘秋根：《论清代前期高利贷资本的活动形式》，《中国经济史研究》1995年第1期。

③ 中国农业银行山东省分行：《山东农村金融历史资料（1938—1990）》，中国农业银行山东省分行编印，1992年，第457页。

④ 同上书，第504页。

连年自然灾害造成的农民饥荒贫寒不无关系。经历 1959—1961 年三年困难时期的山东省，农业尚未恢复、农民尚未饱腹，偏又逢自然灾害的侵袭。1964 年 4 月沿海地区普降雨雪，暴风、大雨促使海潮猛涨，入侵内地 40—60 里，垦利、利津、沾化、广饶、无棣、寿光、昌邑、潍县、掖县、长岛 10 个县受灾。济宁、菏泽、临沂 3 个地区的部分县也遭受不同程度的风灾和水灾。8 月，又遭大雨、暴雨袭击，有的地区还伴有冰雹，水涝成灾。家底薄、困难多、物质极度匮乏的群众，在国家农贷有限、灾区贷款微不足道，信用社也并非铁板一块地覆盖农民借贷生活的林林总总的情况下，不可避免地会转向传统借贷。据莒县、金乡、临清、嘉祥 4 个县 221 个生产队调查，在青黄不接时，受灾重、群众生活困难的队，借高利贷的社员占总农户的 35%左右，而一般队借高利贷的社员占总农户的 3%—7%。① 另外，20 世纪 50 年代末，农村信用管理体制的变动使信用社在失去"农民小银行"称号的同时，却被贴上了"国家银行基层机构"的标签；在与群众关系疏远的同时，却忙于和生产队打交道；信用社干部在被当作国家干部使用的同时，生活待遇却无人问津。社员、群众普遍反映："理事不能理事，监事不能监事，社员代表不能行使职权"；"信用社干部被政府拢去了，不和社员共事了"；"信用社变了，不帮助穷人了"。有些信用社干部也无奈道："信用社上不着天，下不着地，悬在半空，像没娘的孩子。"② 为了宣泄不满情绪，有的信用社干部以权谋私，通过现实的物质刺激寻求心理的平衡；有的干部干脆躺下不干，专心于生产、挣工分，养家糊口。社员群众则有款不存、借款不还、纷纷提取已存入款项。上述问题的长期积累使信贷业务出现严重亏损（见表 4-1）。

---

① 中国人民银行日照县支行：《1964 年农村信用合作工作情况》，1964 年 12 月 31 日，日照市档案馆藏，档案号：37-2-98。

② 中国人民银行德州地区中心支行：《关于整顿信用合作组织问题的意见的报告》，1962 年 1 月 20 日，德州市档案馆藏，档案号：41-1-54。

表 4-1　　　　　　1961—1965 年农村信用社存款、贷款情况　　　　单位：万元

年份 项目	存款		贷款		存贷差
	金额	比上年 +、-额	金额	比上年 +、-额	
1961	29937	-416	13828	-4987	16109
1962	19603	-10334	12230	-1598	7373
1963	22256	+2653	10729	1501	11527
1964	28766	+6510	3867	-811	24899
1965	33221	+4455	9864	-1280	23357

　　资料来源：中国农业银行山东省分行：《山东农村金融历史资料（1938—1990）》，中国农业银行山东省分行编印，1992 年，第 407、426、470、507、546 页。

　　从 1961 年到 1965 年，在这 5 年的时间里，信用贷款额基本上处于负增长状态，存贷差额逐步扩大，资金使用率不断降低，扶助贫下中农的作用难以发挥。以上两方面是 1963 年后高利贷活动猖獗的主要原因，不可否认农民小生产者存有生息获利的投机心理，但若将之归结为"小生产者的资本主义自发势力的滋长"以及"农村地富反坏分子不甘心死亡，进行复辟活动"[1]，则未免有些失之偏颇。当然，这并不表示要纵容高利贷势力的猖獗发展，问题是应该采取何种措施予以打击和取缔。事实证明，中共中央"政治教育、行政取缔、经济代替"[2]的"三结合"方针是正确的。令人唏嘘的是，随着"四清"运动的深入开展，打击高利贷与整顿信用社被"绑定"在一起，阶级斗争的严重性无形之中被加以渲染，整社工作渐入歧途。

二　信用社的初步整顿

　　20 世纪 60 年代初期，农村信用社的整顿既是国内政策调整的必然结果，也是信用社发展的自身要求使然。1961 年 1 月，八届九中全

---

　　① 中国农业银行山东省分行：《山东农村金融历史资料（1938—1990）》，中国农业银行山东省分行编印，1992 年，第 504 页。

　　② 卢汉川：《中国农村金融历史资料（1949—1985）》，湖南出版事业管理局，1986 年，第 405 页。

会"调整、巩固、充实、提高"八字方针的提出，标志着党的指导方针发生了重大转变。之后，国民经济各领域都开始进入全面调整阶段。事实上，人民银行也已意识到 50 年代末的频繁改组对农村信贷关系所造成的严重破坏，并于 1961 年 9 月 26 日向中共中央、国务院提交了《关于信用社若干问题的规定（试行草案）》，就信用社的性质、任务、组织机构、领导关系、业务经营、管理体制、人员干部等问题分别作了规定，旨在恢复信用社的管理体制，保持信用社的独立经营。1962 年 11 月 9 日，国务院予以批转，并要求"对信用社进行分类排队，分批分期进行整顿，在一九六三年整顿完毕"①。

　　根据人民银行总行精神和中共中央、国务院的指示，1963 年 1 月 30 日山东省人民银行向山东省委报送了《关于整顿信用合作组织问题的意见的报告》，决定以烟台市牟平县水道公社辖属的刘家夼、水道两个信用社②和德州市平原县炉坊公社八里园、吴家庄、田坊三处信用社③，作为首批整顿试点，以缓解 20 世纪 50 年代末信用社体制变动所造成的财务管理混乱、民主管理涣散和业务发展迟滞等现象。是年 3 月，《关于农村信用工作情况和进一步整顿农村信用合作社意见的报告》获批准后，山东省各地开始由试点转向有计划地分期分批整顿阶段。这一时期的整顿工作，受阶级斗争的影响较少，更多地考虑到了信用社自身发展的内部需求，虽然也提倡结合社会主义教育运动进行整社，但实际上这两者之间的联系并没有宣传中的那样紧密。截至 1963 年 11 月中旬，全省 8372 处信用社，已经整顿结束的 3000余处，约占总社数的 36%；经过一段工作中途停下来的 2000 余处，

---

　　① 卢汉川：《中国农村金融历史资料（1945—1985）》，湖南出版事业管理局，1986年，第 405 页。

　　② 《关于水道信用社的整顿巩固试点情况的总结报告》，1963 年 3 月 9 日，牟平区档案馆藏，档案号：91/1/77。

　　③ 《关于平原县炉坊公社八里园、吴家庄、田坊三处信用社的整社试点工作情况》，1963 年 6 月 3 日，山东省档案馆藏，档案号：A068/02/2106。

约占总社数的 24%；大约还有 40% 的信用社没有进行整顿。[①]

此次整顿主要从四个方面着手，首先，建立健全财务管理制度。针对信用社财务混乱，干部贪污腐化、挪用公款等现象，采取了内外核对的办法，即内部查账查单据，外部核存折核借据；针对会计手续不健全、长短款不断发生等现象，采取了账款、账据日清月结，健全会计制度的办法；针对错付代办费，乱开支、乱奖励等现象，采取了勤俭办社、勤俭办一切业务的措施；为了巩固既得成果，建立健全了各项管理制度，如开支审批制现金管理制度、财务公开制度等。其次，恢复与完善民主管理组织。针对"理事不理，监事不监，代表不代"的现象，要求立即恢复理事会和监事会，民主选举社员代表，一切重大事项均由社员代表大会决定。[②] 再次，纯洁干部队伍。信用社干部必须由政治可靠、办事公道、群众信任，热心信用事业并且有一定办事能力的人担任。对兼职过多或者长期抽调做其他工作的干部，应说服党政领导同意，令其立即归队；对群众不信任或者确实不称职的，应由社员代表大会改选；对贪污挪用公款的，轻者批评教育，情节严重的，应报请党政机关，给予处分。[③] 最后，贯彻国家的金融政策，积极开展业务。在开展存款中切实做到"存款自愿，取款自由，储蓄永远归个人所有"，依靠深透的宣传和细致的服务，鼓励社员存款。信用社的放款要在有利于发展集体经济的原则下，帮助社员解决副业生产和生活上的临时资金困难，打击高利贷；在保证提存且资金有余的前提下，可以对生产队发放副业生产贷款和一部分短期周转性

---

① 《关于农村信用合作社开展社会主义教育运动情况和今后意见的报告》，1963 年 11 月 16 日，山东省档案馆藏，档案号：A068/02/2420。

② 《关于继续加强和整顿信用合作社组织的意见》，1962 年 6 月 4 日，德州市档案馆藏，档案号：41/1/50。

③ 《关于整顿信用组织问题的意见的报告》，1962 年 1 月 20 日，德州市档案馆藏，档案号：41/1/54。

贷款。[①]

　　经过整顿，许多信用社在一定程度上恢复了民主管理组织、健全了财务管理制度、加强了对信用社业务的领导。"业务开展比较好的烟台地区，社员存款余额比上年同期增长15%，每个农户平均存19.1元，其次是昌潍地区社员存款余额也比去年同期增长10.5%"[②]。另外，整顿工作开展得很不平衡，从整个山东省来看，"还有40%的社没有整顿"，"30%的信用社业务开展得很不好"[③]。总的来说，这一时期的整顿还是沿着"恢复信贷管理体制、保持独立经营"的初衷开展的，但对其艰巨性、长期性和复杂性缺乏深刻的认识，仅仅是"头痛医头，脚痛治脚"。这些措施虽能弥缝一时，但却不能解决制约农村信用社进一步发展的根本性问题——独立性。

三　从"清"信用社干部到"整"社内"走资派"

　　信用社整顿初期之所以能够在很大程度上按照自身的发展要求进行，从外部政治背景来看，也与这一时期山东省委对农村社会主义教育运动"消极"执行有关。"大跃进"造成的饥馑成灾、哀鸿遍野的悲惨境遇尚未过去，连年灾害又持续侵袭。全省性的粮荒聚焦了省委领导的主要精力，战胜粮荒、恢复生产成了当时的首要任务，社会主义教育运动一直处于一种"贯"而不"彻""执"而不"行"的状态。这其实也是全国大部分省份存在的共同现象，但却在1963年"二月中央工作会议"遭到毛泽东的不点名批评。时任山东省委书记的谭启龙回忆当时参加会议的情景说："毛泽东在会上介绍了湖南开展社会主义教育运动和河北保定地区进行'四清'的经验……他一再

---

　　① 《关于平原县炉坊公社八里园、吴家庄、田坊三处信用社的整社试点工作情况》，1963年6月3日，山东省档案馆藏，档案号：A068/02/2106。

　　② 中国农业银行山东省分行：《山东省农村金融历史资料》（1938—1990），中国农业银行山东省分行编印，1992年，第461页。

　　③ 同上。

督促各地注意抓阶级斗争和社会主义教育问题，实际上是对没有抓好这项工作的省市提出了批评。"① 从京返济后，谭启龙严阵以待，以齐河、曲阜、益都、掖县作为试点县，狠抓社教运动，并亲自挂帅曲阜县试点。随后，各个领域和单位的社会主义教育运动便轰轰烈烈地开展起来。

1963 年 4 月 27 日省财贸办公室报送了《关于在农村税务所、粮管所、银行营业所和信用社深入开展社会主义教育运动的报告》，5 月 2 日，省委予以批转，并要求"各地加强领导，统一安排，在全面开展农村社会主义教育运动中，切实把农村财贸基层单位的社会主义教育运动也同时抓好"。这份报告较之以往，带有明显的阶级斗争色彩。该报告警示："当着阶级斗争尖锐的时候，这些单位必然成为资产阶级猖狂进攻的主要对象，少数混入财贸队伍中的资产阶级分子和被拉下水的意志薄弱的人，必然从内部进行腐蚀和破坏。"② 8 月 3 日，省人民银行在对莒县、金乡、临清、嘉祥四个县 221 个生产队和菏泽县部分地区进行深入调查后，向省长办公室报送了《关于当前高利贷活动情况的报告》，该报告认为，"当前高利贷活动仍相当猖狂"③。之后，10 月 24 日的《关于整顿信用社、打击高利贷的报告》更是拔高了阶级斗争在农村信贷领域的气焰，无形之中助推了整社工作的阶级斗争性。随着"四清"运动的逐步开展，整社工作也被纳入其中，整顿的目标已不再限于整顿组织，开展业务，支持贫下中农，打击高利贷势力，而是要达到以下的五条标准：已被篡夺领导权的要夺回来，领导干部烂掉的要撤换；揭发出来的"四不清"问题要严肃处理，针对"四不清"问题分析研究、修订制度、堵塞贪污盗窃、徇私舞弊的漏洞；基本上搞好"三清"（即清账目、清财务、清资金），提高干部的政治觉悟和业务水

---

① 谭启龙：《谭启龙回忆录》，中共党史出版社 2003 年版，第 597 页。

② 中国农业银行山东省分行：《山东农村金融历史资料（1938—1990）》，中国农业银行山东省分行编印，1992 年，第 456 页。

③ 同上书，第 457 页。

平，刹住歪风；在社员代表大会和理事会中，确立贫下中农的领导优势，正确贯彻党的政策，实行民主办社，积极支持有困难的贫下中农；积极收回到期贷款，组织储蓄，壮大资金力量。① 从这五条标准可以看出，信用社干部已成了众矢之的，整顿信用社，很大程度上变成了对信用社干部的整顿。要求干部纯洁思想，自觉放下包袱，"洗手洗澡"，原本无可厚非的清理账目，由于发动群众"揭盖子"，变相地成为对信用社干部追逼账目的斗争。

首先，通过对信用社干部进行社会主义教育，提高阶级觉悟，划清思想界限，自觉检查，"洗手洗澡"。在这一过程中，始终贯彻"以阶级斗争为纲"，通过谈社史、家史，挖苦根，找甜源，回忆对比，提高信用社干部的阶级觉悟，使其明白整顿信用社的目的、意义和政策界限，启发信用社干部自觉地检查思想作风、工作作风、执行政策和财务管理等方面的问题。从已揭露出来的问题来看，由于信用社干部职业的特殊性，贪污盗窃、投机倒把等现象相当严重，因情徇私、挪用公款、多占贷款及多占多吃的现象更带有普遍性。据不完全统计，从社会主义教育运动开展以来，截至1964年底，在农村信用合作社已查出贪污万元以上的案件7起，124360元；千元以上的案件66起，185156元。仅1964年揭发出来的万元以上贪污案件就3起，千元以上的达31起。② 例如，德州专区揭发出有贪污盗窃、投机倒把行为的信用社干部达527人，占干部总数的39%。其中贪污盗窃的73人，款25896元；动用公款的227人，款54057元；多占贷款的136人，款13405元；放高利贷的3人，投机倒把的13人，犯有其他错误的75人。③ 临沂专区11个县（除沂源、蒙阴）1439处信用社，仅揭发出的具有贪污行为的信用社就有89处，犯有贪污行为的干部99

---

① 卢汉川：《当代中国的信用合作事业》，当代中国出版社1998年版，第157页。

② 《1964年农村信用合作工作情况》，1964年12月31日，日照市档案馆藏，档案号：37/2/98。

③ 《关于整顿信用社、支援贫、下中农，打击高利贷活动情况的意见的报告》，1964年9月29日，德州市档案馆藏，档案号：41/1/74。

人，贪污现款 33744 元。其中 4000 元以上的 1 人，3000 元以上的 5 人，1000 元以上的 26 人，500 元以上的 13 人，100 元以上的 28 人，不足 100 元的有 36 人。另外，投机倒把的 11 人，放高利贷的 2 人。[1] 日照县 102 处信用社，在已整顿的 21 处中，就有 10 处 10 人贪污 2669.97 元（贪污的社数占 47%，人数占 22%）。加上未整顿的，全县共发现贪污的 28 处 30 个人，贪污款 10766.53 元，差错短款 42 处 65 人 6766.36 元，另外其他短款 7 处 965.96 元。贪污和差错短款的社占总社数的 60%，人员占在职干部人数的 26%，金额占社员股金总额的 6.9%。[2] 历城县华山、卧牛等 5 个信用社 19 名干部，有贪污挪用公款的即有 12 名，约占干部总人数的 60%。[3] 齐河县有信用社干部 153 人，其中有贪污行为的 124 人，占干部总数的 80%，贪污款 51890 元，每人平均 418 元，其中 3000 元以上的 3 人，1000 元以上的 15 人，500 元以上的 27 人，另有 47 人贪污粮食 18541 斤，25 人搞投机倒把，牟取暴利 8118 元，43 人不合理地多占贷款 8788 元，61 人多占生产队等其他单位公款 5209 元，4 人放高利贷，获利折粮 1105 斤。[4]

其次，组织一支整社干部队伍，专门负责领导，一抓到底。这支队伍在党委领导下，由银行和信用社干部组成。为此，银行派遣工作组，组织专业队伍进行内部五查（查账实是否相符、查收付利息是否正确、查费用开支是否合理、查损益是否正当、查暂收暂付的原因）、

①《临沂中心支行信用合作股长会议总结》，1964 年 4 月 20 日，日照市档案馆藏，档案号：37/2/98。

②《关于通过整顿信用社发现的贪污花样的报告》，1964 年 12 月 10 日，日照市档案馆藏，档案号：37/1/41。

③《关于历城县华山、卧牛等五个信用社当前资金严重紧张情况的通报》，1963 年 8 月 6 日，德州市档案馆藏，档案号：41/1/54。

④《关于一九六五年信用合作工作总结》，1966 年 3 月 21 日，德州市档案馆藏，档案号：41/1/87。

外部三核对（核对股金、核对存放款、核对其他往来）①。为了保证整社的质量，达到整顿一个巩固一个的要求，各地银行行长亲自挂帅，巡回督促，组织验收。在这种情况下，信用社干部一般原地原职，以保持稳定，有利于工作队的组织、审查、清理。工作队往往采取"领导蹲点→访贫问苦→扎根串连→保守秘密→大兵团作战→掌握群众火候"这一发动并领导群众的方法。当然，所取得的"成果"也是非常"显著"。如齐河县银行营业所组织三名干部帮助孙耿、晏城两个公社 10 个信用社进行"三清"，此举对原来"洗手洗澡"不彻底，并企图蒙混过去的信用社干部进行了彻底揭发。如张保信用社主任范光柏原来只交代动用公款 5 元，冒名贷款 213 元，在工作组的领导下，又揭发贪污款 1583 元。会计左爱义也是如此，原来交代贪污408 元，后又查出 41 元。乐陵城关营业所采取了三榜上墙（即股金、社员贷款、救济款）、两核对（即存款和生产队的贷款）的办法，揭发出冒名顶替的贷款 3 户 25 元，不认账需待落实的 5 户 59 元；存款方面，有户无账的 23 户 91 元，有账无户的 59 户 74 元；股金方面，社员失证的 1660 户 2009 元，找不到下落的 169 户 189 元，在内部账务方面，账款不符的 1 处，总账与分户账不符的两处，股金卡与账不符的 5 处。②

　　1964 年上半年，"四清"运动因"桃园经验""小站经验""北大社教"等夺权样板的大肆宣传而渐入高潮之时，农村信贷领域的"四清"运动也开始向"夺权"转向。1965 年 1 月，中国农业银行第三次全国分行行长会议，对农村信用社的阶级斗争形势做出了十分严重的估计，认为"有的领导权被阶级敌人用打进来、拉出去的办法篡夺了，这些阶级敌人、阶级异己分子和蜕化变质分子，表面上挂信用社的牌子实际上干的违反党的政策，违反国家法令，阴谋复辟资本主

---

①《关于农村信用社整顿情况和继续做好整顿工作的意见》，1964 年 2 月 15 日，德州市档案馆藏，档案号：41/1/74。

②《四月份信用合作工作情况总结报告》，1964 年 5 月 9 日，德州市档案馆藏，档案号：41/1/74。

义的勾当"①。明确提出"整顿信用社，就是在信用社进行四清"②，重点是"解决当权派问题"③。"四清"整顿后的信用社，达到"二十三条"所规定的六条标准，即贫下中农真正发动起来了；干部的"四不清"问题得到了解决；干部参加了劳动；建立一个好的领导班子；地富反坏分子就地改造；增加农业生产。④

在面上，以县为单位，首先，把已经发现篡夺领导权和被严重蜕化变质分子把持领导权的信用社的材料集中起来进行分析，提出处理意见，经县委领导批准，通过发动群众，对各种敌对分子进行揭发斗争，将领导权夺回来。其次，参加县和公社召开的三级干部会议，统一接受教育，检查交代，兑现退赔。再次，由县支行召开信用社干部大会，进行训练，在学习文件的基础上，从检查和平演变入手，进行回忆对比，揭阶级斗争的盖子，检查交代问题，检举别人，当场退赔兑现。最后，通过社会主义教育和有关信用方针、政策的检查指导，进行经常性的整社，解决现存问题，为下一步重点社会主义教育彻底进行整顿做好准备。在点上，一般组织专业队伍，采取思想教育、自我革命为主，群众揭发检举为辅的方法。思想教育包括交代政策、回忆对比、领导带头检查、典型检查等内容。自我革命是按照"二十三条"的要求，对问题不大的，先解放一批；对问题严重的，教育他们自我交代，认真检查，积极退赔，洗手不干，做好工作，争取从宽处理；对被四类分子篡夺领导权和蜕化变质分子把持领导权的，进行夺权。群众揭发包括银信干部面对面、背靠背提意见，发动社员群众揭

---

① 卢汉川：《中国农村金融历史资料（1945—1985）》，湖南出版事业管理局，1986年，第419页。

② 同上书，第421页。

③ 《一九六五年工作安排意见（初稿）》，1965年2月21日，日照市档案馆藏，档案号：37/2/100。

④ 卢汉川：《当代中国的信用合作事业》，当代中国出版社1998年版，第157页。

发，内查外对，先易后难，先近后远，突破重点，带动一般。①

很明显，"二十三条"下发后，整社的重点转向了需要夺权和有严重问题的社，并且着重强调了发动群众。1965 年 1 月，胡景澐在第三次全国分行行长会议上就严厉批评了"采取在家里查账、对账的方法"，指责"不敢放手发动群众，揭发问题"的做法，只会导致"冷冷清清，整得不深不透"②。这并不表示不需要工作队的领导，"整社班子不能随意撤销，整社班子要保持五—六人，有专人去搞"③。一般来说，点上的整顿还是在社教工作队的领导下进行的。

总之，自信用社的整顿纳入"四清"之后，一切"以阶级斗争为纲"，将许多不属于阶级斗争范围内的问题当成阶级斗争来处理，过分强调队伍纯洁，要求人人过关，扩大了打击面，伤害了一大批干部，导致人心涣散，业务开展受到很大影响。《二十三条》后的整顿则完全背离了整社初衷，甚至将整顿工作视为"一场兴无灭资的社会主义革命"，将干部是否"老老实实"交代问题看作"是坚持走社会主义道路进行自我革命，还是当社会主义的逃兵"④的事关阶级立场的严重问题。据烟台市海阳县老信用社主任隋某回忆："一天，整改工作队破门而入，到了我家，问我是否贪污，贪污了多少钱。我说没有，他们就继续逼问，我仍说没贪污。他们随即拿出一张事先写好贪污数额的纸，强制性地逼迫我按手印。就这样，我成了人民的敌人，被清理的对象。"⑤信用社干部的清理退赔也被严重"左"倾化，甚

① 中国农业银行山东省分行：《山东农村金融历史资料（1938—1990）》，中国农业银行山东省分行编印，1992 年，第 525、528 页。

② 卢汉川：《中国农村金融历史资料（1949—1985）》，湖南省出版事业管理局，1986 年，第 418 页。

③ 《社管、信用合作股长座谈会议纪要》，1965 年 6 月 22 日，德州市档案馆藏，档案号：41/1/83。

④ 《关于 1964 年信用合作工作情况和 1965 年信用合作工作安排》，1965 年 2 月 8 日，郓城县档案馆藏（无档案号）。

⑤ 隋某，男，84 岁，烟台海阳县老信用社主任，笔者于 2013 年在其家中所做的访谈。

至虚构贪污金额（或实物数量），退赔数额只会比其多不会较其少，打击面过大、捆人、打人、自杀等成为普遍现象。此外，整社后期一面强调"依靠贫下中农办好社"，一面大抓活的思想，大抓学习毛主席著作。于是，整个农村信贷领域出现了一种带有强制性的泛政治化倾向，干部、社员纷纷大学毛泽东著作，誓用革命的思想涤荡昏涨落后的头脑。"行动"层面上，整顿信用合作组织，清理阶级敌人，纯洁革命队伍，依靠贫下中农；"思想"层面上，"用毛泽东思想武装干部的头脑，兴无产阶级思想，灭资产阶级思想"①，二者相互作用，共同催生了"文化大革命"时期的"贫管"模式。

第二节　"文化大革命"期间"贫管"模式的实行

"贫管"模式是"文化大革命""斗、批、改"中的"改"在农村信贷领域"重新组织干部队伍、重新建立一种新的社会秩序"的具体化。"改"是基于"斗"与"批"基础上的"改"，其内容主要包括：建立以贫下中农为主体的由革委会成员和信用社员参加的贫下中农管理委员会（组），在社、队革命委员会一元化领导下，贯彻党的路线和政策，管理信用社的人权、政治思想、发展方向和资金（包括发放、使用、收回）；信用社干部不脱离生产，走"五·七"指示所指引的亦工亦农道路；坚定地走政治建社、政治建站的道路，深入开展活学活用毛泽东思想的群众运动，大力突出无产阶级政治，坚持政治统帅业务。② 一句话，贫下中农管理、革委会一元化领导、干部亦工亦农，是"贫管"模式的必备三要素。

一　无政府状态下的信用社

"一斗、二批、三改"是毛泽东"天下大乱，达到天下大治"思

---

① 社论《发扬革命精神　支持生产建设新高潮》，《中国金融》1965 年第 1 期。

② 《农村信用合作社斗批改座谈会纪要》，1969 年 12 月 1 日，临沂市档案馆藏，档案号：71/2/36。

路的具体化，意在"利用基层社会以'砸烂'的方式改造或重构国家及其代理机构"①。"斗"，就是"斗垮走资本主义道路的当权派"；"批"就是批判资产阶级的反动学术"权威"，批判资产阶级和一切剥削阶级的意识形态；"改"就是"改革教育，改革文艺，改革一切不适应社会主义经济基础的上层建筑，以利于巩固和发展社会主义制度"②。"斗"和"批"是"破"的过程，"改"是结果，是"立"。"如果没有这个破，社会主义的立，就立不起来。"③　"破"和"立"都需要广大人民群众的参与，否则"就不可能大破，也不可能大立"④。"斗、批、改"首先发起于学校，但其波及范围远不止学校。1968 年，"搞好本单位、本部门的斗、批、改"，已成为"社会主义革命、社会主义建设的'基本功'，是防止资本主义复辟、巩固和发展无产阶级专政的百年大计"⑤。具体到农村信贷领域，以贫下中农为代表的被发动起来的"革命"群众，纷纷起来"造反"，揪斗社内"走资派"，进行一系列不必要的制度改革，砸烂资产阶级"管、卡、压"，代之以一元化的革命委员会。

在山东，农村信用合作社的干部、人员纷纷起来"造反"，开展"革命性"的大"斗"、大"批"。揪斗整社"四清"工作队，揪斗银行营业所、县支行"走资本主义道路的当权派"，彻底"砸烂"银行一切规章制度的"管、卡、压"。批判修正主义、批判资本主义倾向、批判资产阶级法权、批判资产阶级派性；批判"物质刺激""农民种田，国家拿钱""货币万能"等修正主义路线；划清社会主义管理和

---

① 周晓虹：《从国家与社会关系看中国农民的政治参与——毛泽东和后毛泽东时代的比较》，《香港社会科学学报》2000 年秋季刊（总第 17 期）。

② 《中国共产党中央委员会关于无产阶级"文化大革命"的决定》，《人民日报》1966 年 8 月 9 日。

③ 陈东林、杜蒲：《中华人民共和国实录第三卷　内乱与抗争——"文化大革命"的十年》上册，吉林人民出版社 1994 年版，第 131 页。

④ 《向我们的红卫兵致敬》，《人民日报》社论 1966 年 8 月 29 日。

⑤ 《无产阶级文化大革命的全面胜利万岁——热烈欢呼全国（除台湾省外）各省市、自治区革命委员会全部成立》，《人民日报》《解放军报》社论 1968 年 9 月 7 日。

修正主义"管、卡、压"的界限，划清社会主义协作和以物易物、乱搞协作、破坏社会主义计划经济的界限，划清社会主义现阶段分配原则和物质刺激、经济主义的界限。① 狂热的"造反分子"冲到省财贸口揪斗"反革命修正主义分子"李瑜，到省分行揪出以刘涤生、杜秀波、茅仁中为首的一小撮"党内走资本主义道路的当权派"。继之，批判他们在银行工作中长期拒不执行毛主席的革命路线，反对突出无产阶级政治，反对毛泽东思想挂帅，实行钞票挂帅，取消阶级斗争，妄图把人民银行变成复辟资本主义的工具。具体表现在：其一，批判他们不讲阶级和阶级斗争，在工作上不贯彻阶级路线，只讲收收放放，账对表平，推行所谓的"业务好就是政治好""政治为业务服务"等反动观点；在农贷上片面强调有借有还，规定若干贷富不贷贫的框框，走的是资本主义道路。其二，批判他们无视毛主席的教导，不从发展生产出发，单纯在资金上打圈子；将党的政策的威力和群众的积极性缩小化，而把资金的作用看得法力无边，大搞金钱挂帅；盲从银行信贷工作"起脚于资金，落脚于资金"，贷款越多，支援越大。其三，批判他们不依靠群众，不组织群众，不发挥群众管理资金的积极性，把银行搞得冷冷清清；指责他们单纯地依靠国家支援，大慷国家之慨，大搞资金挂帅、物质刺激，用大量资金培养所谓的"高产典型"，为自己捞取政治资本。② 此外，还攻击银行系统被一小撮党内走资本主义道路的当权派"当"了权，"不相信群众，不依靠群众，不贯彻群众路线，而是一切由少数人说了算"；信用合作工作则是"不贯彻民主办社原则，不让群众当家办自己的组织，而是一切由银行包办代替"。究其实质，是"违背毛主席关于民主办社和群众路线的教

---

① 《关于做好秋季农村金融工作的意见》，1975 年 9 月 10 日，成武县档案馆藏，档案号：51/1/40。

② 《汪君敬同志在全县信用社学习毛主席著作抓革命、促生产经验交流会议上的发言》，1967 年 4 月 19 日，成武县档案馆藏，档案号：51/1/38。

导，是和毛主席的革命路线相对抗"的修正主义反革命行为。①

由于认定"利润挂帅""物质刺激"是产生修正主义的根源②；"向往当脱产干部"，被视为走"机关化"道路，中了"中国赫鲁晓夫的毒"③。再加上毛泽东提倡"公开地、全面地自上而下地发动广大群众来揭发我们的黑暗面"，并以"造反有理"的煽动性口号动员群众起来造反，目标虽然含混复杂，也超越了群众所能理解和觉悟的能力界限，但这却将贫下中农造反行径名正言顺化。以此为契机，有的群众将信用社"发放对农民的短期贷款""帮助农民解决资金困难"，提倡"有借有还"的正当借贷行为称为"钱财往来的'公共汽车'"；也有群众将信用社正常的规章制度视为贷富不贷贫的资产阶级修正路线，抱怨"贫下中农困难贷点钱，这申请，那批准，净限制，甚至还熊熊答答，生怕我们不还款"；还有的群众将正常的信用体制变动，如关于"乡银行"的试点，简单地看成"少数人办社，少数干部说了算"的"公"办行为，走的是妄图取消信用社的修正主义路线。"这样的信用社我们不欢迎，原来入社的三元二角钱就算扔了吧！"④

在"一斗、二批"的冲击下，社会上的无政府主义思潮同样反映到信用社干部的头脑中来。几乎没有干部敢谈信用社业务，一提收、放、贷，就是单纯的业务观点，刘、邓路线。多数信用社干部工作小手小脚；有的因怕完成信贷、储蓄计划被说成"指标第一"，而不敢抓计划、做业务。⑤"不抓业务吧，信用社的天职就是用毛泽东思想去

---

① 《汪君敬同志在全县信用社学习毛主席著作抓革命、促生产经验交流会议上的发言》，1967 年 4 月 19 日，成武县档案馆藏，档案号：51/1/38。

② 《改革不合理的规章制度是一场革命》，《红旗》杂志 1969 年第 6、7 期合刊。

③ 《农村信用合作社还是放到大队办好——嘉祥县马集公社信用合作体制改革的调查报告》，1968 年 11 月 27 日，日照市档案馆藏，档案号：37/1/45。

④ 同上。

⑤ 《加强信用社的领导，发挥信用社的作用》，1973 年 6 月，临沂市档案馆藏，档案号：72/2/52。

指导收、放、存。抓吧，又怕人家说是不关心革命，单纯的业务观点。"[1] 在这种尴尬局面下，社会主义正气受到压制，资产阶级歪风邪气极为盛行。在革命委员会的一元化领导下，不断批判"只管收放，不问方向"，"只知管钱，不问路线"和"春贷秋放，不管生产"的单纯业务观点；过分强调阶级斗争，强调毛主席革命路线，"银信工作变不变，关键靠路线；管钱离了'线'，越走路越偏；贯彻执行总方针，资金潜力大无边"[2]。

　　"当社会革命的思想越来越不为社会所允许时，最后剩下的就只有世界观的改造了，于是'文化大革命'也就从一场本来意义上的革命还原为更为本来的'文化革命'的意义，即思想革命、灵魂革命、世界观革命。"[3] 这就是"斗私、批修"，狠斗"我"字，大破"私"字，大立"公"字。"斗私，就是用马克思列宁主义、毛泽东思想同自己头脑里的'私'字作斗争。批修，就是用马克思列宁主义、毛泽东思想去反对修正主义，去同党内一小撮走资本主义道路的当权派作斗争。这两件事是相互联系的，只有很好地斗掉了'私'字，才能更好地把反修斗争进行到底。"[4] 1967 年第 15 期的《红旗》社论更是明确了"斗私、批修"在大联合、"三结合"和"革命大批判"中的"总纲"地位："以'斗私、批修'为纲，在革命大批判、革命大联合和革命'三结合'的新高潮中，做好各学校各单位的斗、批、改，是件很重要的事。"[5] 在农村信贷领域，"斗私批修"、自我革命从一开始就成为大学毛泽东思想的内在要求。"读毛主席的书，革命干劲

---

① 《一次活学活用毛泽东思想的讲用会》，1968 年 6 月 2 日，成武县档案馆藏，档案号：51/1/38。

② 《沿着毛主席的革命路线胜利前进》，1972 年 3 月 23 日，临沂市档案馆藏，档案号：72/2/43。

③ 徐友渔：《1966：我们那一代的回忆》，中国文联出版公司 1998 年版，第 318 页。

④ 《在中华人民共和国成立十八周年庆祝大会上林彪同志的讲话》，《人民日报》1967年 10 月 2 日。

⑤ 《"斗私、批修"，做好各学校各单位的斗批改》，《红旗》社论 1967 年第 15 期。

就会无限足，听毛主席的话，天大困难也不怕，照毛主席的指示办事，就有了斗私批修的好办法。"① "忠于毛主席的革命路线就是最大的公，坚持资产阶级反动路线就是最大的私。只有认真地切实地活学活用毛主席著作，才能破'私'立'公'。"②

"斗、批、改"经历了1968—1969年的高潮后，到1971年逐步退回了意识形态领域。正如学者郑谦所言："'斗、批、改'的结局不是'文化大革命'的深入和巩固，而是各种抵制'文化大革命'的力量的发展；不是它所许诺的那个公正、平等、纯洁的理想社会的到来，而是使全世界为之震惊和愕然的'9·13'事件。"③ 的确如此，林彪事件极大地扰乱了毛泽东对"文化大革命"进程和发展方向的掌控，客观上宣告了"文化大革命"理论和实践的破产。国家政治局势的急剧变动对整个国家和人民来说不啻为响亮的一击。此后，"斗、批、改"虽并未完全退出政治领域，但已不能按照原来的势头行进。所"斗"、所"批"内容也发生了方向性转变，主要开始致力于对林彪反革命集团的批判。借此之际，周恩来因势利导，全面深入地批判无政府主义，并开始尝试恢复被废止的企业规章制度，注重生产绩效。国家大局如此，农村信贷领域也迈出了改革的步伐，并朝着否定"阎庄"经验，收回被下放的人权、财权、资金管理权的方向逐步行进。

概而言之，农村信贷领域的"斗"与"批"主要集中于1968—1970年，在这三年中，建立革命委员会、精简机构、下放干部、揪斗修正主义反革命分子、砸烂资产阶级的"管、卡、压"、改革各种不合理的规章制度等。整个画面混乱纷繁，场景转变迅速，令人应接不

---

① 《一次活学活用毛泽东思想的讲用会》，1968年6月2日，成武县档案馆藏，档案号：51/1/38。

② 《汪君敬同志在全县信用社学习毛主席著作抓革命、促生产经验交流会议上的发言》，1967年4月19日，成武县档案馆藏，档案号：51/1/38。

③ 郑谦：《"斗、批、改"运动与一种社会主义模式》，《当代中国史研究》1996年第2期。

暇。而这恰恰是毛泽东由大乱到大治，充分发动群众重构国家机构，实现"大好形势"的重要一环。然而，拨开混乱的面纱，我们发现整个"斗、批、改"过程始终贯穿着两条主线，就是阶级斗争和意识形态领域的毛泽东思想。首先，就阶级斗争来说，正如黄宗智所言，"'文化大革命'是人类历史上表达性现实与客观性现实相互脱节的一个极端例子"。随后，毛泽东完成了一个巧妙的"挂钩"，即"把走资本主义道路的当权派和旧封建主义的阶级敌人联系起来"，从而"把反对自己敌手的政治斗争转化为阶级斗争"①。不仅如此，"发展社会主义经济""抓业务工作""执行合理的规章制度""宣传储蓄政策"分别被污蔑为"唯生产力理论""业务挂帅、白专道路""资产阶级的管卡压"以及"存款多了是资产阶级、存款利息是剥削"等。"以阶级斗争为纲"成了对抗修正主义管理制度，建立社会主义管理制度的根本原则。其次，正如莫里斯·迈斯纳所剖析的那样，"对于毛泽东来说，无论是社会主义社会还是共产主义社会都不取决于物质生产力的先行发展，相反，它们的根本前提是人的思想的'无产阶级化'，而通过'文化革命'的方式就可以做到这一点"②。实现人的思想无产阶级化，大立"公"字、大破"私"字的重要途径就是大学毛泽东思想，建立毛泽东思想大学校。随着大学毛主席著作运动的不断开展，庸俗化与实用主义的倾向开始抬头，毛著被夸大为解决一切问题的万应灵药，被赋予了无所不能的力量。当然，不可否认，毛泽东重构国家机构的目的不仅仅是对权力的渴求和对最高领导权的争夺。他亦希望借此解决一些现实问题，比如社会的日益不平等、新的官僚机构的出现、整个国民社会主义理想的衰退等。但是，实现过程是苦涩的，结果是虚幻的。

---

① 黄宗智：《中国革命中的阶级斗争：从土改到"文化大革命"时期的表达性现实与客观性现实》，载黄宗智主编《中国乡村研究》第二辑，商务印书馆2003年版，第86页。

② ［美］莫里斯·迈斯纳：《毛泽东的中国及后毛泽东的中国》，杜蒲、李玉玲译，四川人民出版社1989年版，第395页。

二 "贫管"模式的推行

"贫管"模式的推行是多种力量共同作用的结果。其一，"四清"整社期间，过分强调"依靠贫下中农是办好信用社的关键"①，这就为贫下中农掌握信用社的领导权提供了契机。其二，"文化大革命"期间的"斗"与"批"，砸烂了信用社原有的规章制度、人事机构等，大"破"之后亟须大"立"。其三，也是最重要的一点，信用社的"立"必须满足国家，更具体地讲是维护国家政权统治的需要，是国家主导下的强制性制度变迁。

（一）"贫管"模式的样板："阎庄经验"

"阎庄经验"，即河南省嵩县阎庄信用社在"文化大革命"高潮中，实行贫下中农管理的所谓经验，经《人民日报》报道后，这一经验成了信用社"贫管"模式的典型样板。"阎庄经验"极力倡导以下三点：一是"顶得住"，即顶得住"反革命修正主义路线"的干扰。"信用社是毛主席叫我们办的，要夺我们管理信用社的权，坚决不答应。"二是"管得住"，即管得住信用社的领导权。"信用社是我们贫下中农的资金互助组织，是打击资本主义势力的铁拳头，这个权必须由我们来掌！"三是"改革得稳"，即成立公社贫下中农管理委员会、大队贫下中农管理小组，对信用社（站）实行两级管理。"这样办很好，公社有信用社，可统筹安排个大队资金，大队有信用站，不但存取方便，而且可以就地贷款。大问题由公社解决，小问题由大队解决，大小问题都能解决。"一句话，所谓"阎庄经验"，就是"在伟大的'斗、批、改'高潮中，河南省嵩县阎庄公社的广大贫下中农和信用社的工作人员，在毛主席无产阶级革命路线的指引下，以继续革命、彻底革命的精神，对信用社进行改革，实行了贫下中农管理"②。

---

① 卢汉川：《中国农村金融历史资料（1945—1985）》，湖南出版事业管理局，1986年，第496页。

② 《一个由贫下中农管理的信用社》，《人民日报》1969年11月19日。

1969 年 11 月 21 日至 12 月 1 日，中国人民银行总行在河南省嵩县召开了九个省、市信用社"斗、批、改"座谈会，会议决定在全国全面推广"阎庄经验"。会议将贫下中农"夺回"信用社的管理权，视为农村金融战线上的一场大革命。唯此，"才能更好地贯彻执行毛主席'备战、备荒、为人民'的伟大战略方针和'发展经济、保障供给'的总方针，才能更好地为无产阶级政治服务，为贫下中农服务，为巩固发展集体经济服务，才能永远坚持社会主义方向，在巩固无产阶级专政，防止资本主义复辟，建设社会主义中发挥更大的作用"①。具体而言，贫下中农管理信用社主要包括以下几个方面：第一，管理机构——贫下中农管理委员会（组）。该机构一般以贫下中农为主体，由革命委员会成员和信用员组成，公社设贫下中农管理委员会，大队设贫管小组。第二，贫管内容——"四管"，即管信用社（站）的思想政治工作、人权、资金发放和发展方向，完全排斥了国家银行对信用社的领导和管理。第三，贫管体制——两级管理体制，即公社信用社和大队信用站。公社贫下中农管理委员会负责调剂全公社范围内信贷资金的使用状况；大队贫下中农管理小组则有权决定对生产队和社员的贷款指标和数额。②

此外，还需要特别强调以下三点：第一，信用社干部不脱离生产，参加集体劳动，参加队的分配，取消工资，实行亦工亦农。第二，实行革命委员会一元化领导，彻底改变那种"公社管不到、贫下中农管不着、银行也管不好"的"上不靠天，下不着地"的"三脱离"状况。第三，简化贷款手续，社员只需填写借据，获得贫下中农管理小组的同意，就可以得到贷款。这种状况导致信用社管理缺位、监督不力，信用社干部思想混乱、政策界限模糊，进一步加剧了"一斗、二批"给信用社带来的混乱局面。

---

① 《农村信用合作社斗批改座谈会纪要》，1969 年 12 月 1 日，临沂市档案馆藏，档案号：71/2/36。

② 《一个由贫下中农管理的信用社》，《人民日报》1969 年 11 月 19 日。

（二）"贫管"模式在山东

山东省早在《人民日报》对"阎庄经验"大力推广（1969年10月）之前，也就是1968年底，即八届十二中全会公报发布后不久，就有不少地区开始了贫下中农管理信用社的试点。改革试点主要有以下几种形式①：

第一种，实行生产大队管理体制，以嘉祥县马集公社、平阴县孔集公社、平度县固山公社等为代表。其特点：一是贫下中农工直接掌握信用社的领导权；二是信用社干部走"五·七"指示、亦工亦农的道路；三是实行生产大队革命委员会的一元化领导。重大问题由贫下中农讨论，大队革委会决定，使大队革委会统一掌握信用社的党、政、财、文大权。四是坚持自力更生、勤俭办社、精简机构的原则。信用社的改革要有利于减少开支，增加积累，减轻集体和贫下中农的负担。第二种，实行公社信用社、大队信用站两级管理体制，以莱西县牛溪埠公社以及烟台部分县为代表。与第一种相比，该模式不下放信用社财权，由信用社统一核算，统一调剂资金。信用社（或站）要接受公社（或大队）革委会的领导以及公社（或大队）贫代会的监督，但在业务上要受信用社的领导。另外，信用社和信用站的人员均取消工资，不吃国库粮，参加大队的分配，工分差额由信用社给予补贴。第三种，公社一级银行和信用社合并，大队设信用站。历城县基本上就是采取这种做法。这种模式也实行两级管理体制，其特点与第二种基本相似。

上述三种形式，无论是两级管理体制，还是将信用社全部下放到生产大队，究其实质都是贫下中农管理、革命委员会一元化领导以及干部亦工亦农的"三位一体"。但真正以"模式"的形式，将信用社改革稳定下来，则是在河南省嵩县信用社"斗、批、改"座谈会之后。1971年9月18日和11月12日，山东省财政金融局先后两次向

---

① 《我省农村信用合作社斗、批、改情况》，1969年1月12日，山东省档案馆藏，档案号：A068/04/375。

省革委生产指挥部报送了《关于对信用合作社几项改革试行意见的请示报告》，决定在苍山县进行信用社改革试点。改革涉及信用社机构体制、干部管理以及工资福利待遇等诸多问题。这次改革恰值1971年9月13日"林彪事件"后，周恩来因势利导，对极"左"思潮进行全面深入批判，"'斗、批、改'在某些方面呈现缓和化的内容与结构"① 的国内大背景之中。因此，与1968年底相较，此次改革更多地表现为"整改"。

1972年1月，山东省以苍山县为试点，在借鉴"阎庄经验"的同时，结合该省情况，对信用社有关机构体制、干部管理、工资福利待遇等问题进行了全面改革。首先，为了利于革委会的一元化领导，利于贫下中农的监督、管理，利于信用社资金在公社范围内的调剂，山东省改变了原已存在的三种建制模式，以"阎庄经验"为蓝本，在公社设信用社，在生产大队（根据需要）适当建立信用站，实行两级管理，公社信用社统一核算。其次，改变了"阎庄经验"和山东省1968年改革关于信用社干部"亦工亦农"的身份，重申了信用社干部是脱产干部（但不是国家干部）的规定。第三，参照"阎庄经验"，进一步强调了贫下中农管理信用社的内容，即所谓的"四管"——管政治思想教育，管发展方向，管政策落实和资金安排，但却明确指出信用业务由国家银行领导，信用干部由县人民银行（财金局）负责管理。第四，关于信用社干部的工资问题。改变了信用社干部取消工资，不吃国库粮，参加生产队工分分配的现象。自1972年1月1日起，根据信用社干部的德、才、资历等条件，民主评定工资等级，其工资等级，一般控制在四级至八级的范围内，个别情况可评定为三级，平均工资水平最高不得超过33元。② 新参加信用社工作的干

---

① 吴志军：《林彪事件后的"斗、批、改"思想研究》，《北京党史》2014年第4期。

② 参照基层供销社，信用社干部的工资标准共分为八级，一级64.5元，二级57元，三级50元，四级43.5元，五级38元，六级33元，七级28元，八级24.5元。参见《关于对信用合作社几项改革意见的请示报告》，1972年3月24日，山东省档案馆藏，档案号：A068/04/205。

部，在未评级前，暂按 20 元发放工资。评定结果须征求贫下中农的意见，经公社审查后，报革委会批准。此外，信用社干部如因年老体弱或其他原因不能继续工作，需作退职安置的，亦可参照供销社职工退职办法处理。①

1972 年 4 月 8 日，山东省革委生产指挥部批转了省财政金融局《关于对信用合作社几项改革意见的请示报告》，指示在全省范围内研究执行。此次改革以苍山县作为试点。改革前，该县共有信用社 87 处，干部 167 人，有以公社为单位建立信用社，有在生产大队设信用社，也有划区建社的，体制不一，管理混乱。经过改革，原来按管理区设置的信用社合并成 17 处公社信用社，人员精减为 133 人，比原来减少 20%。② 莒南县原有信用社 124 处，信用社干部 252 人，本着精兵简政、勤俭办社的原则，改革后，下放 76 人，新增 9 人，共有干部 185 人。公社信用社设主任、会计、出纳各一人，每个管理区设业务员一人。在评定工资时，凡 1957 年底以前参加信用社工作的一般定为五级（38 元）；1957 年前建社初期的老乡干部、老模范、老先进人物，对革命有贡献且表现较好的定为四级（43.5 元）；1960 年底以前参加工作的定为六级（33 元）；1966 年底以前参加工作的定为七级（28.5 元）。个别对革命对人民有特殊贡献的，也可以越过年限提升一级。刚参加工作的，第一年内暂发 20 元，满一年后可定为八级（24.5 元），满两年从第三年开始，德才兼备且表现较好者，可转为七级。信用社干部口粮，由国家供应，按照"谁干谁吃，不干不吃"

---

① 按照信用社职工退职标准，信用社退职人员的生活安置费作一次性处理。除本人当月工资照发外，工作时间五年以内者发三个月工资；满五年者发四个月的工资；工作时间超过五年，从第六年起每年加发半个月工资；工作时间满十年，从第十一年起，每增加一年加发一个月工资，但累计最多不得超过十二个月的工资。对老弱病残或家庭困难很大，可另外加发一个至三个月工资。对于有特殊贡献或老模范人物，可经当地党委决定给予适当照顾。对于安排到其他单位工作的，只计算工龄，不发给安置费。

② 《我县信用社改革后的情况——中国人民银行苍山县支行》，1972 年 4 月 2 日，临沂市档案馆藏，档案号：72/2/43。

的政策规定予以办理。至于干部的福利待遇，因省革委会未下达新的规定，暂按每人每月一元执行。信用社干部病故后，按国家干部规定标准执行。① 在苍山县和莒南县改革的推动下，整个临沂专区于1972年12月全部完成信用社改革工作，将原来807处信用社合并为213处信用社，原来信用社干部2662人，减少至1966人。② 除临沂专区外，德州、惠民、枣庄、昌潍、泰安、济宁等专区也先后进行了改革，1972年底，信用社改革在全省范围内基本上结束。

以上改革措施缓解了信用社当时亟待解决的五个问题③中最为突出的一个，即信用社干部工资待遇问题。山东省信用社干部工资水平低且地区间不平衡，最高的29.9元，最低的20元，平均25元，枣庄、烟台、德州较高，临沂、济宁、昌潍、泰安等地较低。不仅与该省基层供销社相比存有较大差距（供销社职工平均工资35.5元，公社医院40元，社办工业30元），也明显低于山西、河北、江苏、安徽等兄弟省的工资水平（山西省平均32元，冀、苏、皖均在30元左右）。另外，干部口粮当时虽绝大部分实行国家统一供应，但据昌潍、济宁、惠民、临沂、枣庄等五个专区统计，8467名干部中，仍有870人的口粮没有解决，占10.27%。依照这个比例推算，全省约有1600人存在口粮问题。④ 事实上，囿于当时的政治形势，在信用体制、贫下中农管理、干部、工资福利和领导等五个问题中，可以做大幅调整的唯有干部工资福利问题。这既充分利用了当时政治气氛有所松动的空隙，又说明了信改的异常艰难。

---

① 《莒南县革委生产指挥部关于贯彻执行省革委生产指挥部批转省财政金融局〈关于对信用合作社几项改革的请示报告〉的通知的意见》，1972年11月23日，莒南县档案馆藏，档案号：28/1/68。

② 《关于信用社改革遗留问题的请示报告》，1974年2月10日，临沂市档案馆藏，档案号：72/2/61。

③ 这五个问题分别是信用社管理体制、贫下中农管理、信用社干部、干部工资福利、领导权。

④ 《关于信用合作社改革意见的说明》，1971年11月9日，山东省档案馆藏，档案号：A068/04/138。

　　从上述所论可以看出，山东省"贫管"试点早于《人民日报》对"阎庄经验"的报道（但这并不等于早于"阎庄经验"本身）。待"阎庄经验"宣传发酵后，山东省又在借鉴的基础上，根据变化了的国内局势，对该省已有的"贫管经验"进行了改革。"9·13"事变后，整个国家的思想和政治路线都致力于对林彪反革命集团的批判，客观上有利于反思和扭转极"左"思潮的错误。全国银行工作会议的适时召开，恰为恢复和加强银行职能提供了契机。然而，"虽然全面'斗、批、改'运动已无法大规模进行，但'斗、批、改'思想不可能在'文化大革命'的意识形态里迅速退却"①。因此，山东省1972年1月的信用社改革，既强调贫下中农对信用社的管理，又明确银行对信用社的领导；一面要依靠群众管理，一面又强调信用社干部专业管理的重要性；一面要依靠革委会的一元化领导，一面又强调银行部门上下级之间的业务管理。信用社改革的矛盾之处，恰恰反映了这一时期推行政策的无奈之举——既想大刀阔斧全面整顿，又怕触碰"文化大革命"这根红线。

　　一言以蔽之，"'阎庄经验'实际上是'大跃进'中将农村信用社下放到公社的重演，而且更'左'"②，对信用社造成的破坏性影响，只会有过之而无不及。首先，机构设置混乱。截至1970年底，山东省共有信用合作社7300多处，其中，以公社为单位建立信用社的1140多处，以管理区（或工作片）建社的3900多处，以生产大队建社的2300处。③信用社建制分散、混乱，既不利于统一领导和管理，也妨碍了信用社资金内部的周转与调剂。其次，贫下中农管理，"外行"领导"内行"，加剧了信用社的内部混乱。"贫管"模式之下，银行正常的规章制度被斥为修正主义的"管、卡、压"，导致银

---

　　① 吴志军：《林彪事件后的"斗、批、改"思想研究》，《北京党史》2014年第4期。

　　② 李飞主编：《中国金融通史（第六卷）：中华人民共和国时期（1949—1996）》，中国金融出版社2002年版，第93页。

　　③ 《关于信用合作社改革意见的说明》，1971年11月9日，山东省档案馆藏，档案号：A068/04—138。

行能管而不敢管；社队革委会强制性的行政管理，决定了社、队该管却管不好；"持锄柄、搬坷垃"的贫下中农要管理"拿笔杆、耍秤砣、打算盘的'内行人'"①，必然是管不了也管不着。因此，"贫管"模式下，并不是如贫下中农公然斥之的那样，"公社管不到，贫下中农管不着，银行实际也管不好"，而是"银行不敢管，贫下中农不该管，公社管却管不好"。如此尴尬的管理局面，只会进一步加剧信用社内部的混乱不堪。最后，干部情绪低落，敢怒不敢言。"贫管"模式下，信用社干部由领取工资改为记工分，参加队的分配。"既不要使他们的生活水平降低太多"，"也要考虑与贫下中农的生活水平不要悬殊太大"；"既要维持他们一定的生活水平"，又不能"因改革而扩大开支"加重生产队的负担。②设想在信用社干部、贫下中农和生产队之间作利弊权衡，其结果只会无视干部的利益。

贫下中农管理信用社是"文化大革命"由"造反"阶段转到"夺权"阶段在农村信贷领域的一个缩影。随着林彪事件的爆发，以及其后对林彪反革命集团的批判，"'斗、批、改'思想已不再具有显赫的政治地位，而逐渐滑降到意识形态和政治话语的边陲地带"③。这种背景下，混乱不堪的农村信用社自然也要结束无政府状态，但是，信用社没有也不可能再回到合作金融或集体金融的发展轨道。随着国家银行工作的逐步恢复，建立集中统一的、指挥如意的、制度和政策能贯彻到底的银行工作系统已成必然。在这一系统中，银行对信用社的绝对领导权是不容置疑的。事实也是如此，银行职能的恢复必然会推动银行领导下的信用社改革，而信用社改革自然会强化国家银行的领导地位，二者相互促进、相互推动，最终使信用社成为国家银行的基层机构。

---

① 《依靠贫下中农管理监督办理农村商业》，《大众日报》1973年10月18日。

② 中国农业银行山东省分行：《山东农村金融历史资料（1938—1990）》，中国农业银行山东省分行编印，1992年，第583页。

③ 吴志军：《林彪事件后的"斗、批、改"思想研究》，《北京党史》2014年第4期。

第三节　信用社国有金融体制的确立

信用社是国家银行基层机构体制的确立，是三方面力量"合力"推动的结果，即信用社自身的整顿、银行职能的恢复以及银行对信用社领导的加强。这三股力量并行不悖、相互交织、互为作用。随着银行职能的恢复，它会不断推动信用社的整顿，而银行推动下的信用社整顿的过程，恰是银行对信用社领导不断加强的过程，最终促使信用社变为国家银行的基层机构。

一　信用社的再整顿

信用社下放公社（或生产大队）交由贫下中农管理后，机构设置混乱，管理监督缺位，干部情绪低落，业务亏损严重。1972 年改革，虽力图扭转无政府管理所造成的混乱局面，但却没有突破"贫管"框架，以致收效甚微。可以说，这次改革既是一次适度纠偏，也是"贫管"模式的继续，因此，本书将其放在"'阎庄经验'在山东的推广"这一标题下加以论述。1972 年改革最重要的一条就是"革命委员会要实行一元化领导，打破重叠的行政机构，精兵简政，组织一个革命化的联系群众的领导班子"①。诚然，实行精兵简政的目的是防止官僚主义，但是这种具有较强主观主义的大幅度削减人员、裁撤机构，其结果只会适得其反。更为严重的是，随着时间发展，大批精减下放人员的去向问题逐渐发酵，给整个社会造成了不良影响。另一个就是信用社的亏损问题，该问题已严重影响甚至阻滞了信贷业务的开展。尽管如此，1972 年改革毕竟开启了纠"左"大门。

1974 年改革是 1972 年改革的继续，主要致力于解决 1972 年信用社改革的遗留问题。首先，妥善处理被下放人员的去向问题。事实上，在正式文件出台之前，山东省不少地市已对下放人员的去向做了

---

① 《革命委员会好》，《人民日报》1968 年 3 月 30 日第 2 版。

相应的安置。大体有三种情况：第一，对有工作能力的下放人员，或安排到社办企事业、县办工厂，或调至税务所、供销社。德州、惠民、枣庄、昌潍等地（市）就是作如是安排。第二，对原下放不当人员，进行妥善安置。如泰安、济宁、菏泽等地区，对原已安排到其他社办企事业单位且有信贷工作能力的人员，可复职回社继续工作（有严重政治、经济问题的除外）；对年老体弱符合退休条件的，每月发放 15 元的生活补助费。第三，对"符合退休条件的一律复职，待省规定退休办法后办理退休"[1]。如烟台地区。为了进一步规范各地区关于下放人员的安置情况，《关于妥善解决信用社当前存在几个问题的处理意见》（1974 年 3 月 12 日）对此做了如下规定：凡是没有进行信用社改革的地区，应根据当地具体情况，继续进行改革，但不准增加人员。人员不足时，或在一个县范围内调剂，或从 1972 年以来下放的人员中选补。凡被处理错了的干部，如果本人条件适合做信用社工作的，可复职继续工作（被安排到国营或企事业单位的，老弱病残符合退休条件的，政治、经济作风有严重问题的，属于外部问题，按外部问题处理的除外）。但其下放期间的工资不再补发，已领的安置费也不再退回。凡符合退休条件且本人同意退休的，在信用社干部退休办法未颁布之前，暂由信用社发放生活补助费（每人每月 12—15元，已领退职金的应予退回），待退休办法正式下达后，按办法执行。[2]

其次，实事求是地解决信用社的亏损问题。"斗、批、改"的无政府状态，以及执行与国家银行同样的低利政策，使信用社的"破坏性亏损"和政策性亏损不断增加。干部工资、退休费、退职费无法解决，必要的房屋修缮和设备购置计划被迫搁浅。为了维持信用社的继续存在，国家银行只得予以兜底、补贴。1973 年 5 月 18 日，财政部

---

① 《关于信用社改革后遗留问题的请示报告》，1975 年 8 月 8 日，临沂市档案馆藏，档案号：72/2/66。

② 中国农业银行山东省分行：《山东农村金融历史资料（1938—1990）》，中国农业银行山东省分行编印，1992 年，第 650 页。

发出了《关于信用社一九七〇年以前历年亏损补贴意见的通知》，对账款清楚、制定统一的管理办法和费用开支标准、解决随意抽调干部、挪用资金现象的信用社，其 1970 年以前的历年亏损，由银行给予补贴。1974 年 1 月 11 日，财政部下发《关于信用社盈亏处理问题意见的通知》，再次声明了上述补贴原则，并指出 1971 年以后的亏损，"应先以其 1971 年以后的盈余抵补亏损，不足部分银行再给予补贴"①。据此，山东省财政金融局向人民银行总行报送了 9691186.59 元的亏损额，经核实，符合规定条件的为 9529963.58 元，其中，济南 47566.00 元、淄博 170286.57 元、枣庄 157337.00 元、烟台 204794.55 元、泰安 932192.29 元、昌潍 1109919.89 元、济宁 1666021.90 元、菏泽 1380785.70 元、聊城 658183.00 元、德州 506117.00 元、临沂 1453459.50 元、惠民 1242410.18 元。②

　　总的来说，"文化大革命"前四年，信用业务发展相当缓慢，特别是实行"贫管"模式的 1969 年和 1970 年，一度出现负增长现象（见表 4-2）。

表 4-2　　1967—1976 年山东省农村信用合作社存、贷款年末余额

单位：万元

年份 \ 项目	存款		贷款	
	金额	比上年 +、-额	金额	比上年 +、-额
1967	51758	+8554	13323	-3
1968	60525	+8767	13797	+474
1969	55069	-5456	15270	+1473
1970	57447	+2378	16480	+1210
1971	73692	+16245	13015	-3465
1972	77522	+3830	14215	+1200
1973	86154	+8632	14585	+370

---

①　《中华人民共和国财政部〈关于信用社盈亏处理问题意见的通知〉》，1974 年 1 月 11 日，山东省档案馆藏，档案号：A068/04/393。

②　《关于补贴信用社一九七〇年以前历年亏损的报告》，1974 年 9 月 18 日，山东省档案馆藏，档案号：A068/04/393。

续表

项目 年份	存款		贷款	
	金额	比上年 +、-额	金额	比上年 +、-额
1974	94534	+8380	15570	+985
1975	106953	+12419	18530	+2960
1976	123259	+16306	36309	+7779

资料来源：中国农业银行山东省分行：《山东农村金融历史资料（1938—1990）》，中国农业银行山东省分行编印，1992年，第577、589、600、608、625、641、652、660、668页。

不过，1972年的整顿和1974年的再整顿还是收到了一定效果。1973年和1975年的存款分别增加了4802万元和4039万元。与存款相比，信用社的贷款增长一直较为缓慢，特别是对个人贷款，反而呈现出不断下降的趋势。

1975年11月"批邓、反击右倾翻案风"期间，信用社整顿工作出现了短暂的回流和反动。例如，再次强调贫下中农管理信用社，称实行"贫管"模式是建设大寨县的需要，"既体现了党的阶级路线和群众路线，也体现了劳动人民参加管理国家经济工作的原则"[1]。然而，这已无法逆转信用社整改的趋势，"贫管"组织已失去了往昔的"四管"权力，只是在公社党委领导下，参与一些检查、监督性质的工作，如检查信用社的工作、审查信用社的重要财务开支、评议信用工作等。随着"文化大革命"的结束，信用社也步入了一个新的历史发展时期。

二　国家银行职能的恢复

"文化大革命"期间的"一斗、二批、三改"，使党和政府的各级组织机构受到猛烈冲击。在金融领域，不仅信用社走"阎庄"道路，搞革命委员会一元化领导下的贫下中农监督和管理，国家银行的各职

---

[1] 杨德寿：《中国供销合作社发展史》，中国财政经济出版社1998年版，第583页。

能司局也被撤并。1969 年 7 月，中国人民银行总行与财政部合署办公，成立财政金融局，以中华人民共和国财政部的名义行使职能。原人民银行各级分支机构或被分割或被合并，集中统一的金融体系遭到严重破坏。

1971 年 9 月，林彪反革命集团被粉粹后，周恩来主持中共中央日常工作。在涉及金融领域的问题上，周恩来特别强调要加强银行工作的独立性和集中统一性。1972 年 4 月，国务院将中国人民银行定为事业单位，并将财政部办理金融业务的机构调整为 5 个局，是年 9 月，全国银行工作会议在北京召开。这是林彪反革命集团被粉碎、周恩来主持中共中央日常工作后所召开的第一个全国银行工作会议。在当时的政治背景下，没有也不可能完全否定"斗、批、改"，但为了批判极"左"思潮，便出现了一种扭曲式的调和或隐晦的批判。主要表现为在"斗、批、改"的框架内，着意突出规章制度的作用和权威性。指出：秉持"群众运动天然合理""规章制度无用论"等观点，"就是要把'文化大革命'的斗、批、改引向邪路"①。强调"在政治挂帅的前提下，加强企业管理，健全生产指挥系统，建立必要的规章制度，是斗、批、改的重要内容，是巩固和发展社会主义经济的重要一环"②。以此为契机，全国银行工作会议批判"'文化大革命'中，大搞无政府主义，否定经济管理，否定规章制度的作用，否定监督"的行为，就是"用资产阶级政治'冲击'无产阶级政治，破坏社会主义经济"的行为。再次强调银行工作，既要"依靠党的领导"，也要坚持"银行部门上下级之间的业务管理"；既要"坚持群众路线"，也要"把专业管理同群众管理结合起来"；既默认了贫下中农对信用社

---

① 龙岩：《无政府主义是假马克思主义骗子的反革命工具——学习笔记》，《人民日报》1972 年 10 月 14 日。

② 《株洲市委领导成员结合改革企业管理工作的实际认真看书学习，不断提高路线觉悟，切实搞好斗批改》，《人民日报》1972 年 2 月 4 日。

的管理，又强调银行对信用社的领导。[①] 这次会议使广大干部、群众认识到银行工作在整个社会主义社会历史阶段的重要作用，实际上是对"文化大革命""斗、批、改"时期所谓银行工作"可有可无"观点的一种驳斥。

1977年8月16日至9月17日，人民银行总行在北京召开全国银行工作会议。首先，明确指出："银行是金融中心"，是"寒暑表"，"银行工作搞得好，可以反映全省的大事、全国的大事，可以看出经济管理的好与不好"。其次，强调要建立一个集中统一的、指挥如意的、各项规章制度都能贯彻到底的银行系统，"做到统一政策、统一计划、统一制度、统一资金调度、统一货币发行"。最后，呼吁加强银行整顿，揭批"四人帮"对金融工作的破坏，以达到建立良好的领导班子，建立健全各项规章制度，刹住资产阶级歪风邪气，调动职工的工作积极性，完成信贷、现金计划和工作任务。[②] 直至1977年11月28日，《关于整顿和加强银行工作的几项规定》的颁布，中国人民银行对金融业务自上而下的集中、统一和垂直领导职能才得以恢复。

三　国家银行对信用社领导的加强

自1969年7月，中国人民银行与财政部合署办公，其各级分支机构被分割或合并，集中统一的金融管理体系遭到严重破坏后，农村信用合作社实际上处于各级革命委员会领导下的贫下中农直接监督和管理。"贫管"模式对信用社造成的混乱和破坏性影响是相当明显的。不仅如此，在实行过程中，围绕着"贫管会"的性质（是权力机构、执行机构还是监督机构，原有的民主管理机构还要不要）、内容、机构设置以及干部亦工亦农等问题，始终争论不断。1972年9月以后，针对这些问题，人民银行总行作了明确回复：首先，明确了"贫管

---

① 中国农业银行山东省分行：《山东农村金融历史资料（1938—1990）》，中国农业银行山东省分行编印，1992年，第616—619页。

② 同上书，第679—684页。

会"的性质。它是公社党委领导下的以贫下中农为主体的群众性组织。为了发挥它的作用，公社信用社和大队信用站的"贫管会"单独设立。其次，规定"贫管会"的任务。它是群众性的监督机构，负责信用社（站）干部的思想教育；协助信用社（站）打击贪污盗窃、投机倒把和高利贷活动；积极宣传党的金融政策和国家财经工作总方针，并督促执行；审查信用社（站）的财务、会计工作等。再次，加强了银行对信用社工作的领导。信用社干部的任免、调职、奖惩、退职、退休等，在经贫下中农组织讨论、公社党委审查后，须报县人民银行批准，并由县人民负责信用社干部的具体管理工作；信用社存、贷款利率执行中国人民银行统一规定；信用社的存、贷款计划和财务计划，在经"贫管会"讨论通过、公社革委会审查后，须报经中国人民银行县支行批准执行。① 上述规定实际上是对"阎庄经验"的否定，它收回了"贫管会"对信用社的人权、财权和资金使用权，明确且进一步加强了中国人民银行对信用社的领导，恢复了各项规章制度。虽然"贫管会"未被取消，但仅负责国家政策的宣传和干部的思想教育，仅是一个群众性的监督机构。

1973 年 3 月，财政部农村金融局在长沙召开了南方七省农金工作汇报会，讨论和研究了加强银行对信用社的领导，包括对信用社的业务指导、干部的管理和培训以及帮助信用社建立健全各项规章制度等问题。另外，这次会议还明确提出要继续搞好信用社的整顿工作。强调信用社要依靠党委领导，深入发动群众，总结试点经验，提出整社规划，组织专业班子进行整顿。因此，这不仅是一次加强银行对信用社领导的会议，还是信用社摆脱"贫管"模式，结束混乱状态的一次关键性会议。

1974 年 6 月，中国人民银行召开全国农村金融工作会议，在明确信用社重要作用的同时，又进一步强调了国家银行对信用社领导

---

① 卢汉川：《当代中国的信用信用合作事业》，当代中国出版社 1998 年版，第 166—167 页。

的重要性。"信用社是集体所有制的经济组织，是中国农村社会主义金融体系的重要组成部分。信用社的性质不能改变。它是群众性的金融组织，与群众经常保持着密切的关系，及时了解群众的生产、生活困难，及时、灵活地组织资金，帮助群众解决资金困难。信用社的这种优越性是国家银行代替不了的。但是信用社机构分散、人员少、资金力量薄弱，脱离了银行，也就难以发挥调剂资金的作用。因此，银行必须加强对信用社的领导和管理，帮助信用社干部提高政策水平和业务能力，在资金上支持信用社，以利于信用社开展业务，帮助信用社搞好经营管理，扭转亏损，增加盈余。通过这些工作使信用社得到巩固，提高它在群众中的威信，发挥它支持生产的作用。"[1] 鉴于信用社作用得以发挥的重要前提条件，就是解决"贫管"模式对信用社的羁绊。为此，会议决定从清理贷款、加强干部管理、处理盈亏等三个方面对信用社进行再整顿。此后，直到1975年11月"批邓、反击右倾翻案风"之前，银行和信用社的恢复工作一直处于良性发展阶段。

1976年10月，"四人帮"被粉碎，"文化大革命"结束，整个国民经济进入了全面调整、改革、整顿、提高时期。在整顿金融过程中，明确了银行工作的集中统一的必要性和重要性，指出要建立一个"统一领导、统一政策、统一计划、统一制度、统一资金、统一货币发行，建立指挥如意的、政策和制度能够贯彻到底的银行工作系统"[2]。信用社也被纳入了统一管理的银行体系之中，名义上是集体所有制的合作金融组织，实际上已成为国家银行的基层机构。1977年11月28日，国务院发布《关于整顿和加强银行工作的几项规定》，其中第七条明确指出："信用社是集体金融组织，又是国家

---

[1]　中国农业银行山东省分行：《山东农村金融历史资料（1938—1990）》，中国农业银行山东省分行编印，1992年，第644—647页。

[2]　《国务院关于整顿和加强银行工作的几项规定（1977年11月28日）》，载中国人民银行办公室编《1977年金融规章制度选编》，中国财政经济出版社1979年版，第2页。

银行在农村的基层机构"，"信用社的资金应纳入国家信贷计划，人员编制应纳入县集体劳动工资计划，职工待遇应与中国人民银行基本一致"①。至此，信用合作社是国家银行基层机构的管理体制才得以正式确立。

---

① 《国务院关于整顿和加强银行工作的几项规定（1977 年 11 月 28 日）》，载中国人民银行办公室编《1977 年金融规章制度选编》，中国财政经济出版社 1979 年版，第 4 页。

第五章

对信用社体制变动的全面剖析

　　农村信用合作社之于金融机构而言，更多的是经济学领域的研究对象，然而，须知"经济学的内容，实质上是历史长河中的一个独特的过程。……历史的叙述不可能是纯经济的，它必然要反映那些不属于纯经济的'制度方面'的事实"①。全面认识和剖视信用社体制变动，应悉：第一，"一切组织和一切协调行为都是传统的绵延性的结果"②，将其移植并嫁接到新的肌体中，排斥、异化现象在所难免。于合作社而言，顺畅的有效率的合作往往取决于"与非亲非故之人交往的合作性"③；其真实灵魂之所在的民主精神孕育于独立人格、经济理性、契约性的社会之中；其良好运行之首要条件的自主自愿根植于开放性的法制社会之中。这一切均与中国"熟人社会""家""族"观念、"关系本位"发生了激烈碰撞，也与土改后的"阶级话语""群众运动"格格不入。合作社自愿、民主、互助的精髓大打折扣。第二，合作化，与其说是一场运动，不如说是一项政策来得更为贴切。信用合作的初级目标在于扶持农民、发展生产，在其之上，有着直接服务农业生产、间接支援工业建设的更高一级的利益诉求，还有着构

---

　　① ［美］约瑟夫·熊彼特：《经济分析史》第 1 卷，朱泱、孙鸿敞等译，商务印书馆 2005 年版，第 31 页。

　　② ［英］马凌诺夫斯基：《文化论》，费孝通译，华夏出版社 2002 年版，第 99 页。

　　③ ［美］弗朗西斯·福山：《信任：社会美德与创造经济繁荣》，彭志华译，海南出版社 2001 年版，第 150 页。

建社会主义农村金融体系、发展社会主义计划经济的制度需求。因此，在与生产社、国家银行的关系博弈中，信用社始终以"服务"和"配合"的身份出现，最终沦为了生产社的附属部门和国家银行的基层机构。这一切都取决于第三个方面，即国家强制性制度安排。信用社两次"下放"又两次被"收回"，从合作金融到集体金融，再到国有金融的"变"与"动"，最终体现了国家政权的强制力。

第一节　政策环境对信用合作原则的掣肘

所谓政策环境，是指政策生成、运行、发生作用过程中一切条件的总和，它具有复杂多样性、差异性、动态性和不可复制性。新中国成立初期的信用合作组织虽是西方合作原则与马克思主义合作理论杂糅后的产物，但是，文本制度安排确是要将其建设成为一个理想化的合作金融组织。然而，政策理想在现实环境面前总是苍白的。传统乡土社会在经过革命"洗礼"后，虽然"血缘关系的外化形式大大改变了，但其内在逻辑依然存在"[1]。"家""族"观念所构建的"熟人社会"，其行动逻辑依然在于家庭，在于"亲戚关系或亲戚式的纯粹个人关系上面"[2]。如此，增加了与"外人"合作的难度，造成所谓的有限合作或"内合作"，此乃其一。其二，正如"过渡时期理论强调的是依靠党政力量的推动、意识形态的灌输、阶级斗争阵营的划分来实现社会主义的"[3]，在实行农业信用合作化的过程中，同样也需要这三种力量的强制推动。既是强制，必将有违信用合作的自愿原则，也有碍于民主管理组织的正常运作。其三，在资源短缺、资本稀缺的背景下，为了实施重工业优先发展战略，建立计划经济体制，国家须得拥有"对社会经济资源的控制

---

① 王沪宁：《当代中国村落家族文化——对中国社会现代化的一项探索》，上海人民出版社1999年版，第232页。

② ［德］马克斯·韦伯：《儒教与道教》，王荣芬译，商务印书馆1999年版，第289页。

③ 陈益元：《从新民主主义社会到过渡时期：社会发展战略的重大转向》，《求索》2004年第10期。

权和社会产出剩余的支配权"①，对垄断产权形式的追求决定了农民对资金的私有产权必将让位于集体产权甚至是国家产权。合作金融的基础已不复存在，合作原则又从何谈起？

一　信任的差序格局、交往的阶级差别与信用的有限合作

"经济体系总是沉浸于文化环境的汪洋大海之中，在这种文化环境里，每个人都遵守自己所属群体的规则、习俗和行为模式，尽管未必完全为这些东西所决定。"② 美国学者巴林顿·摩尔认为：中国的村庄是缺少凝聚力的，"大部分成员为一项共同的工作而进行合作的情况很少发生，而这类事情在一定程度上可以培养成员休戚与共的习惯和感情"③。余英时也说：中国农民"过的是'各人自扫门前雪'的生活，彼此通力合作的机会很少"④。费孝通同样认为："在一个安居的乡土社会，每个人可以在土地上自食其力的生活时，只在偶然的和临时的非常状态中才感觉到伙伴的需要。"⑤ 可见，传统乡土社会自给自足，很少合作，彼此偶有来往，也往往是"后起的""次要的"或者"临时的""偶然的"。这种合作是以血缘、地缘和亲缘等"先赋性关系"为中心的"人情往来""守望互助"⑥，究其实质，是差序格局的一种内在社会性规定。在差序格局中，"社会关系是逐渐从一个

---

①　陈希敏：《中国农村合作金融制度变迁研究》，博士学位论文，西北大学，2006 年，第 85 页。

②　[法]弗朗索瓦·佩鲁：《新发展观》，张宁、封子义译，华夏出版社 1987 年版，第 19 页。

③　[美]巴林顿·摩尔：《民主与专制的社会起源》，拓夫、张东东译，华夏出版社 1987 年版，第 165 页。

④　余英时：《中国思想传统的现代诠释》，江苏人民出版社 1998 年版，第 29 页。

⑤　费孝通：《乡土中国》，三联书店 1985 年版，第 29 页。

⑥　赵泉民认为，传统社会人际关系是一种"先赋性关系"，所谓"先赋性关系"，就是说一个人与谁交往、如何交往是非自主的行为，是在出生时就被限定了的行为。参见赵泉民《"后乡土"时代人际关系理性化与农民合作的困境与出路》，《江西社会科学》2013 年第 8 期。

一个人推出去的，是私人关系的增加，社会范围是一根根私人联系所构成的网络"①。"自己→家庭→自家人→熟人→外人"，按此路线层层外推而关系逐渐疏远。在一个关系本位化的熟人社会，"不把重点固定放在任何一方，而从乎其关系"②，交往过程要依照与"自己"关系的亲疏而施以程度上的伸缩。"一定要问清了，对象是谁，和自己是什么关系之后，才能决定拿出什么标准来。"③

　　"家庭是最小的构成要素，人们围绕这个基本单位组织生活、寻找安全感。"若要以关系讲合作、论交往，可以说，"家庭是第一个也是最后一个可以依赖的对象，对大多数人来讲，这也是唯一的选择"，"家庭内部成员间有着强烈的忠诚感和可靠的合作"④。第二个关系层面是"自家人"。费孝通认为："'自家人'可以包罗任何要拉入自己的圈子，表示亲热的人物。自家人的范围是因时因地可伸缩的，大到数不清，真是无不可成一家。"⑤但有一点是极为重要的，那就是血缘，通俗地讲，"自家人"就是亲戚或亲戚式的个人关系。这一层关系虽比不上家庭内部的忠诚度和凝聚力，但依然是"中国一切信任，一切事业关系的基石"⑥之所在。往后推，第三层，即为"熟人"。它从与"己"有血缘关系的人递减为"熟悉人"，如邻里、街坊、村民等，也就是那些与己而言"不具有血缘家族关系却有着亲密交往关系、置身于家族成员之外的亲朋密友"⑦。这一圈层的特殊性在于彼此之间虽没有血缘关系，但却有着地缘上的认同。若以关系强弱将对家庭、自家人以及熟人的信任划分为强关系信任，很显然，后者已处于

---

　　① 费孝通：《乡土中国》，三联书店 1985 年版，第 28 页。

　　② 梁漱溟：《中国文化要义》，学林出版社 1996 年版，第 93 页。

　　③ 费孝通：《乡土中国》，三联书店 1985 年版，第 34—35 页。

　　④ ［英］S. 戈登·雷丁：《华人资本主义精神》，谢婉莹译，格致出版社、上海人民出版社 2009 年版，第 44—45、67 页。

　　⑤ 费孝通：《乡土中国》，三联书店 1985 年版，第 23 页。

　　⑥ ［德］马克斯·韦伯：《儒教与道教》，王荣芬译，商务印书馆 1999 年版，第 289 页。

　　⑦ 李伟民、梁玉成：《特殊信任与普遍信任》，《社会学研究》2002 年第 3 期。

强关系信任的外围或边缘。与之相对应的弱关系信任则是本书要论的第四个关系层，即"外人"，也就是既无血缘关系又无地缘认同的陌生人。一般来说，对陌生人的信任是很难建立起来的，这也是美籍日裔学者福山将中国社会视为"低信任度社会"的关键所在。戈登·雷丁也认为：在这个层面，"人们经常保持礼貌但过于客气和疏远的人际关系，避免卷入他人生活，有时甚至表现出近乎麻木的冷漠"①。概而言之，中国传统社会是一个"关系本位"取向信任的社会，依照关系的强弱，信任度逐渐递减，呈现出与差序格局相对应的人际信任关系，有学者称为"信任的差序格局"②。

传统乡土社会并未静止于此，为了战争和革命，出于整合农民、改造乡村社会的需要，中国共产党通过动员、诉苦、启发阶级觉悟、划分阶级成分等步骤，将阶级观念、阶级意识、阶级话语嵌入乡村社会，使"每家每户、户主与家庭成员都在阶级的层化中各占其位"③，贴上了不同的阶级标签，形成了以"贫下中农为中心、中农及富裕中农为外围、地富为边缘和专政对象的社会分野"④。虽说"小农依然只是小农"，尽管他们"获得了土地并在'场面上'接受了阶级观念"；"亲戚还是亲戚，谁也不会因阶级而改变亲属称谓；邻里也还是邻里，阶级并没有改变传统的邻里交往方式"⑤。但是，阶级划分在乡村社会政治领域和农户的政治生活中所产生的爆炸性影响，怎么说都不过分。"从赎罪到替罪"⑥、从阶级斗争表达性现实与客观性现实的

---

① ［英］S. 戈登·雷丁：《华人资本主义精神》，谢婉莹译，格致出版社、上海人民出版社 2009 年版，第 67 页。

② 童志峰：《信任的差序格局：对乡村社会人际信任的一种解释——基于特殊主义与普遍主义信任的实证分析》，《甘肃理论学刊》2006 年第 3 期。

③ 庄孔韶：《银翅：中国的地方社会与文化变迁》，生活·读书·新知三联书店 2000 年版，第 90 页。

④ 王玉强：《四清运动动员模式的政治社会学分析》，《史学月刊》2006 年第 6 期。

⑤ 张乐天：《告别理想——人民公社制度研究》，东方出版中心 1998 年版，第 121、127 页。

⑥ 李若建：《从赎罪到替罪：四类分子阶层初步探究》，《开放时代》2006 年第 5 期。

日益背离，地富反坏"四类分子"如同印度种姓制度中的"首陀罗"一样，成为天生的贱民。尽管我们不能因此而否定乡土传统对以阶级观念为代表的所谓"新生事物"的"阻隔"，正如张乐天考察浙北海宁地区所发现的，"村落文化以其巨大的惰性阻碍着、消解着、过滤着阶级观念，以其无所不在的精妙不知不觉地左右着农民的思想和行为，即使在革命时期也复如此"①。但是，透过"地主婆""地主崽"这些蔑称，"老鼠的儿子会打洞"这一折煞四类分子及其家人的观念，以及乡村居民平日的言谈举止和眼神互望，还是能够看出阶级观念已弥散至村庄的角角落落。它撕破了昔日农户间温情脉脉的面纱，而代之以对四类分子的冷言恶语。人情、礼治以及维系着私人关系的道德理念也发生了改观，原来的"亲密社群的团结性就倚赖于各分子间都相互的拖欠着未了的人情"②，从不以"被剥削阶级和剥削阶级来看待他们自己"的农村居民，也逐渐打破了"群落和亲族关系（如宗族成员、邻居和村落）"③，彼此间的交往也明显地包裹了政治阶级差别。

　　信任的差序格局与人际交往的阶级差别相互揉捏，严重制约了本就局限于血缘、地缘关系的低度有限合作的发展。长期遭受高利盘剥的农民习惯了并继续习惯着人与人之间的传统私人借贷，他们固然渴望政府机构能够提供低利贷款，但国民党时期保甲与信用合二为一的所谓的新式合作已使他们"尝"到了"换汤不换药"的"苦果"。若非中国共产党的大力提倡，信用合作组织即使在乡村中存在，也只会呈现出"地域的狭小性、本乡本土性和入社者的熟人化"④的局面。

---

　　① 张乐天：《告别理想——人民公社制度研究》，东方出版中心1998年版，第120页。

　　② 费孝通：《乡土中国》，三联书店1985年版，第75页。

　　③ ［美］弗里德曼、毕克伟、赛尔登：《中国乡村，社会主义国家》，陶鹤山译，社会科学文献出版社2002年版，第124页。

　　④ 赵泉民：《移植与嬗变：西方合作经济思想在近代中国的境遇》，中国法制出版社2013年版，第335页。

共产党的倡导虽然打破了信用社"内合作"的封闭性，但却使信用社走上了阶级分野的道途。在阶级话语充斥整个乡村社会的情况下，为了保持信用社内贫下中农的绝对优势，地主、富农分子被排除在外。这一政策的实施贯彻了党在农村的阶级路线，但其结果仍然是信用的有限合作，只是将合作由从己外推的差序格局转向了阶级成分较好的贫下中农阶层。另外，此举也不利于信用社自身资金力量的壮大。20世纪50年代的中国，经过战争蹂躏，贫苦不堪的农民急需借贷以解决种子、农具等生产资料和设备严重匮乏的窘境，有余资、闲钱的农民简直比"白乌鸦"还要少，何来资金缴纳股金，更遑论存款！再加上小农意识浓厚的社员群众，偿还贷款观念淡薄，部分社员只想享受贷款权利，不愿存款，不愿还贷，入社就是交两角钱，随大流而已，"留下的只是一张写得满满的债单"[①]。经此阶级限制，亏损、入不敷出的信用社可谓十之八九，国家银行虽然以低利向信用社提供贷款，勉强维持了信用社在乡村底层的存在，但却增强了信用社对银行的依赖性（尚且不提信用社的债务负担）。更有甚者，为了获得代办银行业务的手续费以维持自身的存在，信用社俨然成了国家银行联系农民的"中转站"。这也为信贷管理体制"两放、两收"中的每一次收回都向银行靠拢一步，且越靠越近，越来越像国家银行，并最终变成国家银行的基层机构埋下了伏笔。

二　阶级话语、群众运动与信用合作自愿原则的阙如

"任何社会为了生存下去都必须成功地向社会成员灌输适合于维护其制度的思想"[②]，而任何一个政治体系要获得政治秩序的稳定以及维护其政治权威的合法性，必须使其主流意识形态得到人民群众的广泛认同，并逐渐成为民众政治实践的价值取向。深谙于此，中国共产

---

① 费孝通：《江村经济》，戴可景译，北京大学出版社2013年版，第246页。

② ［美］安东尼·M. 奥勒姆：《政治社会学导论——对政治实体的社会剖析》，董云虎、李云龙译，浙江人民出版社1989年版，第365页。

党在取得全国政权之后，旋即在广阔的农村实践其所追求的革命理想——共产主义。一定程度上讲，20世纪50年代农村信用合作社的大发展"始终被打上了深深的国家烙印"，是"国家改造农村这一雄心勃勃'革命'中的一部分"①。我们从不否认，中国共产党倡导信用合作的初衷是为了农民，但须得承认，共产党的最终目标是改造小农向社会主义过渡，实现共产主义。就农民小生产者来说，共产主义理想已完全超出其应有的觉悟水平，他们固然向往"楼上楼下、电灯电话、土豆烧牛肉"般的共产主义，但这更多的是农民在田间地埂边嘴刁烟斗、席地而坐时对共产党所描绘的理想生活的一种畅聊。他们渴求的、所思所想的依然是"一亩二分地""老婆孩子热炕头"的小农生活。小农的务实性与中共的革命理性存在很大的差距。具体到信用社，一般贫农、下中农只愿入社，不愿缴纳股金（更多的是交不起），只想从中获取低利借贷，不愿偿还贷款；中农怕露富、怕冒尖、怕算剥削账，虽想入社但又不敢加入。"组织不组织的没关系"②，成了大多数中农的普遍态度。过渡时期"总路线"提出后，信用社成了共产党在农村追求革命理想的政策性工具。为了实现信用合作化，新政权依靠强大的意识形态力量，将是否入社等同于是否走社会主义道路，并借助群众运动的强制效应，直接推动了信用合作社的哄然而起。信用合作化顺利实现了，但是信用合作所应有的自愿原则却大打折扣。

传统乡土社会不存在"阶级意识"，也无所谓的"阶级话语"，阶级以及阶级观念是中国共产党对乡村社会的一次强行嵌入。共产党深信"舆论万能，所有其他形式的权力都导源于它"③。所以，阶级话

---

① 杨朋伟：《大发展中的组织异化——1950年代湖北省农村信用合作社研究》，硕士学位论文，华中师范大学，2008年。

② 《农村信用合作初步总结》，1953年12月15日，德州市档案馆藏，档案号：41/1/4。

③ ［英］伯特兰·罗素：《权力论——一个新的社会分析》，靳建国译，东方出版社1988年版，第109页。

语自土地革命被输入乡村后，就成了中国共产党"说服"群众以形成广泛舆论，"改造"人民观念以改造乡村社会，实现信用合作化以完成革命目标的一柄"利刃"。既为"利刃"，自有其无法隐藏的弊病，主要表现为：一方面，单纯地从"好收好贷"出发，排挤贫农，认为"贫农是填不满的穷坑，叫他入社是自找麻烦"，"中农还得起要多贷，贫农还不起要少贷"。如曹县信用社，1954 年 10 月到 1955 年 3 月，贫农所得贷款的占贷款总户数不及中农的一半（贫农占 32.6%，中农占 63.4%）。还有部分地区的信用社以"富农有办法，听指挥，好领导"为由，对其控制不严，清洗不坚决。① 另一方面，盲目追求建社数字，以阶级话语相威胁，强迫群众入社。有的地区，如恩县，实行变相强迫的"登记入社"。倘若群众不愿入社，干部当即追问"不入社是什么思想？"言外之意，不入社就是想走资本主义道路，致使群众怕追问什么思想，只好登记入社。② 有的地区给不入社的群众扣"资本主义""落后顽固"等帽子，还有部分地区用民兵站岗开会"熬鹰""站进步队"等错误办法，硬扣股金、摊派存款。据济宁、薛城、胶南 3 个县 126 处信用社统计，社员自愿入社的占 40% 左右，随大流的占 50% 左右，不自愿的占 4%—5%，有的达到 10%。③

论及强迫命令，不得不提到群众运动。所谓群众运动是指"在新政党领导下，由广大人民群众参加的具有较大规模和声势的革命、生产等活动"④。群众运动是群众路线的表现形式之一，借助于此，取得了新民主主义革命的重大胜利。新中国成立后，中国共产党惯性地将群众运动用于政治、经济、文化等各个领域，"什么工作都要搞群众

---

① 中国农业银行山东省分行：《山东农村金融历史资料（1983—1990）》，中国农业银行山东省分行编印，1992 年，第 252 页。

② 《山东省农村信用合作工作发展情况的综合》，1953 年，山东省档案馆藏，档案号：A068/02/775。

③ 中国农业银行山东省分行：《山东农村金融历史资料（1983—1990）》，中国农业银行山东省分行编印，1992 年，第 252 页。

④ 《辞海》编辑委员会编：《辞海》下册，上海辞书出版社 1999 年版，第 5453 页。

运动，没有群众运动是不行的"①。具体到农村信用合作社，通过阶级话语"撬开"农民的思想枷锁后，更多的是借助群众运动的力量，筹集股金、缴纳入社费。在实现信用合作化的过程中，群众运动往往与急于求成相辅相成，极易导致强迫命令、一哄而起。如聊城专区阳谷县村干部只叫群众入社，缴纳股金，群众反映说："不知干啥，又叫拿三万二！"郭围子村干部"开群众会熬"，强迫群众入社。海阳县冷家村干部也是"不通即开会"，并限期缴齐股金。郓城支行更是采取"普遍点火，到处冒烟"的办法，在两个月内即发展信用社 38 处，信用组 42 处，形成银行领导"应接不暇"，社、组内部"有架无肉"的现象。②贪多求大、盲目求快，搭起架子、有"骨"无"肉"，很大程度上讲是群众运动之使然，也使信用社整顿成为必然。依靠群众整顿信用社本无可厚非，但是，在当时群众路线等同于群众运动的背景下，特别是对信用社干部的审查，很容易牵连到对干部本人的整顿，整顿变成整人。

括而言之，20 世纪五六十年代，本属于中性范畴的"阶级话语"和"群众运动"却变成了极富"左"倾激进色彩的词语。某种程度上讲，群众运动是阶级斗争的重要表现形式之一，阶级斗争为群众运动增添内容和动力，二者交相呼应、相辅相成，急于求成、狂躁冒进、强迫命令的弊病暴露无遗。这恰与信用合作首倡的自愿原则发生了激烈碰撞。阶级话语高压之下，非"社"即"资"，扣"大帽子"、穿"小鞋子"，对土改"斗地主"仍有余悸的农民被迫缴纳股金；群众运动"大轰隆"，"表面上似乎轰轰烈烈，实际上空空洞洞"③，既缺乏群众基础，又施之以强迫命令，信用合作的架子搭建起来，但大

---

① 中共中央文献研究室编：《建国以来毛泽东文稿》第 7 册，中央文献出版社 1992 年版，第 433 页。

② 《山东省农村信用合作工作发展情况的综合》，1953 年，山东省档案馆藏，档案号：A068/02/775。

③ 《在扩大的中央工作会议上的报告（一九六二年一月二十七日）》，载中共中央文献研究室编《建国以来重要文献选编》第 15 册，中央文献出版社 1997 年版，第 71 页。

多数有机构无业务。自愿原则的阙如间接导致了民主管理原则的悬置，理、监事会和社员代表大会鲜有按时召开，信用社、部的某些重大问题也多在社员毫无知晓的情况下，由信用社干部自行决定。[①] 阶级话语和群众运动在使信用合作数量有了迅猛发展，甚至在较短的时间内迅速实现合作化的同时，偏离了信用合作的自愿原则和民主管理原则，既造成了信用合作原则文本安排的实施困境，又为"大跃进"和人民公社时期的大鸣、大放起到了不好的示范作用。

三　计划经济体制与政府对信用产权的垄断追求

经济决定金融。以公有制为基础的、自上而下的、排斥市场机制的、以行政管理为特征的计划经济体制，内在地决定了金融组织必须以国有化的形式与之相适应，即"通过拥有国家资本和独享垄断权的国家银行，把信贷集中到国家手里"[②]，从而建立大一统的银行，或"由国家监督它的营业，或实行银行国有"[③]。国家所有制下，"其财产主体是政府，政府既是财产的所有者又是经营者，国家产权就是政府产权。……对社会财产和社会资源具有绝对的控制权"[④]。人民公社体制下，"农村经济的运行实际上成为国家控制下的人民公社经济的运行"[⑤]。工农商学兵五位一体、农林牧副渔全面结合的人民公社适时而又恰好地满足了国家对社会资源垄断产权的追求。根据"两放、三统、一包"的精神，决定将银行在农村的基层机构（营业所）和信用社合并，一起下放到人民公社，成为人民

---

① 《农村信用合作初步总结》，1953 年 12 月 15 日，德州市档案馆藏，档案号：41/1/4。

② 《马克思恩格斯全集》第 1 卷，人民出版社 1972 年版，第 272 页。

③ 《列宁选集》第 3 卷，人民出版社 1972 年版，第 311 页。

④ 陈维达：《论政府产权制度的完善》，《重庆工商大学学报》（社会科学版）2007 年第 2 期。

⑤ 陈希敏：《中国农村合作金融制度变迁研究》，博士学位论文，西北大学，2006 年。

公社的信用部。信用合作社与国家银行营业所的合并，直接导致其产权结构的变化，单一的人民公社集体所有制经济体制决定了农民"从利他出发而参与合作"①的私有产权关系开始被削弱，逐渐让位于集体产权，直至国家产权。

新制度经济学认为，"国家的存在是经济增长的关键，然而国家又是人为经济衰退的根源"②。国家，作为一个在暴利方面具有比较优势的组织，为了使统治者的租金利益最大化，它会清晰界定产权边界，形成有效率的产权运行机制。但是，如果产权界定过于明晰，制度设计过于严谨，经济组织运行良好，国家便无法介入产权安排和产权交易。因此，政权往往凌驾于产权之上，"任意制定所有权和改变所有权合约而无需经由社会协商"，此种情形之下，"即使全盘照搬一个最有效的产权制度，也无助于长期经济增长"③。高度集权的计划经济体制再现了"国家—产权"悖论，更有甚者，它将整个社会产权简单化为"一种极为单一的社会主义公有制"。事实上，无论是集体所有制还是全民所有制，产权都最终操纵在国家或政府手中。政府产权已被泛化为整个社会公有产权"主要甚至是唯一的代表"④。

随着社会主义计划经济体制逐步成为国民经济运行中的主要制度安排，全民所有制的国家银行，亦即金融领域的国家产权（或政府产权）也逐步占据绝对主导地位。为了确保国民经济有计划按比例地发展，国家银行成了"社会主义再生产过程中不可缺少的要素"。"它的存在不只是简单的由于资金运动和借贷的需要"，而且是"国民经济

---

① 何广文：《农信社制度变异及其动因》，《银行家》2006 年第 2 期。

② ［美］道格拉斯·C. 诺斯：《经济史中的结构与变迁》，陈郁、罗华平等译，上海三联书店、上海人民出版社 1997 年版，第 20 页。

③ 周其仁：《中国农村改革：国家与土地所有权关系的变化——一个经济制度变迁史的回顾》，《中国社会科学季刊》（香港）1995 年第 6 期。

④ 陈维达：《论政府产权制度的完善》，《重庆工商大学学报》（社会科学版）2007 年第 2 期。

有计划发展的一种必要工具，是一切其他经济工具所不能代替的"①。为此，"社会主义国家必须对一切私人银行，实行彻底的社会主义改造，必须建立统一的国家银行体系"，除此之外，"还必须彻底取消一切商业信用"②。在农村信贷领域，合作金融产权（农村信用合作社是其具体表现形式）的继续存在，看似有违上述内在规定，实际并非如此。国家保留的只是信用合作的组织机构，其内核，即产权形式实已"异化"。学者周脉伏更是指出，"中国的农村信用社自成立之日起就表现出同规范的合作制原则背离的特征"③。单从民主管理原则来看（信用社的自愿、合作原则上文已论，不再赘述），大部分信用社"只靠会计和主任两个人作战"④，信用社的管理权掌控在主任手中，但主任并非由理事会选举产生，而是政府任命；监事会有职无权，起不到监督理事的作用，"有些社的理事会不尊重监事会的职权，把监事会看成理事会的附属机构"⑤；理事会和监事会都不是由社员大会或社员代表大会选举产生，被称为信用社最高权力机构的社员大会或社员代表大会几乎从未发挥过作用。"主任→理事会→监事会→社员大会或社员代表大会"，层层递进，农村信用社的民主管理组织形同虚设。毫无疑问，信用社事实上的管理权掌握在政府手中。对于这一结果，用"情理之中"四个字来概括或许更为合理。信用社的产生是政府自上而下和民众自下而上相结合，但很大程度上是自上而下作用的结果。政府是发起人、倡导人，也是"理性经济人"，其行为目标在于追求自身利益最大化。为了实现自身的利益诉求，政府对信用社施以

① 刘鸿儒、戴乾定：《社会主义信用的必要性及其职能》，《经济研究》1964 年第 10 期。

② 段云：《论我国社会主义银行工作的几个问题》，《红旗》1964 年第 1 期。

③ 周脉伏：《农村信用社产生的制度经济学分析》，《江西财经大学学报》2012 年第 5 期。

④ 易冬：《贯彻民主管理制度是信用社开展业务支持春耕的重要环节》，《中国金融》1955 年第 6 期。

⑤ 刘芝仪：《必须充分发挥信用社监事会的积极作用》，《中国金融》1955 年第 14 期。

控制实属必然，只是这种控制"是以隐蔽的、非所有者的身份出现"①。

人民公社的建立是农村生产关系的一次重大变革，同时也是农村信用合作社由合作金融（至少表面如此）向集体金融转变的一大转折点。人民公社承载了毛泽东太多的理想和希冀：在国内，加速向共产主义过渡，将中国变成"全新的社会"，人民成为"全新的人"；国际上，"加快共产党中国成为重要的世界强国的进程"，从而"使中国'伫立在意识形态进步的前沿'，为社会主义阵营的其他国家树立一个伟大的革命理想的榜样"②。而这一切的落脚点则在于实施工业化战略，实现"赶美超英"。为此，国家必须拥有"对社会经济资源的控制权和社会产出剩余的支配权"，"必然追求垄断的产权形式"③。具体到农村信用合作社初期，为了获得农民的信任，最大限度地争取农民的支持，政府需要至少要在表面上满足农民对于私有产权的追求。随着计划经济体制的确立和人民公社化的实现，生产资料的社会主义公有制仅区分为全民所有制和集体所有制，私有制或私有产权已属于"绝种"之列。政府对信用社"隐蔽的""实际"控制，已没有了继续"遮掩"的必要，剥夺社员对资金的自由支配权也只是顺势而为之。移交人民公社、下放生产大队，在政府的强力推动下，信用社成了生产组织的附属机构，"异化"为"集体所有制的信用社"。计划经济体制下集体所有制的信用社，其产权主体的地位是残缺的④，信用社并未拥有完整的所有权、经营权和处理权，产权的最终控制者也

---

① 周脉伏：《农村信用社产生的制度经济学分析》，《江西财经大学学报》2012年第5期。

② 刘贺青：《关于1956年匈牙利危机研究的一部力作——〈第一张多米诺骨牌〉评价》，载李丹慧《国际冷战史研究》第1辑，华东师范大学出版社2004年版，第265页。

③ 陈希敏：《中国农村合作金融制度变迁研究》，博士学位论文，西北大学，2006年。

④ 对于集体所有权主体的界定，应根据集体所有制的具体情况进行具体分析。就集体经济组织的信用合作社而言，其所有制表现为集体经济组织所有权，产权主体应是集体经济组织，即信用合作社。参见韩松《论集体所有权的主体形式》，《法制与社会发展》2000年第5期。

不是人民公社或生产大队，而是国家（或政府）。质言之，集体所有制下的信用社只是披着政府产权外衣的集体产权。所以，当信用社再次下放到人民公社，后转归全民所有制的国家银行管理，实不足为奇。

总之，革命打破了乡村沉寂，却未打断乡土传统，革命与传统叠加，交往的阶级话语与信任的差序格局的相互揉捏，导致农村信用社的有限合作。阶级话语的植入、群众运动施行，极大地推动了信用合作化的迅速实现。然而，阶级话语改变了农民的日常行动，却难以彻底改造农民的传统观念；群众运动，并非群众路线，虽声势浩大，却难免贪多求快。所谓的"入社自愿"，不可避免地沦为盲从数字任务后的变相强迫。计划经济体制下，金融组织的国有化与信用组织的合作化、国有产权与私有产权之间看似矛盾，实则并非如此。自信用社成立起，政府便以"投资人"①的身份，通过任命社主任的人选，将民主管理组织悬挂搁置，而成为信用社事实上的最终控制者。随着人民公社化的实现和国家对社会资源垄断产权的追求，既是有限合作，又绝非完全自愿，亦缺乏民主管理的农村信用合作社演变成国家银行的基层机构实属必然。

第二节 外部组织与信用合作社之间的"非对等"互动

农村信用社的建立和发展离不开自身所处的外部环境，也无法回避与其他组织之间的相互依违关系，如供销社、生产社、国家银行等。事物的发展总是这样的：在初始阶段都会明确界定事物内部、外部之间的相互关系，以期循此路线发展下去。然而，摸索过程和发展实际往往脱离人们的事先预定，或钻入偏狭或偶入他途，农村信用社体制变动恰是对此复杂性和烦琐性所作的最好注解。在此过程中，生

---

① 周脉伏：《农村信用社产生的制度经济学分析》，《江西财经大学学报》2012年第5期。

产社、国家银行与信用社之间的"非对等"互动完整地勾勒出了体制变动的动态变化和历时存在。本节拟以此为切入点，从"变"和"动"的角度重新审视信用社的体制变动。

一　生产社与信用社：由表面上的相互平等走向实质上的领导与附属

合作社，无论是生产领域，还是流通领域，对于信奉马克思主义学说为正统思想的中国共产党来说，都是向共产主义过渡的中间环节，是改造小农经济的重要形式。生产、供销、信用，"三种合作互相分工而又互相联系和互相促进，从而逐步地把农村的经济活动与国家的经济建设联结起来，逐步地在生产合作的基础上改造小农经济"[①]。本节无意于"论"供销社，而专"述"信用社与生产社。因此，撇开供销社来看信用社、生产社，可以得出"生产互助合作组织的巩固与发展是与信用社的资金支持分不开的"[②]。信用社为生产互助组织提供资金支持，帮助其社员解决生产和生活上的临时性资金困难；后者则将暂时不用的资金存入信用社，帮其增加资金力量，助其开展农村信贷业务。农业合作化初期，信用合作与农业生产之间的关系确实如此。随着合作化运动的开展，为了进一步加强和巩固二者之间的关系，"结合合同"无疑是最典型的形式。[③]中国人民银行在总结信用合作在建社初期的经验时，也认为提高和巩固已有社（部），应着重"加强和生产互助合作的联系，通过合同业务（目前主要是存贷结合合同），有系统地支持生产互助合作发展生产，并帮助互助合作组织中的贫困户解决生产困难，以促进其巩固和发展"[④]。对于这种

---

① 《关于发展农业生产合作社的决议》（1953 年 12 月 16 日），载卢汉川《中国农村金融历史资料（1949—1985）》，湖南省出版事业管理局，1986 年，第 154 页。

② 谢元态：《合作经济理论与合作金融实践》，江西科学技术出版社 2007 年版，第 258 页。

③ 《推广信用合作社与互助组、供销社的结合合同》，《中国金融》1952 年第 7 期。

④ 《信用合作座谈会总结》，《中国金融》1954 年第 10 期。

存贷合同，特别是"三结合"合同（"生产—信用—供销"三结合合同），其积极作用还是颇受农民赞许的。"有了信用合作社日子好过了，再也不受高利贷剥削了；有了生产合作社，提高产量，增加收入有保障了；有了供销合作社不受私商剥削，买卖方便了。"[①]

所谓合同，一般是指平等当事人之间所签订的契约或协议，其着眼点在于甲乙双方的平等地位。作为生产领域的生产社和流通领域的信用社，无论是从二者所隶属的职能部门，还是所接受的垂直管理来看，都应该是相互独立、平等的组织。但事实上，最起码从领导人的全局谋划来看，农业生产合作社才是"农业的社会主义改造工作中的基本环节，是农村合作化的基础，是在改变农业的生产关系中的主要动力"。信用合作社"必须是服从和服务于生产过程，而逐步在生产合作的基础上，协同将小生产者的个体劳动人民所有制改造为合作社社员的集体所有制，以推动农村的全盘合作化"[②]。到了农业合作化后期，存贷合同在坚持既定原则、发挥原有作用的基础上，更多地成为"解决农业社投资与信用社吸收存款的矛盾"[③] 的一条依据。因此，无论是合作化前期的密切配合，还是后期的暗生矛盾（投资与存款之间），信用社与生产社看似平等的背后，实则掩藏着主体与一翼（另一翼是供销社）的主次关系。

1958 年，农村金融领域也掀起了"大跃进"运动，这场"从本质上讲是用极'左'的方法，通过群众运动方式，改造农村金融管理体制的一种尝试"[④]，则成为信用社与农业社平等地位发生改变的转折

---

① 《全省信用合作会议总结报告》，1955 年 6 月，山东省档案馆藏，档案号：A068/02/1096。

② 效庸：《农村生产合作、供销合作、信用合作的结合合同问题》，《中国金融》1954年第 17 期。

③ 《关于信用合作社业务开展的情况和意见》，1955 年 6 月，山东省档案馆藏，档案号：A068/02/1096。

④ 谢元态：《合作经济理论与合作金融实践》，江西科学技术出版社 2007 年版，第282 页。

点。1956 年，社会主义改造提前完成后，"左" 倾思想已在中共决策层占据主导地位。1957 年 11 月，《人民日报》发表社论批评 "有些人害了右倾保守的毛病，像蜗牛一样爬得很慢，他们不了解在农业合作化以后，我们就有条件也有必要在生产战线上来个大的跃进"①。1958 年 2 月，《人民日报》以 "我们的行动口号——反对浪费、勤俭建国" 为标题发表社论，指出 "我们国家正在面临着一个全国大跃进的新形势，工业建设和工业生产要大跃进，农业生产要大跃进，文教卫生事业也要大跃进"②。不久，农村信贷领域也掀起了实物存贷、强迫储蓄、虚存虚贷的热潮，为的就是能够做到 "一夜之间卫星上天"。这些存款大部分转贷给了生产社，事实上，自从信用社的贷款对象扩大到生产社后，贷款重点也随之偏移，尽管在文本安排上始终强调以社员为主要扶持对象。如果硬要对工业、农业、信用社进行关系排队的话，毫无疑问，农村信用社扶持农业生产，农业生产支援工业建设，最终落脚点在于实现重工业优先发展战略。1956 年 "建部撤社" 的激烈争论使信用社并入农业社未能成行，而 "大跃进" 期间信用社与农业社之间所表现出来的明显的服务与被服务的关系，则为日后 "三社合一" 扫除了障碍。

　　"三社合一" 彻底改变了信用社与生产社之间表面上的平等关系，将日益显现得不平等，即服务与被服务关系变成了真正的不平等，即领导与附属关系。"三社合一" 后，信用部 "在农业社管理委员会统一领导下进行工作"；信用部主任（执掌信用部的管理权）"由农业社副主任或财务委员会兼任"；信用部人员，如原有信用社人员不足时，"由农业社挑选政治可靠、有一定文化水平、为群众信任的社员补充"③；信用部的存放款业务，"统一由农业社管理和支配"；信用

---

① 《发动全民，讨论四十条纲要，掀起农业生产的新高潮》，《人民日报》1957 年 11 月 13 日。

② 《我们的行动口号——反对浪费，勤俭建国》，《人民日报》1958 年 2 月 2 日。

③ 中国农业银行山东省分行：《山东农村金融历史资料（1983—1990）》，中国农业银行山东省分行编印，1992 年，第 314—315 页。

社的股金，"作为农业社信用部的信贷资金，损益可纳入信用部的损益科目账内，年终决算后由农业社统一处理"①。至此，信用社的管理权、人员、财权、资金使用权都要接受农业社的直接领导和干预，信用社俨然成了农业社的一个下级附属机构。1958 年，"两放、三统、一包"财贸管理体制的推行，适应了人民公社化后农村经济管理体制变革的需求。应当说，"1958 年后，财贸管理体制改革是前一段时间内的金融体制改革中'放权'路线的继续"，旨在"通过放权，调动地方积极性"②。循此路线，农村信用社先后被"下放"到人民公社和生产大队。但是，在"五风"盛行，尤其是政社合一的人民公社时期，地方权限的扩大，行政权力的增长，很容易进入一个"一统就死，一死就叫，一叫就放，一放就乱，一乱就收，一收又统"的循环怪圈。毫不例外，财贸管理体制变革后不久，便进入了"下放失控"的混乱局面。③ 与工商业下放后计划失控、比例失调、秩序混乱不同的是，农村信用社的"失控"主要体现在独立性的丧失。下放后的信用合作组织（当时的公社信用部和大队信用分部）"成为人民公社和生产大队组织的一部分或附属物"；"异化为人民公社和生产大队的出纳和会计"；"充当了社队平调、挪用社员资金的工具"④。如果说"三社合一"后信用社俨然成了农业社的下级附属机构，那么，财贸管理体制下放后，信用社已在事实上成为公社的附属物。另言之，信用社独立性的丧失与整个国民经济比例失调有着莫大关系。就农村信贷管理体制而言，把信用社下放给人民公社和生产大队，本身就"削

---

① 《关于"三社合一"进行情况及今后意见（资料）》，1958 年 7 月 10 日，山东省档案馆藏，档案号：A068/01/156。

② 谢元态：《合作经济理论与合作金融实践》，江西科学技术出版社 2007 年版，第 281、276 页。

③ 薄一波：《若干重大决策与事件的回顾》下卷，中共中央党校出版社 1993 年版，第 780—781 页。

④ 谢元态：《合作经济理论与合作金融实践》，江西科学技术出版社 2007 年版，第 279 页。

弱了中央和国家银行宏观管理和调节功能"①。社队随意抽调信贷资金，把本该用于农业生产和扶持农民生活的贷款大量转贷给用于重工业生产，导致基本建设规模恶性膨胀。不仅如此，盲目大干快上的势头，打乱了国家有计划的发展，工业生产秩序混乱，国民经济比例严重失调。

继1962年11月《关于农村信用社若干问题的规定（试行草案）》明确了国家银行集中统一垂直领导，恢复了原管理机构、制度章程后，"文化大革命"时期，信用社再次被下放到社、队，更确切地讲，是被下放给贫下中农管理。信用社在革命委员会一元化领导下，由贫下中农直接监督和管理。比之"大跃进"时期的管理混乱而言，"文化大革命"时期更是有过之而无不及。事实上，"由农民自己办金融，无论是在经济方面，还是在知识、管理经验方面，都超出了农民的承受能力"②。再加上，"斗、批、改"的"造反"热潮，无政府的混乱状态可想而知。

概而言之，信用社与生产社（包括农业生产合作社和人民公社两个阶段）在初始阶段表面上的相互平等已为后期的领导与附属关系埋下了伏笔。表面上的平等至少维持了信用社脆弱的独立性，自信用社并入农业社，二者关系发生了根本性变化起，信用社的独立地位便逐步丧失，最终成为社队的附属机构。二者关系的变化对信用社至少产生了三个方面的影响：主要服务对象由信用社社员转变为生产社集体组织，产权性质由信用社社员私有产权变为信用社残缺的集体产权，合作原则由自愿、民主、互助退化为变相强迫、党政决策、扶持社队。这三个方面相互作用，形成一股合力，共同推动了信用社从合作金融转变为集体金融。

---

①　谢元态：《合作经济理论与合作金融实践》，江西科学技术出版社2007年版，第281页。

②　同上书，第283页。

二　国家银行与信用社：从业务指导变成部门领导

从新中国成立到改革开放前，国家银行与信用社的关系呈现出"领导→脱离领导→收归领导→再次脱离领导→重新收归领导"这样一个倒"之"字形发展路线。这一路线恰和信用社与生产社的"下放→收回→再次下放→再次收回"形成了一个完整的闭合曲线。形象地讲，如若将信用社比作齿轮，生产社和国家银行则犹如齿轮的两个咬合接口。"信用社+国家银行"是正常的运作方式，但难免会错位地进入"生产社"结合处。两次"出错"，两次"纠错"，每一次"纠错"，都将信用社向国家银行推进了一步，"纠错"的过程实际上就是国家银行对信用社领导不断加强的过程。信用社名义上是集体金融组织，实际上已经成为国家银行的基层机构。1977年国务院正式发文规定"信用社是集体金融组织，又是国家银行在农村的基层机构"。

信用社是联系国家银行与农民之间的桥梁，是国家银行在农村金融工作中的得力助手。可以说，这是1949—1956年信用合作化实现过程中信用社与国家银行关系的真实写照。对于这种关系，邓子恢有过形象的描述："把银行与信用社结合起来，构成一个农村金融整体，信用社是'前线部队'，没有信用社，银行就成了'空军司令'，光有信用社，没有银行也不行，银行是'后台老板'。"毛泽东也有过"信用社有了头，银行有了脚"的类似比喻。[①] 新中国成立后高利借贷猛遭取缔与自由借贷停滞、农民告贷无门之间的矛盾；土改后农民生产热情高涨与广大农村满目疮痍、资金匮乏之间的矛盾；资金密集型的重工业优先发展战略与我国资本稀缺的资源禀赋之间的矛盾。三种矛盾层层叠加，其焦点无疑就在于资金。如何在较短的时间内为农民提供借贷支持，以发展农业，搞活农村经济，进而抽取农村资金剩余，缓解工业化战略实施中的资金困境，成为新中国成立初期国家议事日程上的案头大事。解决方案很明确：第一套方案是，"国家银行

---

① 卢汉川：《中国农村金融四十年》，学苑出版社1991年版，第47、24页。

的机构必须由县再推下到区乡集镇一级"，以使"区镇营业所的工作要一揽子综合性的业务以适合农村情况"①。但是，"由于农村分散和交通不便的特点，以银行有限的干部力量，欲与广大个体农民建立密切的联系，开展业务，事实上是不容易的"②。这就有了第二套方案，即在村一级大力发展、广泛设立农村信用合作社。这两套方案实际上是并行不悖的，"信用社点多、线长、深入农村腹地的优势同国家银行资金集中、力量雄厚等特点，形成相互依赖、相互依存的优势互补关系"③。但是，不可忽视的"另一个实际"，则是农村金融工作实行中国人民银行一元化领导，"所有农村金融组织要在营业所统一领导下进行工作"④。

"营业所是国家银行的农村基层机构，是农村金融工作的具体组织者"⑤，并起着"信用社上级社的作用"。营业所不干预信用社的具体事务和人事安排，不是"包办代替"，而是"金融政策的领导与业务上的监督管理"，这种领导和监督主要"通过业务关系，以业务方法来实现"⑥。营业所定期巡回辅导信用社会计工作，帮助记账、查账、对账、结账，取得了经验即组织推广，发现问题即帮助解决处理⑦；建立会议联系制度，定期召开，划片分社负责，总结经验，布置工作；订立业务联系合同，建立工作计划，定期报送银行，银行按计划组织资金调剂，进行业务委托，领导业务活动⑧；积极发挥"区联社"的作用，当信用社、部存款多时，可转存银行，放款不足时，

---

① 《南行长在第一届全国农村金融会议上的总结报告》，《中国金融》1951 年第 7 期。

② 《关于营业所工作问题》，《中国金融》1952 年第 17 期。

③ 谢元态：《合作经济理论与合作金融实践》，江西科学技术出版社 2007 年版，第 259 页。

④ 《关于营业所工作问题》，《中国金融》1952 年第 17 期。

⑤ 同上。

⑥ 《关于农村信用合作问题》，《中国金融》1952 年第 17 期。

⑦ 《关于信用社财务会计工作情况和意见》，1955 年 5 月 30 日，山东省档案馆藏，档案号：A068/02/1096。

⑧ 《当前工作初步意见》，1954 年 8 月 31 日，德州市档案馆藏，档案号：41/1/13。

可给以贷款支持。① 此外，银行也需要通过信用社开展业务，一方面委托信用社代办某些具体业务，另一方面借助信用社的桥梁作用，"准确地把握农村经济变化的具体情况，以确定农业信贷的具体投向和结构，减少工作中的失误"②。总之，信用合作社在国家银行的领导下，与国家农村信贷取得了密切配合，形成了一个巨大的农村金融网，不仅成为国家银行在农村组织调剂货币流通、稳定金融的有力助手，而且巩固与扩大了农村社会主义金融体系。

从 1958 年到 1966 年是信用社"一放"（1958—1962）、"一收"（1962—1966）时期，也是信用社由脱离银行管理到收归银行领导时期，亦是银行对信用社领导较之上一阶段（1949—1956）更为直接的历史时期。下放农村信贷管理体制是农村金融工作的一次改革探索，但在"左"的思想指导下，改革很快出现了偏谬，即"权力过于分散"③。上文已提及，权力分散在农村信贷领域的特殊表现在于："信用社独立性的丧失+生产社对信用社的错位领导。"实际上这二者是一个事物的两个侧面，其很大一部分原因就在于国家银行对信用社领导权的丧失。事实上，"两放、三统、一包"政策实施后不久，中共中央、国务院就已意识到人民公社内部存在着严重的分散主义和本位主义倾向，并于 1959 年 4 月 1 日发布了《关于加强农村人民公社信贷管理工作的决定》，收回了被下放的银行营业所。这无疑印证了集权计划经济体制下，体制改革"一放就乱，一乱就收"的循环怪圈。所谓的"收"，不单单是收回了银行营业所，也不仅仅是恢复了人民银行对公社信用部在方针、政策、业务计划、规章制度等方面的领导，最主要的是它加强了银行对公社信用部具体事务的管理。其一，上级人民银行统一核算公社信用部在业务经营中所发生的一切盈亏；其二，上级人民银行按银行内部往来关系处理与公社信用部之间的一切

---

① 《行长会议汇报记录》，1954 年 11 月 7 日，德州市档案馆藏，档案号：41/1/13。

② 谢元态：《合作经济理论与合作金融实践》，江西科学技术出版社 2007 年版，第 259 页。

③ 同上书，第 281 页。

资金往来，"不再作为存贷关系，不再相互计算利息"；其三，上级人民银行亲自核定人民公社内部各种信贷指标，工业贷款、商业贷款和农业贷款分别掌握使用，即"专款专用"，不得挪用。①

值得注意的是，人民银行在收回营业所的同时，却将原信用社从人民公社信用部中分离出来，继续下放给生产大队，变为大队信用分部。如果说，此前中共中央已意识到信贷体制下放给信用社和人民银行造成了破坏性影响，那么，又为何继续将信用社下放到生产大队？一定程度上讲，这适应了当时中共中央纠正大公社所有制偏差，实行"三级所有，（生产大）队为基础"的三级集体所有制的政治形势。从人民银行的角度来说，此举与新中国成立初期在村一级行政单位建立信用社的作用是一致的，将银行的"脚"踩在了当时基本核算单位的土壤上。然而，银行触角所及，却非控制所至，生产大队成了信用分部事实上的领导者。资金被挪占、职工被抽调、民主管理涣散、财务管理混乱、贪污盗窃严重等混乱现象，使信贷体制不得不再次走上"收、放"的循环怪圈。1962 年 3 月，中共中央发布了《关于切实加强银行工作的集中统一，严格控制货币发行的决定》，收回银行工作下放的一切权力，实行人民银行完全的、彻底的垂直领导。之后，1962 年 11 月的《关于农村信用合作社若干问题的规定（试行草案）》，虽然恢复了信用社的独立存在，但却并没有改变人民银行对信用社的垂直领导，相反，这种领导更为直接了。信用社的贷款计划，要经人民银行审查；信用社干部培训，财务制度、会计制度的制定，要由人民银行予以协助；信用社的农村储蓄、存款利率应同人民银行的储蓄、存款利率一致；信用社在执行国家金融政策方面，要接受人民银行的领导和监督。②

很显然，人民银行对公社信用部具体事务的干预，排除了社队对

---

① 卢汉川：《中国农村金融历史资料（1949—1985）》，湖南省出版事业管理局，1986 年，第 242 页。

② 同上书，第 403—404 页。

信用社人员和资财的随意抽调，确保了国家信贷计划的落实，维护了国家金融政策的集中统一，保障了计划经济体制的正常运转。但是，信用社业务计划，如贷款计划、财务预算和决算以及盈亏处理等，从"报国家银行备案"，变成了"由银行审查批准"；信用社的干部配备、干部工资、福利、奖惩等亦须经银行同意。这种直接领导违背了信用社独立发展的要求，损害了信用社的合作原则。在"一放一收"之间，信用社无形之中向国家银行靠近了一步。虽然文本安排上仍强调信用社的独立存在和业务上的独立经营，名义上仍保留集体所有制的组织性质，但从其所处的地位和发挥的作用来看，俨然已是国家银行的基层机构。

"文化大革命"时期，国家银行对信用社的领导和管理，经历了从"无为"到"包办"的转变，再现了信用社从再次下放到重新收回的过程。国家银行的"无为"，既可理解为"无作为"，也可认为是"无政府"，后者是导致前者的直接原因。"文化大革命"期间，国家银行正常的规章制度被视为资产阶级的"管、压、卡"，要接受贫下中农的"斗、批、改"；"革命群众组织"夺权建立"革命委员会"后，银行内部机构被削减，大批干部被下放到"五七"干校。在这种情况下，国家银行无权也无力领导信用社。另外，信用社的"再放"，与其说是被下放到人民公社或生产大队，不如说是处于贫下中农管委会的一元化领导之下。贫下中农无知识、无经验、无能力，却要管理信用社的思想政治工作、人事、资金发放和发展方向。在"面貌变不变，根本在路线，群众是英雄，领导是关键"[1]的口号下，信用社出现组织涣散、业务萧条、账务混乱、干部思想动荡的现象实乃在情理之中，但正是这种混乱局面也催促着信用社各项规章制度的恢复和健全。

在中国人民银行恢复自身独立性和集中统一性后，整顿信用社，

---

① 《关于做好秋季农村金融工作的意见》，1975年9月10日，成武县档案馆藏，档案号：51/1/40。

加强银行对信用社的领导，就成了解决信用社混乱局面的最佳途径。整顿信用社和加强银行领导是相辅相成的，整顿是银行领导下的整顿；整顿的最终结果是进一步加强了银行对信用社的领导。其一，所、社机构重叠。改变了"文化大革命"初期以公社、管理区和生产大队为单位的较为混乱的建制模式，原则上以公社为单位建立信用社，结果造成所、社重叠，导致日后的所、社合署办公。两个牌子、两个印章、一个机构、一个领导，信用社日渐趋同于国家银行。其二，所、社干部待遇基本一致。取消"亦工亦农"制度，恢复信用社专职干部身份。干部待遇"原则上应当同农村基层供销社干部的待遇一致起来"的制度规定，保持不变。这样，"信用社干部的待遇名义上保持着集体经济的特点，实质上与国家银行干部待遇基本上一样了"①。其三，国家银行直接领导。否定"阎庄经验"，恢复信用社的各项规章制度，将下放给贫下中农管理的人权、财权和资金使用权收归银行管理。如此，信用社的业务计划"由银行审查批准"；信用社的贷款政策和利率"由银行规定"；信用社主任和干部"由银行指定"；信用社职工工资和奖励"由银行确定"②。此外，在银行和信用社关系上还存在着一个"一致"和两个"包办"。一个"一致"，即利率一致：信用社与银行实行相同利率。利率是调节资金供求关系的重要杠杆，信用社失去了该作用，"恰恰是信用社作为集体金融组织的重要特征"③。两个"包办"，即"亏损包办"：信用社在"文化大革命"期间的亏损，基本上由国家银行给予补偿；"信贷包办"：信用社的存贷款计划纳入国家银行的信贷计划，作为国家计划的组成部分。质言之，直接的行政领导便利了银行对信用社事务的干预，但也确实加强了银行对信用社的领导；所、社机构重叠、干部待遇一致，信用社俨然成了营业所可复制的替代；国家银行信贷包办、亏损包

---

① 卢汉川：《当代中国的信用合作事业》，当代中国出版社1998年版，第183页。

② 同上书，第187页。

③ 同上书，第186页。

办，信用社已然成为银行的一部分；贷款利率一致，虽不利于信用社，由此贷款的亏损，仍由国家银行给予补贴。所有的这一切层层叠加，信用社"名""实"均已成为国家银行的基层机构。

第三节　国家强力主导下的信用社体制变动

改革开放前山东省农村信用合作社经历了从合作金融到集体金融再到国有金融的"转化"。其中，有三个基点支撑起整个体制变动过程，即"大跃进"背景下的"三社合一"、人民公社时期的"一放、一收"以及"文化大革命"期间的"再放、再收"。这三个时期的三项政策很大程度上是国家制度安排之使然。前两项政策是汲取地方资金，增强地方积极性和主动性，服务国民经济"大跃进"的需求，在此过程中，实现了国家权力的扩张；第三项政策是国家权力借助底层社会重构信用管理机构之使然，最终体现了国家主导下的强制性制度变迁。

"农村信用合作社是农村劳动人民根据自愿两利的原则，筹集股金，吸收存款，互通有无，以解决社员生产上及生活上的困难，发展生产，改善生活。"[①] 这本是且理应是信用社的办社宗旨，但 1958 年后，农村信用合作组织逐步淡化了自身的经济职能，更多地承载了国家的利益诉求。"大跃进"运动本身就是急于求成、赶超冒进与资金短缺、物资匮乏的矛盾体。为了挣脱"短线"即资金和物资的约束，中国共产党欲借助"长线"即丰富的劳动力资源加以弥补之。然而，仅此不足以支撑起"大跃进"对资金的需求。依靠国家权力，借助政治动员和群众运动，改组信用体制便成为题中应有之义。另外，随着苏联式计划经济体制的弊病日益显现，"加快和扩大管理权限下放的

---

① 《农村信用合作社章程准则草案》，1951 年 5 月，山东省档案馆藏，档案号：A068/02/483。

步伐，促进国民经济'大跃进'"①便被提升到了战略高度，下放农村财贸体制也被纳入其中。随着农村信用社体制的改组、下放，并最终落脚于当时基本核算单位的生产大队，国家行政权力也实现了逐步下移。"文化大革命"期间，国家权力遭到滥用，以贫下中农为代表的底层民众借助国家权力"重构"信用管理机构，推广"贫管"模式。具体划分为以下三个阶段：

第一阶段为"三社合一"时期，在这一时间段中，国家行政力量更多的是扮演一个宣传、动员的角色。"如果说从 1949 年至 1958 年属于农村基层政权组织'管理式'控制模式发展期"，那么，"从 1958 年至 1978 年则属于农村基层政权高度动员的社会运动模式"②。"动员模式"代替"管理模式"，直接导致民众参与方式的转变，即由"表达型参与"变为"动员型参与"。实行"三社合一"首先要解决干部、群众的思想问题。无论是并社前还是并社期间，信用社干部和群众的思想状况都是十分混乱的。既然是并社，肯定要涉及信用社干部的去、留问题，当然，也会有一定数量的新增人员。谁能留任，谁被下放，谁又能上任？干部之间互相揣度着，也彼此猜测着，任何人都没有心思搞存贷业务，反正"使劲也是使在空里，知道自己留用以后再使劲也晚不了"③。一切尘埃落定后，原来怕下放而没被下放的干部，心情高兴、愉悦；新调任和原来在职，但工作能力较弱的干部，因业务不熟练或缺少方法，发愁自馁；下放干部中，有的认为下放羞耻、不光荣，不愿见人、不愿参加劳动。有的怕下放后受排挤，有的干部认为要是知道被下放，早点不干就好了，现在也没挣到工

① 薄一波：《若干重大决策与事件的回顾》下卷，中共中央党校出版社 1997 年版，第 797 页。

② 侣传振：《国家政权建设与农村基层政权组织变迁》，《重庆社会科学》2007 年第 6 期。

③ 《关于对信用社组织的调整和人员安排情况的报告》，1958 年 5 月 19 日，日照市档案馆藏，档案号：37/2/50。

分，顾虑以后的生活该怎么办。个别干部还存有攀比思想等。① 在这种情况下，要使"留者"安心，"走者"愉快，大量的思想教育工作是必不可少的。这既需鼓足留用干部的工作激情，更要做好下放干部的抚慰工作。一方面，教育留用干部牢固树立为生产服务、为群众服务、为政治服务的观点，相应地提高他们的工资待遇水平。另一方面，以集体主义价值观教育下放干部，使他们明白只要是为生产服务、为集体服务、为社会主义建设服务，即使被下放也是一件光荣的任务。同时，还要做好新上任信用部干部的培养工作。事实上，不仅信用社干部，社员、群众对于"三社合一"也表现出了相当的疑虑和顾忌。从农民内心深处讲，他们"历来不习惯存款，舍不得把东西放在别人那里"②；也不愿投资，钱放在自己手里是最踏实的。"三社合一"后，他们深恐向信用部存款，被农业社知道后会动员其投资，怕信用部不再为储户保密，怕"露富"，怕被抬高阶级成分等。为了消除群众顾虑，广大干部从农村整风、"双反"出发，说明"三社合一"是支援农业生产的一项重要措施，让群众明白"三社合一"后，农业生产合作社、信用合作社、供销合作社拧成一股绳，才能够更好地服务于党的中心任务，更有效地支援农业生产"大跃进"，更有力地贯彻党的政策，保证国家计划的完成。这样的宣传是有效的，群众的心里也确实敞亮了许多。如莱阳县沐浴乡群众在大字报上写道："三社合一真是强，买卖不出庄；三线拧成一股绳，生产跃进有保障。"③

　　其次，以大鸣、大放、大辩论开道，广泛宣传"三社合一"的目的、意义、性质、任务。如同"人人知道大跃进的含义，人人知道议

---

　　① 《关于对信用社组织的调整和人员安排情况的报告》，1958 年 5 月 19 日，日照市档案馆藏，档案号：37/2/50。

　　② 《人民的好朋友——高楼信用合作社介绍之一》，《大众日报》1954 年 1 月 24 日。

　　③ 《关于"三社合一"进行情况及今后意见（资料）》，1958 年 7 月 10 日，山东省档案馆藏，档案号：A068/01/156。

论、怀疑大跃进将会犯不可饶恕的错误"① 一样，借此宣传辩论，将
"三社合一"提高到与纲领、文件指示同样的高度。事实上，在"三
社合一"初期，无论是银行营业所还是信用社干部，对于"三社合
一"是好是坏都心存疑虑。一般来说，银行营业所主要存在两种相互
对立的观点：一种认为"三社合一"后，原业务骨干调做其他工作，
信用合作工作不好办，业务不好开展；另一种则认为"这次可将信用
社交出去啦"，存有撂挑子、卸包袱、不管不问、不负责的错误思想。
信用社干部也是思想模糊、摇摆不定：怕并入农业社后，"政治地位
低了，前途不光明了"，"比同行矮一头了"；怕工资制改为工分制，
降低生活标准；怕农业社搞不好信贷业务，"不好结合，不好办"；怕
农业社"乱动款子，怕不保密，怕业务不好开展"。个别信用社干部
还存有"到农业社是大材小用"的消极观点。鉴于此，山东省各地通
过所谓的"鸣放辩论"，着重打击对"三社合一"持怀疑态度的各种
"立场不坚定派"。辩论的问题主要有：第一，信用社的发展是否符合
"大跃进"形势？"三社合一"有什么缺点？哪一个重要？第二，"三
社合一"对支援农业生产"大跃进"有什么好处？第三，"三社合
一"后，存放业务有没有影响？是削弱了还是加强了？第四，认为
"三社合一"是低人一等，对不对？是根据工作需要，服从组织安排，
还是计较个人得失？②

　　这些辩论表面上看是摆事实、讲道理，并未呈现出国家"在场"
的迹象，但它始终以国家力量作后盾，正如高华所言："'大跃进'虽
为一场乌托邦运动，但在落实、巩固、强化国家权力方面却丝毫没有
浪漫主义色彩。"③ 在"大辩论"和"扣右倾帽子"相结合的政策下，

---

① 高华：《大跃进运动与国家权力的扩张：以江苏省为例》，《二十一世纪》双月刊，
1998 年 8 月号，总第 48 期。

② 《关于贯彻县委对"三社合一"工作中信用合作的工作方案》，1959 年，平原县档
案馆藏，档案号：49/53/40。

③ 高华：《大跃进运动与国家权力的扩张：以江苏省为例》，《二十一世纪》双月刊，
1998 年 8 月号，总第 48 期。

银行、信用社干部深知大辩论意味着什么，唯恐稍有不慎便跌入"右倾机会主义"的深渊。此背景之下，"三社合一"便从"政策"走向"实施"。1958年3月下旬到4月中旬，山东省财贸部在泰安县山口、黄前两个乡进行了"三社合一"的试点工作，5月中旬召开了"三社合一"的试点现场会。会后，省财贸部向省委报送了《关于供销社农村零售门市部和信用社移交农业社领导问题的报告》，省委予以同意并于7月22日转发全省各地执行。

　　第二个阶段是信用管理体制连续下放时期，此阶段正值中共中央在传统计划体制框架下对苏联式高度集中的计划经济体制的第一次修正时期。从1949年新中国成立到1956年社会主义改造完成，中国顺利实现了从新民主主义社会向社会主义社会的过渡，相应地，完成了由计划与市场并存的新民主主义经济向单一公有制的计划经济体制的转变。计划与市场本是资源配置的两种基本方式，不该抑此扬彼，但随着意识形态日益僵化，价格、商品和市场均被视作资本主义的洪水猛兽，计划经济体制逐渐被推向了极端。正如哈耶克所说的："各种经济现象之间密切的相互依存使我们不容易使计划恰好停止在我们所希望的限度内，并且市场的自由活动所受的阻碍一旦超过了一定的程度，计划者就被迫将管制范围加以扩展，直到它变得无所不包为止。"[1] 这一无所不包的自上而下的"条条"式的极端命令体制，在执行过程中与现实中的"块块"发生严重冲突，其弊病日益凸显。庆幸的是，中国从一开始就没有亦趋亦步地实行斯大林式的高度集权的计划经济体制，况且在探索适合本国国情发展道路这一问题上，与社会主义阵营的其他国家相比，中国"觉悟更早些"[2]。早在20世纪50年代中期，毛泽东就已察觉出苏联式计划经济体制的弊端，并对中央集权太多、"条条专政"提出批评。1956年4月，《论十大关系》的

---

　　[1]　[英] 弗里德里希·奥古斯特·冯·哈耶克：《通往奴役之路》，王明毅、冯兴元译，中国社会科学出版社1997年版，第103页。

　　[2]　吴敬琏：《计划经济还是市场经济》，中国经济出版社1993年版，第200页。

发表标志着中国开始探索适合自己的发展道路，其中心一点便是发挥地方积极性，动员一切可以动员的力量用于社会主义建设。1957 年八届三中全会后，正式提出了改进经济管理体制的方针，即 "分级管理，逐步下放，重视综合平衡，处理好下放后的人、财、物和产、供、销等各环节的协调关系，破除和修订某些不合理的规章制度，更好地促进经济和各项事业的发展"①。"大跃进" 期间，让渡给地方党政部分领导权限，增强地方支援 "大跃进" 的积极性和主动性，成了服从和服务于 "大跃进" 战略的重要组成部分。

根据中共中央、国务院颁发的《关于适应人民公社化的形势改进农村财政贸易管理体制的决定》中提出的 "两放、三统、一包" 的办法，到 1959 年 2 月，山东省县以下乡一级营业所在 "步骤上不要经过试点了，迅速把机构人员资金放下去"② 的指令下，大部分都被下放到人民公社，改为人民公社信用部。信用部既是人民公社的组成部分，又是国家财贸部门的基层机构；既接受人民银行的领导，又要服从公社管理委员会的安排。这一制度设计的初衷在于 "既可以保证国家各项财政经济政策的全面贯彻，又有利于人民公社在执行政策的条件下机动地处理业务；既可以保证国家统一计划的执行，又有利于人民公社对工农商学兵各方面活动作全面的管理和安排；既可以保证国家的财政收入，又有利于充分发挥人民公社发展生产增加积累的积极性"③，较好地体现了 "放" 和 "统" 的辩证统一，即 "放，是在统的前提下放的"；"统，是在放的基础上统的"。然而，看似严谨的理论，落到实处却弊病百出。其一，国家银行和公社党委双重领导的局面，导致信用部管理层不仅没有减少，反而增加了。这样一来，在实

---

① 薄一波：《若干重大决策与事件的回顾》下卷，中共中央党校出版社 1997 年版，第 795 页。

② 中国农业银行山东省分行：《山东农村金融历史资料（1938—1990）》，中国农业银行山东省分行编印，1992 年，第 325 页。

③ 李先念：《怎样认识农村财贸管理体制的改进——应不应 "放"？要不要 "统"？人民公社是否要经济核算？》，《人民日报》1959 年 1 月 17 日。

际运作过程中，信用部必然要受到地方政府的干预。随着公社党政权力的逐步扩大以及上级指标的层层加压，在信用部人员、资金、放贷指标归公社掌管调剂的情况下，出现抽调信用部的流动资金和信贷资金用于地方其他财政性开支的现象实属必然。其二，"公社立场""本位主义"严重。虽说"全国一盘棋"，但中央政府和地方政府本就不是完全统一的整体，中央政府下放权力的根本目的在于增加积累，支援生产"大跃进"和工业化建设。相对而言，地方政府更希望在不背离国家发展战略的情况下，能够自主地按照本地资源优势发展经济，增加利润。中央和地方不可避免地会产生矛盾，为了抑制地方政府对"利润"的追逐，满足中央的"积累"需求，中央政府一方面必须牢牢掌控计划，要求人民公社必须按照国家统一政策和统一计划办事；另一方面公社必须将自己整个收入中的一个适当部分，经过财政收入的渠道包干上交给国家。信用部按照"差额包干、一包两算、半年差额、基本不变"的办法，满打满算、存贷相抵，包一个差额（包括工农商业贷款）。包干差额必须严格加以控制，如果需要增加贷款指标，必须经过一定的批准程序；如果存款增加或者收回贷款多，就可以继续多办贷款。在包干差额基本不变的条件下，人民公社可以充分发挥统筹资金和合理使用资金的积极性。而事实上，人民公社往往突破包干差额的限制，随意动用流动资金和信贷资金，追求所谓的"公社利益"。随后，中共中央根据变化了的形势，对人民公社信用部工作中出现的问题作了一定的修改和补充。1959 年 6 月，在山东省实施不足 4 个月的财贸管理新体制，随着中央《关于加强农村人民公社信贷管理工作的决定》的颁布，再次进行变革，撤销公社信用部，把下放给人民公社管理的银行营业所收回，另将信用社改为信用分部下放到生产大队。

国家行政力量主导下的信用社体制变动呈现出绩效与不足并存的局面。首先，信用社体制变动促进了信用业务的开展和农业生产的发展。1959 年 7 月，全省存款余额从 5 月底的 7083 万元增至 9366 万元，增加了 2282 万元，与 1958 年同期相比，增长了 21.9%。如历城县东郊人民公社 15 处大队信用分部，在体制变动后的 20 天内，存款余额就上升到 109000 元。[①] 与此同时，大部分信用分部不再单纯地开展存、贷业务，而是从有利于生产和便利群众考虑，积极帮助群众开展多种经营，增加现金收入，在得到群众的普遍拥护后，再发动群众存款，开展业务。如莒南县涝坡公社大庄信用分部自 1960 年入春后，就在当地党委和县行营业所的领导下，围绕党的中心工作，开展大查、大送、大筹运动，不到 3 个月的时间内共发放贷款 5000 余元，支持生产队购买化肥 51000 斤、种子 5000 斤、饲料 6000 斤、农药 1200 斤、各种小农具 5900 余件、口粮和代食品 53000 斤，并帮助生产队组织副业厂、组 50 余个，收入现金 4724 元。除此之外，大庄信用分部还对其所在大队 7 个核算单位夏收夏种的物资和资金需求进行了摸底排队，及时了解群众夏季生产对收割工具、运输工具、坊间工具、耕播工具、化肥、种子、牛草等的需求。为此，大庄信用分部采取"清、挖、制、修、购"五结合的方法，即清理工具库存、挖掘群众潜力、制造和修理破损家具以及购买等方法，清理并找回坊间工具、耕作及运输工具 1040 件，在群众中"挖"出木叉、扫帚、扒头、长筐等工具 5463 件，新制和修理损坏家具 284 件，购买物品 415 件。不仅如此，此举还节省现金 1500 元左右，再加上发动群众存款 800 元，开展多种经营、增加现金收入 1800 元，以及国家投资、预购订金 390 元，基本上解决了夏季生产所需资金，促进了农业生产的发展。[②] 上述成绩的取得，一定程度上归因于大队党支部直接领导下的紧张气氛降低了分部干部的散漫性和拖延习性。正如历城县东郊人民公社第二管理区分部干部所言："过去权利都在营业所，有依赖思想，没钱就向上要，现在支持生产资金上有了困难，就得由自己想办法多

---

① 中国农业银行山东省分行：《山东农村金融历史资料（1938—1990）》，中国农业银行山东省分行编印，1992 年，第 337 页。

② 《中国人民银行莒南县支行冠以转发涝坡公社大庄信用分部报告的通知》，1960 年 5 月 24 日，莒南县档案馆藏，档案号：28-1-34。

搞存款。"① 其次，所谓"成也萧何，败也萧何"。正是由于生产大队有权决定信用分部职工的待遇、任免；有权平调信用分部的干部、资金；有权决定信用分部资金的去向，一方面，严重削弱了金融工作的集中和统一，国家银行也因此失去了对信用分部的领导和控制，导致分部资金被挪借占用，存款减少，贷款收不回来。据统计，1962 年与1958 年相比，全省信用合作组织的存款由 27762 万元下降到 19603万元，贷款由 22432 万元下降到 12230 万元。② 另一方面，强迫命令的官僚主义习性严重。林毅夫曾说过："政府机关中的每一个官僚机构本身都是理性的个体。它的利益从来就没有与统治者完全吻合过。当然，统治者会监视他的代理人的行为，实施一种能促进他们忠诚于统治者的奖励制度，并反复向他们灌输诚实、无私、尽职的意识形态。然而，这些官僚机构并没有被统治者完全控制住，官僚自利行为也没有彻底消除掉。结果是设计成统治者偏好最大化的政策，却扭曲成使官僚机构本身受惠。"③ 不可否认，农村存款工作任务重、要求高，但并不足以成为分部干部施行强迫命令、单纯任务观点的借口。不仅如此，有些分部干部自作主张地办理了实物存贷，帮助社队平调社员个人财物；有的把存款任务逐级分配到户，逼得群众扒房子卖东西、借钱存款；更有甚者，采取辩论斗争、打骂体罚等违法乱纪手段，强迫社员存款。据全省 76 个县（市）统计，1960 年，共举办实物存贷 814.4 万元，强迫存款 288.9 万元。为了完成存储任务，有的地方采取"工资转存""搭发存单""苦战几昼夜"等错误做法强迫

---

① 中国农业银行山东省分行：《山东农村金融历史资料（1983—1990）》，中国农业银行山东省分行编印，1992 年，第 337 页。

② 同上书，第 322、426 页。

③ 林毅夫：《关于制度变迁的制度学理论：诱致性变迁与强制性变迁》，载［美］科斯、阿尔钦、诺斯《财产权利与制度变迁：财权学派与新制度学派译文集》，刘守英译，上海三联书店 1994 年版，第 399 页。

存款。① 摊派任务、硬性扣款、工资转存、搭发存单、巧立名目、私立规章、限制提取等强迫命令现象，招致群众严重不满，严重恶化了干群关系。此外，还有的分部库存现金和账面金额严重不符，有的以白条顶库，有的甚至长期不记账，而这又给贪污盗窃、挪用公款提供了可乘之机，二者相互作用，形成恶性循环。尽管如此，绩效与不足相较，不难发现，政府基本上实现了体制下放所追求的目标。制度变迁的"费用"是存在的，但与当时的"收益"相比，完全在政府可容忍的范围之内，符合"只有在政府收益高过费用时，政府才建立新制度"② 的必要条件。只是随着事态发展，制度变迁费用逐渐突破了政府所容忍的阈值，于是，在原有的制度结构内产生新的制度安排，并由此引发新一轮的制度变迁。

第三阶段是"贫管"模式推广时期。"贫管"模式的"立"是"文化大革命"初期"斗"与"批"基础上的"立"。"斗、批、改"是群众运动的极端化，但是，"'文化大革命'不是一般意义上的群众运动，而是政党运动群众的运动"③。广大人民群众，特别是贫下中农，成为"文化大革命"期间共产党统合社会、改造或重构信用击缶的重要手段。龚小夏就曾说："既然'文化大革命'是一场'政治大革命'，其主要对象是'党内走资本主义道路的当权派'，而其斗争方式又是群众组织起来去自下而上寻找、打击走资派和其他阶级敌人，那么群众性暴力必然要进入上层政治斗争。同样，上层政治斗争也必然要利用群众运动。群众运动在这种特定的情况下成了政治斗争不仅

---

① 《1961 年 2 月 11 日宋青云副行长在全省农村金融科长专业座谈会议上的总结发言（记录稿）》，1961 年 2 月 11 日，牟平区档案馆藏，档案号：91/2/18。

② 林毅夫：《关于制度变迁的制度学理论：诱致性变迁与强制性变迁》，载［美］科斯、阿尔钦、诺斯《财产权利与制度变迁：财权学派与新制度学派译文集》，刘守英译，上海三联书店 1994 年版，第 374 页。

③ 刘小枫：《现代性社会理论绪论》，上海三联书店 1998 年版，第 398 页。

是最重要的，而且几乎是唯一的工具。"①

　　1969 年 1 月，中国人民银行在天津召开了 18 个省、市、县银行"斗、批、改"座谈会，会议提出银行和信用社要参加革命大批判，将是"坚持毛主席无产阶级革命路线，还是推行修正主义路线"；是"政治建行，还是专家治行"；是"业务第一，还是政治第一"；是"为工农兵服务，还是为资产阶级服务"提升到"是走社会主义道路，还是走资本主义道路"的高度。会议认为信用社必须在社、队革命委员会的领导下，实行贫下中农管理，干部走亦工亦农的道路。这就涉及信用社的改革问题，并介绍了两种改革形式，一种是在公社设立信用社，在生产大队建立信用站；一种是把信用社下放到生产大队，公社设银行营业所。为了推动信用社的改革，1969 年 11 月，中国人民银行总行在河南省嵩县召开了农村信用社改革座谈会，决定在全国范围内推广"阎庄经验"。"阎庄经验"的实质就是在革命委员会一元化领导下，贫下中农管理信用社。银行自上而下的集中统一管理，被视为"单线领导"，走的是脱离贫下中农管理的刘少奇修正主义路线。因此，银信干部要接受贫下中农的监督和改造，定期向贫下中农公布账目，实行民主理财，贫下中农有权管理信用社的人、思想、方向和资金。许多干部相当困惑："我就是贫下中农，为什么还要接受贫下中农的再监督？"② 不仅如此，还必须按照毛泽东的"五七"指示，将信用社办成革命化的大学校，即毛泽东思想大学校。以日照县为例，该县以社（一个公社也是一个信用社）为单位，信用社干部和大队生产队的会计系统办一处毛泽东思想大学，定期（一般大队十天以学习和办公，公社一月以讲用和评比）学习和办公。学政治也学业务，

---

① 转引自龚小夏《文革及毛泽东的伪激进主义意识形态》，《北京之春》1996 年第 42 期。

② 申某某，男，1930 年生，菏泽市成武县人，20 世纪 50 年代参加信用社的老农金员。笔者于 2014 年 3 月 4 日在成武县访谈。

既搞讲用也进行评比。① 至此，银行集中统一领导下的信用社管理体制因被视为刘少奇修正主义路线的"公办机构"，而遭到贫下中农全面摧毁和重构。

总之，从农业社信用部到人民公社信用部，再到生产大队信用分部，农村信用管理体制呈现出连续下放的态势。在这一过程中，农民以动员型参与为主，然而，在这背后却隐藏着国家的"政治卷入"，其实质并非农民群众的政治参与，而是国家对农村社会和农民群众的政治控制，且是以国家意志为主导，缺乏个人选择机会的被动行为。② 事实上，农村信用社管理体制的每一次变动都伴随着农民"深埋"而不敢"明言"的不满。当然，国家也自有其维系自身权威的方法，通过"人民公社—生产大队—生产队—社员"的线性层控模式，借助乡村基层干部的直接管理，将农民牢牢地束缚在国家的战车上。通过这批干部，政府的意志得以贯彻，政府的理想目标得以展开，政府的政治权力得以下渗到自然村落、乡村社会，直至将社员群众与政府紧密连在一起。由此，"增加了国家（共产党）的直接影响，扫除了基于财产和地方积累起来的权力和权威，把对血亲的忠诚转向对新发展起来的法人团体即集体的忠诚"③。

无疑，"在社会所有制度安排中，政府是最重要的一个"。"政府可以采取行动来矫正制度供给不足。然而，需要有一个关于国家的理论来说清楚政府是否有这样做的激励。"④ 诺斯也曾说过："如果预期的净收益（即潜在利润）超过预期的成本，一项制度安排就会被创

---

① 《关于信用社问题的调查整改报告》，1967 年 6 月 17 日，日照县档案馆藏，档案号：37/1/44。

② 郭正林：《中国农村权力结构》，中国社会科学出版社 2005 年版，第 164 页。

③ ［美］吉尔伯特·罗兹曼：《中国的现代化》，国家社会科学基金"比较现代化"课题组译，江苏人民出版社 1998 年版，第 488 页。

④ 林毅夫：《关于制度变迁的制度学理论：诱致性变迁与强制性变迁》，载［美］科斯、阿尔钦、诺斯《财产权利与制度变迁：财权学派与新制度学派译文集》，刘守英译，上海三联书店 1994 年版，第 374 页。

新。只有这一条件得到满足，我们才可望发现一个社会内改变现有制度和产权结构的企图。"[1] 剖析新中国成立后的新政权，不难发现政府确有实施制度变迁的激励，那就是不断扩大、下沉国家权力，并企图通过建立新的体制，将其统治深入乡村社会。可以说，近代中国，从晚清到民国政府无一不想将统治权力渗透到乡村社会，但"赖之以将自己的势力延伸到县属以下乡村去的附属机构却是一个脆弱的有缺陷的体系"。新中国成立后，中国共产党则成功地"改造了乡村，实现了外来控制，将之整合为一个较大的地区体系，并在某种程度上把这种外来控制永久地渗透进去了"[2]。罗兹曼的这一表述虽带有对中国共产党的偏见意味，但事实确是如此。如果说，"大跃进"运动使国家权力"以前所未有的规模急速地向社会各个领域扩张"[3]，那么，人民公社则"达到了国家组织力量对中国基层社会的完全控制，政府以一种前所未有的方式渗透进入社会的各个角落"[4]。银行营业所下放到人民公社后，尽管它仍然是国家银行的基层机构，但事实上主要是由人民公社负责领导和管理。"对于各级财贸业务部门来说，依靠党的领导，首先是依靠同级党委的领导"。李先念曾说过："党能够领导政治，领导军事，领导工农业生产，而且领导得那么好，难道唯独财贸工作领导不好吗？"[5] 借助下放银行营业所，国家权力，首先是党组织权力横向延伸到人民公社信用部。其后，随着信用管理体制的继续下

---

① ［美］L. E. 戴维斯、D. C. 诺斯：《制度变迁的理论：概念与原因》，载［美］科斯、阿尔钦、诺斯《财产权利与制度变迁：财权学派与新制度学派译文集》，刘守英译，上海三联书店 1994 年版，第 274 页。

② ［美］吉尔伯特·罗兹曼：《中国的现代化》，国家社会科学基金"比较现代化"课题组译，江苏人民出版社 2003 年版，第 78、333 页。

③ 高华：《大跃进运动与国家权力的扩张：以江苏省为例》，《二十一世纪》（双月刊）1998 年 8 月号，总第 48 期。

④ ［美］费正清、麦克法夸尔：《剑桥中华人民共和国史（1949—1965）》，上海人民出版社 1990 年版，第 72 页。

⑤ 李先念：《怎样认识农村财贸管理体制的改进——应不应"放"？要不要"统"？人民公社是否要经济核算？》，《人民日报》1959 年 1 月 17 日。

放到当时基本核算单位的生产大队而顺势下沉。如此，政社合一的人民公社体制实现了国家对政治、经济、文化等其他一切领域的全面控制。

不过，仔细甄别后，仍可发现政府在不同阶段所起的作用是有差别的。借用赵泉民描述 1928—1945 年国民政府在合作运动中的角色和所起的作用，即为"引动"和"强动"之别。[1]"三社合一"期间，政府以国家强制力为后盾进行广泛的宣传动员和群众辩论，明显地体现了政府"引动"。体制"下放"期间，动用了包括政府命令在内的国家强制力，彰显了政府的"强动"。不仅如此，借助信用体制变动，政府成功地将国家权力横向延伸到农村信贷领域，纵向下沉到当时基本核算单位的生产大队，并通过国家代理人的基层干部，将农民个体与国家机构联结起来，实现了对整个农村基层社会的全面控制。

---

① 赵泉民：《政府·合作社·乡村社会——国民政府农村合作运动研究》，上海社会科学院出版社 2007 年版，第 275 页。

结　语

　　合作化运动是中国共产党执政后对乡村社会进行社会主义改造的核心内容。生产合作是其主体，却因生产关系的骤然升级而搞起了"归大堆的集体"，最终在人民公社解体后，湮灭在历史的记忆深处；供销合作是其一翼，曾在农村商品流通领域占据着举足轻重的地位，却在1992年社会主义市场经济体制初步建立后，而日渐衰落；作为其另一翼的信用合作，虽屡遭改组、变动，也曾"异化"为集体金融组织，沦为国家银行的基层机构，但却在风雨坎坷后大放异彩。回眸历史，农村信用合作社体制变动并不是偶然现象，而是20世纪后半期民众性组织在国家权力的强力主导下，逐步纳入国家性组织体系的一个缩影。"国家"因素的存在是显而易见的，体制变动往往是政府凭借自身权威及其在"暴力潜能"方面所拥有的比较优势，强行引入并加以实施的。国家的作用有积极正面的，也有消极负面的，正可谓"没有国家办不成事，有了国家又有很多麻烦"①。国家主导下的信用社体制变动留下了深刻的教益，其经验也好、教训也罢，都为当下信用社改革打下了基础。欧风美雨裹挟而来的合作制，饱含了合作先驱、仁人志士用以"维系人心，团结这盘散沙，挽救这乘危的国家"②的无限期许。但是，合作制并不适宜于中国土壤，信用社体制

---

① 卢现祥：《西方新制度经济学》，中国发展出版社1996年版，第168页。
② 章元善：《实话一编》，中国合作图书社1933年版，第54—55页。

变动的历史进程已证实了这一点。然而，信用社之于农村金融的作用是一贯的、显现的，信用社延存至今的生命力恰恰在于此。

"国家的存在是经济增长的关键，然而国家又是人为经济衰退的根源"，此悖论即为经济学中著名的"诺斯悖论"。这一悖论描述了国家与社会经济相互联系和相互矛盾的关系，从而"使国家成为经济史研究的核心"，以至于"在任何关于长期变迁的分析中，国家模型都将占据显要的一席"①。首先，国家是制度变迁的主要供给主体，林毅夫认为，"如果诱致性创新是制度安排唯一来源的话，那么一个社会中制度安排的供给将少于社会最优"，而由国家作为供给主体，则在很大程度上能够"补救持续的制度供给不足"②。其次，国家强力主导，可以在很大程度上解决诱致性制度变迁过程中难以避免的"搭便车"行为。从农村信用合作化的实现过程来看，若依靠下层民众自下而上的诱致性制度变迁，国家需要支付大量的监督成本，且在较短的时间内难以形成规模经济效应。为了满足活跃农村金融、实施重工业优先发展之战略急需，必须借助国家的力量进行宣传、发动，提供制度供给和意识形态上的"指南"。当然，实现信用合作化、构建社会主义农村金融体系，也是新中国成立初期国家追求垄断资金和效用函数最大化的集中表现。二者相互借力，推动了农村信用合作化的迅速实现。但是，国家权力的过度介入也使信用社陷入了低效率之中，甚至出现了"异化"端倪。

另外，国家是理性"经济人"，有着追求垄断租金最大化和社会产出最大化的双重目标。统治者租金最大化与社会产出最大化看似并不矛盾，实际上二者不可兼得。因为"第二个目的包含一套能使社会产出最大化而完全有效率的产权，而第二个目的是企图建立一套基本

①　［美］道格拉斯·C. 诺斯：《经济史中的结构与变迁》，陈郁、罗华平译，三联书店1991年版，第20页。

②　林毅夫：《关于制度变迁的经济学理论：诱致性变迁与强制性变迁》，载［美］科斯、阿尔钦、诺斯《财产权利与制度变迁：财权学派与新制度学派译文集》，刘守英译，上海三联书店1994年版，第374、394页。

规则以保证统治者自己收入的最大化"。为了使自身利益最大化，统治者必然会借助国家权力干预市场，减少制度供给量，而这往往会导致无效率产权，降低社会总产出。因此，"在使统治者（和他的集团）的租金最大化的所有权结构与降低交易费用和促进经济增长的有效率体制之间"，国家的两大目标"存在着持久的冲突"①。更有甚者，在二者出现矛盾时，统治者通常会偏好于垄断租金最大化。所以，一项制度安排，即使不符合社会需要，或者说无法给整个社会带来巨大的净收益，但只要能使统治者或利益集团受益，也是极有可能被实施的。从农村信用社自身来看，信用体制的"两放、两收"，破坏了农村信贷关系，损害了下层民众的利益，"中伤"了合作金融的根基。特别是"文化大革命"期间的"斗、批、改"和"贫管"模式的实行，一度使信用社处于无政府状态，加剧了信用社的内部混乱。信用社的无效率无疑会对国家目标函数的实现产生消极影响。但从国家或者统治者的角度来看，"一放"信用社，服务"大跃进"，扩张国家行政力量，"下沉"国家权力，有利于工业化战略的实施和"赶美超英"目标的实现；"二放"信用社，实行"贫管"模式、革命委员会一元化领导，有利于"搅动"以贫下中农为代表的下层民众起来"革命""造反"。砸烂"资产阶级修正主义路线"，打倒政敌，由乱而治。毫无疑问，"预期的净收益（即潜在利润）超过预期的成本"。这种情况下，依据诺斯所言，"一项制度安排就会被创新"，而且"只有这一条件得到满足时，我们才可望发现在一个社会内改变现有制度和产权结构的企图"②。因此，农村信用合作社在国家强力主导下出现"异化"现象实不难理解。

　　农村信用社体制变动的历史进程告诉我们：国家权力不受约束，

---

　　① ［美］道格拉斯·C. 诺斯：《经济史中的结构与变迁》，陈郁、罗华平译，三联书店 1991 年版，第 25 页。

　　② ［美］L. E. 戴维斯、D. C. 诺斯：《制度变迁的理论：概念与原因》，载［美］科斯、阿尔钦、诺斯《财产权利与制度变迁：财权学派与新制度学派译文集》，刘守英译，上海三联书店 1994 年版，第 274 页。

一味追求垄断租金最大化，会直接导致社会总产出的降低；若从长期来看，其最终结果必然有损统治者利益最大化的实现。因此，如何规避"诺斯悖论"，换句话说，如何在发挥国家权力积极作用的前提下实现制度均衡、达到帕累托最优配置，则成了1980年后信用社改革的目标指向。此后，从1980年到2003年，20余年的时间里信用社一直在回归合作制以及把信用社办成真正的集体所有制的合作金融组织内徘徊。从结果来看，非但未能恢复"三性"，反而因改革引起的震动，使本已存在的问题进一步恶化，业务亏损、资不抵债等现象迫在眉睫。面对此种踟蹰不前的改革困境，我们不禁掩卷沉思，信用社回归合作制是对还是错？能否"回"得去和有无必要"回"去？

在回答这个问题之前，有必要先弄清"合作"一词意欲所指。所谓"合作"，简单地说，就是以利他之途径，换取利己之结果。具体到信用合作，则是要达成融资共赢之旨归。"合作社"本是舶来品，是西方资本主义制度下的小生产者，面对产业革命所造成社会急剧分化、贫富严重失衡，为了生存与发展而采取的社会组织形式。由此可见，合作社是市场经济的产物，是具有自由权利（经济权利和政治权利）的社会个体以互助求共存的结果。中国有识之士将其移植、襄挟而来，以求挽救中国农村之危机，医治民众之贫困，救治百姓苍生于水火，只关乎其功效，却置其产生土壤于罔顾。然而，移植而来的合作制度，如若"没有基本的和普遍的文化与人格类型的支持，赋予这些空洞的形式以生命，并赋予其行动者以意义和持续性。这些物质资源，这些修理和维护的规则，这些组织上的图表，这些伴随制度转移的行政管理大纲，都变得毫无意义"①。诚然，中国也有"合作"之先例，如合会，然而，中国之合会与西方之合作，"形"同而"神"不同；中国亦有"合作"之经验，如根据地时期的耕田队、犁牛社，只是小农经济之于市场经济，其社会主体迥然相异。无怪乎赵泉民在

---

① ［美］英格尔斯等：《从传统人到现代人——六个发展中国家中的个人变化》，顾昕译，中国人民大学出版社1992年版，第453页。

剖析中国合作制经济困境后得出：市场化力量的缺失、传统集体主义文化与无机群体意识的掣肘、二重社会制度结构的困厄以及关系信任与有限合作，四种力量叠加发酵，"注定了合作经济制度在中国的不祥命运和它的历史限度"①。此乃其一。其二，新中国成立后，党和政府仍然着意于借力合作社，其意图不仅在于解决农民之生产、生活困境，更是致力于改造小农走向社会主义；其模板虽明显指向苏联集体农庄，但却极力照搬雷发巽、许尔志原则，共产党所创建的合作社，最终成了"集体化的怪胎"②。

根植于此种内部条件和外部环境之下的信用合作社，作为新中国成立后中国共产党重点扶持和着力发展的三大合作社之一，虽冠之以"合作"之名，但"在结胎时就没有培育合作的基因，所以，几度所谓恢复合作性质的努力都告不成"③。另外，经过 20 年（1958—1977年）的来回折腾、来回改制，从合作制到集体制再到国有官化体制，其变迁路径"决定了农村信用社回归合作制的成本是极其高昂的"④。首先，国家银行（具体指农业银行）、信用社以及信用社干部、职工都不愿回归合作制。农业银行不愿"削掉自己一个业务帮手"；信用社不愿"离开国家银行这颗'乘凉大树'"；信用社员工不愿"丢掉商品粮、工资和等同国家干部的待遇"⑤。若强行"回归"，农业银行会借助优势地位牟取自身利益；信用社会拖延、怠慢、人心浮动、无心业务；信用社员工"不但缺乏改革激励，而且还会尽力抵制"，"利

---

① 赵泉民：《移植与嬗变：西方合作经济思想在近代中国的境遇》，中国法制出版社2013年版，第295—354页。

② 白钦先、秦援晋：《"退而更化"：中国合作金融的改良之路》，《财经理论与实践》2007年第6期。

③ 同上。

④ 何广文：《农村信用社制度变迁：困境与路径选择》，《经济与管理研究》2009年第1期。

⑤ 张建文：《农业银行领导下恢复"三性"的农信社（上）》，《中国农村金融》2011年第9期。

用内部人所掌握的信息为改革设置障碍"①。事实情况，确是如此。其次，如何看待"合作制"的衡量标准？倘若以"入社自愿、互助合作、民主管理、不以营利为目的"为标杆，不仅是当时的中国，即使是西方发达国家，也很少存在真正意义上的合作制或合作社。当改革触礁、行业亏损、资不抵债现象日益严重之时，如何走出理想化"合作制"原则的桎梏，探索一条"通过合理'输血'，帮助农村信用社建立一个健全、完善的'造血机制'"②的改革之路，成了2003年新一轮信用社改革的当务之急。

2003年6月，国务院印发了《深化农村信用社改革试点方案》，以产权制度改革和管理体制改革为核心的新一轮信用社改革正式启动。此次改革的两大创新之处在于：第一，以法人为单位改革信用社产权制度。新型产权关系的构建，使股份制、股份合作制、合作制三种产权形式得以因地制宜地相机发展。第二，信用社的管理交由地方政府负责。省级联社管理模式的实行，将省级人民政府的政、企职能分开，使其不再干预信用社的具体事宜，只承担辖内信用社的管理、指导、协调和服务职能。产权制度和管理体制改革是2003年信用社改革的核心，也是自1980年信用社改革以来的重大突破之举。从国家与制度变迁的角度来说，此次改革将国家权力与作为微观组织的信用社之间的关系进一步明确，使政府在追求自身利益的同时，其权力也受到进一步限制，在一定程度上规避了"诺斯悖论"对信用社发展的不良影响。但从产权的角度来看，国家这种"在暴力方面具有比较优势的组织"③，作为产权的界定者，在面临竞争和交易费用的双重约束下，也有自己的利益诉求，存在着强烈的多元偏好。"即使对历史和当代世界最一般的考察，也可清楚地看到'无效率'的产权是常态

---

① 周脉伏、稽景涛：《农村信用社合作制规范的博弈分析》，《中国农村经济》2004年第5期。

② 申学锋：《农村信用社改革的背景与现状》，《中国商界》2004年第12期。

③ ［美］道格拉斯·C.诺斯：《经济史中的结构与变迁》，陈郁、罗华平译，三联书店1991年版，第21页。

而不是偶然。"① 另言之，省级联社是一个矛盾混合体，从角色定位来看，它既是一个市场主体性质的金融机构，又是一个行政机关性质的管理机构。② 然而，作为市场主体，其权利与义务不对等；作为行政机关，亦不符合"主体资格法定、权力法定、权力运作程序法定的原则"③。从权责归属来看，基层信用社、县联社与省联社之间的股权与管理权反向运作，异化的股权关系带来权责归属的倒置。因此，它是一种从下而上的股权性控制异化成从上到下的行政性控制的倒金字塔形的管理决策体系。④ 从行为目标与实际结果来说，它一方面促使了农村信用社逐步完善法人治理结构，另一方面又阻碍了农村信用社控制权向股东的回归。⑤ 从管理方式来看，它"沿袭了'自上而下'的行政主导制度变迁的制度惯性"，不可避免地"带有浓厚的'条块结合'行政管理体制特色"⑥，对县联社的自主经营权造成了干扰，使县联社与省联社形成了"一种自主发展与强化控制的博弈关系"⑦。如此等等，决定了进一步推进信用社改革任重而道远。

　　纵观信用社几十年的体制变动历程，即移植合作制→"异化"的合作制→回归合作制→搁置合作制，可以看出，国家权力始终起着主导作用。改革开放前的体制变动更多的是国家权力单方面作用的结

　　① ［美］道格拉斯·C. 诺斯：《经济史中的结构与变迁》，陈郁、罗华平译，三联书店 1991 年版，第 33—34 页。

　　② 余文渊：《对农村信用社"省联社"管理模式的制度分析》，《中共贵州省委党校学报》2009 年第 5 期。

　　③ 罗和平：《省级农村信用社联社的设计存在弊端》，《中国经济时报》2005 年第 1 期。

　　④ 廖继伟：《农村信用社省联社改革的现实审视与路径选择》，《晋阳学刊》2011 年第 2 期。

　　⑤ 周素彦、周文平：《论农村信用社"省联社"模式——理论依据、缺陷及实施建议》，《金融教学与研究》2007 年第 5 期。

　　⑥ 余文渊：《对农村信用社"省联社"管理模式的制度分析》，《中共贵州省委党校学报》2009 年第 5 期。

　　⑦ 廖继伟：《农村信用社省联社改革的现实审视与路径选择》，《晋阳学刊》2011 年第 2 期。

果，也决定了信用社变动的结局。20 世纪 80 年代后的改革，则充斥着各方力量的权衡与较量。中央政府、地方政府、信用社、社员与群众之间博弈局面的形成，制约了国家权力的无限性，导致回归合作制的实践虽历时二十余年，最后不得不改弦更张。2003 年新一轮的信用社改革，更多地表现为一种混合的过渡性形态，呈现出一种利弊兼存的局面，它在保证信用社改革平稳性的同时，也为下一步改革留下了缝隙。另外，农村信用合作社不管是归属合作金融、集体金融还是国有金融，抑或是多种产权模式并存，其为农民、为社员服务的宗旨始终未变。近年来，信用社经济支农力度大且日渐提升，深层次、贴近式、人性化的金融服务，不但赢得了农村市场，也赢得了广大农民的信任和支持。今后，不管信用社怎么改革，其服务"三农"的宗旨不应变，也不能变。信用社延存至今的原因在于此，其未来发展的生命力亦在于此！

参考文献

说明：参考文献之编目主要采用分类原则：一是依据文献类别进行编排，如档案类、资料汇编类、报纸类、口述史料类、著作类、论文类。其中，因论文类涉及中外文献较多，所以又分为中文文献和外文文献别自辑录。档案类文献的排列按照省、市、县档案馆的次序、档案号排序和年月日依此开列，同层次的档案馆按其首字母次序编排，因涉及档案较少而难以独立者合在一处，别作"其他"一目按次列之。二是各类之下，依据作者、编者或编辑单位第一字拼音首字母的次序进行编排。其中，首字母相同者，按第二个字母；第一个字拼音相同者，按第二个字；同一人的不同著作，则按出版时间排比。

一　档案类

（一）山东省档案馆

中共中央山东分局农委会：《土地改革后农村土地租佃办法》（1950年），山东省档案馆：A060-01-006。

中共山东党委农村工作部：《农村信用合作开展情况和今后意见（草稿）》（1955年），山东省档案馆：A060-02-032。

中共山东省委农村工作部：《中国人民银行山东省分行全省信用合作会议报告》（1955年7月6日），山东省档案馆：A060-02-032。

中共山东省委农村工作部：《当前信用合作社的整顿情况与今后

意见的报告（初稿）》（1955年9月24日），山东省档案馆：A060-02-032。

山东省供销合作社办公室：《关于建立农村供销合作社信用部的指示》（1953年11月26日），山东省档案馆：A063-01-136。

山东省供销合作社办公室：《关于"三社合一"进行情况及今后意见（资料）》（1958年7月10日），山东省档案：A068-01-156。

中国人民银行山东省分行：《关于调整信用社及我行对信用社的存放款利率，请予审批的公函》（1957年4月25日），山东省档案馆：A068-01-227。

中国人民银行山东省分行会计处：《银行营业所、信用社（部）转为人民公社信用部的账务、财务移交办法》（1959年），山东省档案馆：A068-01-283。

中国人民银行山东省分行会计处：《中国人民银行总行关于农村公社信用部会计科目、报表和账务转结问题的通知》（1959年5月3日），山东省档案馆：A068-01-283。

中国人民银行山东省分行农金科：《关于开展农村信用合作工作的指示》（1951年9月），山东省档案馆：A068-02-483。

中国人民银行山东省分行农金科：《农村信用合作社章程准则（草案）》（1951年），山东省档案馆：A068-02-483。

中国人民银行山东省分行农金科：《山东省农村自由借贷及信用合作工作情况》（1951年），山东省档案馆：A068-02-495。

中国人民银行山东省分行农金科：《山东省合作社信用部工作情况的报告》（1951年），山东省档案馆：A068-02-495。

中国人民银行山东省分行：《一九五二年重点试办信用合作社总结》（1952年），山东省档案馆：A068-02-622。

中国人民银行山东省分行农村金融科：《华东区五二年冬季农村信用合作组织计划草案》（1952年冬），山东省档案馆：A068-02-622。

中国人民银行山东省分行：《山东省农村信用合作工作发展情况

的综合》（1953 年），山东省档案馆：A068-02-775。

中国人民银行山东省分行：《继续深入进行信用合作社账务财务整顿工作意见》（1955 年 9 月），山东省档案馆：A068-02-1003。

中国农业银行山东省分行：《全国农金会议总结报告记录》（1955 年 3 月 16 日），山东省档案馆：A068-02-1096。

中国农业银行山东省分行：《目前信用合作的基本情况与今后意见（初稿）》（1955 年 5 月 24 日），山东省档案馆：A068-02-1096。

中国农业银行山东省分行：《关于信用社财务会计工作情况和意见》（1955 年 5 月 30 日），山东省档案馆：A068-02-1096。

中国农业银行山东省分行：《全省信用合作会议总结报告》（1955 年 6 月），山东省档案馆：A068-02-1096。

中国农业银行山东省分行：《关于信用合作社业务开展的情况和意见》（1955 年 6 月），山东省档案馆：A068-02-1096。

中国农业银行山东省分行：《关于当前信用合作工作情况和意见》（1956 年 5 月 9 日），山东省档案馆：A068-02-1245。

中国农业银行山东省分行：《农村信用合作社示范章程草案》（1956 年 6 月 8 日），山东省档案馆：A068-02-1245。

中国农业银行山东省分行：《关于信用合作社合并工作情况和今后意见报告》（1956 年 11 月 12 日），山东省档案馆：A068-02-1248。

中国人民银行山东省分行计划处：《农村人民公社信用部办事通则（草稿）》（1959 年），山东省档案馆：A068-02-1490。

中国人民银行山东省分行农金处：《关于平原县炉坊公社八里园、吴家庄、田坊三处信用社的整社试点工作情况》（1963 年 6 月 3 日），山东省档案馆：A068-02-2106。

中国人民银行山东省分行：《关于农村信用合作社开展社会主义教育运动情况和今后意见的报告》（1963 年 11 月 16 日），山东省档案馆：A068-02-2420。

山东省革命委员会财政金融局：《关于信用合作社改革意见的说明》（1971 年 11 月 9 日），山东省档案馆：A068-04-138。

山东省革命委员会财政金融局银行：《关于对信用合作社几项改革意见的请示报告》（1972 年 3 月 24 日），山东省档案馆：A068-04-205。

山东省革命委员会财政金融局银行业务组：《我省农村信用合作社斗、批、改情况》（1969 年 1 月 12 日），山东省档案馆：A068-04-375。

山东省革命委员会财政金融局：《中华人民共和国财政部〈关于信用社盈亏处理问题意见的通知〉》（1974 年 1 月 11 日），山东省档案馆：A068-04-393。

山东省革命委员会财政金融局：《关于补贴信用社一九七〇年以前历年亏损的报告》（1974 年 9 月 18 日），山东省档案馆：A068-04-393。

山东省人民委员会财粮贸类：《关于开展农村自由借贷的指示》（1951 年 4 月 3 日），山东省档案馆：A101-04-023。

（二）德州市档案馆

中国人民银行德州地区中心支行：《农村信用合作初步总结》（1953 年 12 月 15 日），德州市档案馆：41-1-4。

中国人民银行德州地区中心支行：《当前工作初步意见》（1954 年 8 月 31 日），德州市档案馆：41-1-13。

中国人民银行德州地区中心支行：《行长会议汇报记录》（1954 年 11 月 7 日），德州市档案馆：41-1-13。

中国人民银行德州地区中心支行：《关于继续加强和整顿信用合作社组织的意见》（1962 年 6 月 4 日），德州市档案馆：41-1-50。

中国人民银行德州地区中心支行：《关于整顿信用合作组织问题的意见的报告》（1962 年 1 月 20 日），德州市档案馆：41-1-54。

中国人民银行德州地区中心支行：《关于历城县华山、卧牛等五个信用社当前资金严重紧张情况的通报》（1963 年 8 月 6 日），德州市档案馆：41-1-54。

中国人民银行德州地区中心支行：《关于农村信用社整顿情况和继续做好整顿工作的意见》（1964 年 2 月 15 日），德州市档案馆：41-1-74。

中国人民银行德州地区中心支行：《关于整顿信用社，支援贫、下中农，打击高利贷活动情况的意见的报告》（1964 年 9 月 29 日），德州市档案馆：41-1-74。

中国人民银行德州地区中心支行：《四月份信用合作工作情况总结报告》（1964 年 5 月 9 日），德州市档案馆：41-1-74。

中国人民银行德州地区中心支行：《社管、信用合作股长座谈会议纪要》（1965 年 6 月 22 日），德州市档案馆：41-1-83。

中国人民银行德州地区中心支行：《关于一九六五年信用合作工作总结》（1966 年 3 月 21 日），德州市档案馆：41-1-87。

（三）临沂市档案馆

中国人民银行临沂地区中心支行：《农村信用合作社斗批改座谈会纪要》（1969 年 12 月 1 日），临沂市档案馆：71-2-36。

临沂地区革命委员会财政金融局：《沿着毛主席的革命路线胜利前进》（1972 年 3 月 23 日），临沂市档案馆：72-2-43。

临沂地区革命委员会财政金融局：《我县信用社改革后的情况——中国人民银行苍山县支行》（1972 年 4 月 2 日），临沂市档案馆：72-2-43。

中国人民银行临沂地区中心支行：《加强信用社的领导，发挥信用社的作用》（1973 年 6 月），临沂市档案馆：72-2-52。

中国人民银行临沂地区中心支行：《关于信用社改革遗留问题的请示报告》（1974 年 2 月 10 日），临沂市档案馆：72-2-61。

中国人民银行临沂地区中心支行：《关于信用社改革后遗留问题的请示报告》（1975 年 8 月 8 日），临沂市档案馆：72-2-66。

（四）日照市档案馆

中国人民银行日照县支行：《关于妥善解决信用社干部口粮分配

问题的报告》（1963 年 7 月 1 日），日照市档案馆：37-1-35。

中国人民银行日照县支行：《关于通过整顿信用社发现的贪污花样的报告》（1964 年 12 月 10 日），日照市档案馆：37-1-41。

中国人民银行日照县支行：《农村信用合作社还是放到大队办好——嘉祥县马集公社信用合作体制改革的调查报告》（1968 年 11 月 27 日），日照市档案馆：37-1-45。

中国人民银行日照县支行：《关于对信用社组织的调整和人员安排情况的报告》（1958 年 5 月 19 日），日照市档案馆：37-2-50。

中国人民银行日照县支行：《临沂中心支行信用合作股长会议总结》（1964 年 4 月 20 日），日照市档案馆：37-2-98。

中国人民银行日照县支行：《1964 年农村信用合作工作情况》（1964 年 12 月 31 日），日照市档案馆：37-2-98。

中国人民银行日照县支行：《一九六五年工作安排意见（初稿）》（1965 年 2 月 21 日），日照市档案馆：37-2-100。

（五）成武县档案馆

中国人民银行成武县支行：《整建信用社、部的计划（草案）》，成武县档案馆：51-1-14。

成武县人民银行：《汪君敬同志在全县信用社学习毛主席著作抓革命、促生产经验交流会议上的发言》（1967 年 4 月 19 日），成武县档案馆：51-1-38。

成武县人民银行：《一次活学活用毛泽东思想的讲用会》（1968 年 6 月 2 日），成武县档案馆：51-1-38。

成武县人民银行：《关于做好秋季农村金融工作的意见》（1975 年 9 月 10 日），成武县档案馆：51-1-40。

（六）莒南县档案馆

中国人民银行莒南县支行农金工作：《莒南支行上半年试办信用工作总结报告》（1953 年 8 月 1 日），莒南县档案馆：28-1-5。

中国人民银行莒南县支行：《关于信用组织试办共走初步总结》（1953 年），莒南县档案馆：28-1-5。

中国人民银行莒南县支行农村金融：《中国人民银行莒南县支行冠以转发涝坡公社大庄信用分部报告的通知》（1960 年 5 月 24 日），莒南县档案馆：28-1-34。

中国人民银行莒南县支行：《莒南县革委生产指挥部关于贯彻执行省革委生产指挥部批转省财政金融局〈关于对信用合作社几项改革的请示报告〉的通知的意见》（1972 年 11 月 23 日），莒南县档案馆：28-1-68。

中国人民银行莒南县支行：《关于加强基层供销合作社信用部工作的联合指示》（1954 年 10 月 11 日），莒南县档案馆：28-2-31。

中国人民银行莒南县支行人秘、农金工作：《关于旺季信用合作社开展存款工作的通报》（1958 年 1 月 8 日），莒南县档案馆：28-2-75。

中国人民银行山东省分行人秘、农金工作：《关于报送 58 年农村存款规划的通知》（1958 年 3 月 12 日），莒南县档案馆：28-2-75。

中国人民银行莒南县支行人秘、农金工作：《关于实行"三社合一"工作中信用合作方面的初步意见（初稿)》（1958 年 5 月 26 日），莒南县档案馆：28-2-75。

（七）莘县档案馆

中共朝城县委员会：《朝城舍刘寺重点村社信用工作总结》（1950 年），莘县档案馆：14-1-9。

中共观城县委员会：《观城县委关于一年来农村信贷工作的专题总结报告》（1953 年 1 月 11 日），莘县档案馆：16-1-22。

中国工商银行莘县支行：《1951 年 8 月 24 号催收发放简结报告》（1951 年 8 月 24 日），莘县档案馆：16-1-23。

中国工商银行莘县支行：《58 年信用合作工作意见》（1958 年 3 月 13 日），莘县档案馆：12-1-45。

中国工商银行莘县支行：《莘县支行关于十八里铺信用社大力吸收存款支持工农生产大跃进的经验通报》（1958 年 4 月 28 日），莘县档案馆：12-1-45。

（八）其他

中共郓城县委财贸部：《关于农村供销、信用、农社"三社合一"的方案（草稿）》（1958 年 7 月 10 日），郓城县档案馆（无档案号）。

中国农业银行郓城支行：《关于 1964 年信用合作工作情况和 1965 年信用合作工作安排》（1965 年 2 月 8 日），郓城县档案馆（无档案号）。

平原县人民银行：《关于转发幸福人民公社信用部彻底解放思想、鼓足干劲、服务生产、带动业务提前 41 天完成满堂红的经验总结报告的通知》（1958 年 11 月 28 日），平原县档案馆：49-53-33。

中国人民银行平原县支行：《关于贯彻县委对"三社合一"工作中信用合作的工作方案》（1959 年），平原县档案馆：49-53-40。

中国人民银行长清县支行：《中国人民银行山东省分行关于当前农村储蓄情况的通报》（1961 年 11 月 23 日），长清区档案馆：27-1-17。

中国人民银行牟平县支行：《关于水道信用社的整顿巩固试点情况的总结报告》（1963 年 3 月 9 日），牟平区档案馆：91-1-77。

中国人民银行牟平县支行：《1961 年 2 月 11 日宋青云副行长在全省农村金融科长专业座谈会议上的总结发言（记录稿）》（1961 年 2 月 11 日），牟平区档案馆：91-2-18。

二　资料汇编

史敬棠主编：《中国农业合作化运动史料》，三联书店 1957 年版。

卢汉川：《中国农村金融历史资料（1949—1985）》，湖南出版事业管理局 1986 年版。

山东省档案馆、山东社会科学院历史研究所合编：《山东革命历史档案资料选编》第 6 辑，山东人民出版社 1982 年版。

山东省档案馆、山东社会科学院历史研究所合编：《山东革命历史档案资料选编》第 8 辑，山东人民出版社 1983 年版。

山东省档案局、中共山东省委党史研究室编：《山东的减租减息》，中共党史出版社 1994 年版。

山东省供销合作社联合社史志办公室编：《山东省供销合作社史料汇编（1924—1949）》，山东人民出版社 1991 年版。

山东省政协文史资料委员会、邹平县政协文史资料委员会编：《梁漱溟与山东乡村建设》，山东人民出版社 1991 年版。

中国农业出版社编：《农业集体化重要文件汇编》（上），中国农业出版社 1981 年版。

中国农业银行山东省分行：《山东农村金融历史资料（1938—1990）》，中国农业银行山东省分行编印，1992 年。

中国人民政治协商会议全国委员会文史资料研究委员会编：《文史资料选辑》第 27 卷第 80 辑，中国文史出版社 1982 年版。

中国社会科学院经济研究所中国现代经济史组编：《革命根据地经济史料选编》（中），江西人民出版社 1986 年版。

中国社会科学院、中央档案馆编：《1949—1952 年中华人民共和国经济档案资料选编（金融卷）》，中国物价出版社 1996 年版。

中国社会科学院、中央档案馆编：《1953—1957 中华人民共和国经济档案资料选编（农业卷）》，中国物价出版社 1998 年版。

中共中央文献研究室编：《建国以来重要文献选编》第 11 册，中央文献出版社 1995 年版。

中共中央文献研究室编：《建国以来重要文献选编》第 12 册，中央文献出版社 1996 年版。

中共中央文献研究室编：《建国以来毛泽东文稿》第 7 册，中央文献出版社 1992 年版。

三 报纸类

（一）《大众日报》

《怎样办信用合作社》，《大众日报》1941 年 9 月 28 日第 2 版。

《中共山东分局关于减租减息改善雇工待遇开展群众运动的决定》，《大众日报》1942 年 5 月 25 日第 1 版。

《滨海区各县佃农迫切要求减租减息改善生活》，《大众日报》1942 年 5 月 28 日第 1 版。

《山东省政府关于今年秋冬季生产工作指示》，《大众日报》1946 年 9 月 15 日第 2 版。

《莒南县坊前合作社信用社》，《大众日报》1948 年 8 月 5 日第 2 版。

《积极稳步地发展农村信贷合作工作》，《大众日报》1953 年 12 月 27 日第 2 版。

《人民的好朋友——高楼信用合作社介绍之一》，《大众日报》1954 年 1 月 24 日第 2 版。

《积极发展信用合作社（摘要）》，《大众日报》1954 年 11 月 24 日第 1 版。

《银行工作必须为中心工作服务》，《大众日报》1958 年 2 月 27 日第 2 版。

《踊跃存款》，《大众日报》1959 年 6 月 20 日第 3 版。

《省委召开财贸工作广播大会发出战斗号召》，《大众日报》1959 年 12 月 8 日第 2 版。

《依靠贫下中农管理监督办理农村商业》，《大众日报》1973 年 10 月 18 日第 1 版。

（二）《人民日报》

《发动全民，讨论四十条纲要，掀起农业生产的新高潮》，《人民日报》1957 年 11 月 13 日第 1 版。

顾雷：《良好的领导方法　辉煌的建设成就》，《人民日报》1958 年 1 月 3 日第 2 版。

《我们的行动口号——反对浪费，勤俭建国》，《人民日报》1958 年 2 月 2 日第 1 版。

《中共中央关于在农村建立人民公社问题的决议》，《人民日报》1958 年 9 月 10 日。

《农村财政贸易管理体制的重大改进》，《人民日报》1958 年 12

月 23 日第 1 版。

《中共中央、国务院关于适应人民公社化的形势改进农村财政贸易管理体制的决定（1958 年 12 月 20 日）》，《人民日报》1958 年 12 月 23 日第 1 版。

李先念：《怎样认识农村财贸管理体制的改进——应不应"放"？要不要"统"？人民公社是否要经济核算？》，《人民日报》1959 年 1 月 17 日第 2 版。

社论：《向我们的红卫兵致敬》，《人民日报》1966 年 8 月 29 日第 1 版。

《中国共产党中央委员会关于无产阶级"文化大革命"的决定》，《人民日报》1966 年 8 月 9 日第 1 版。

《在中华人民共和国成立十八周年庆祝大会上林彪同志的讲话》，《人民日报》1967 年 10 月 2 日第 2 版。

《革命委员会好》，《人民日报》1968 年 3 月 30 日第 2 版。

《无产阶级文化大革命的全面胜利万岁——热烈欢呼全国（除台湾省外）各省市、自治区革命委员会全部成立》，《人民日报》《解放军报》社论 1968 年 9 月 7 日第 1 版。

《一个由贫下中农管理的信用社》，《人民日报》1969 年 11 月 19 日第 2 版。

《株洲市委领导成员结合改革企业管理工作的实际认真看书学习，不断提高路线觉悟，切实搞好斗批改》，《人民日报》1972 年 2 月 4 日第 1 版。

龙岩：《无政府主义是假马克思主义骗子的反革命工具——学习笔记》，《人民日报》1972 年 10 月 14 日第 2 版。

《中央农村工作会议在北京举行 习近平李克强作重要讲话 张德江俞正声刘云山王岐山张高丽出席会议》，《人民日报》2013 年 12 月 25 日第 1 版。

（三）其他

方显廷：《中国之合作运动》，《大公报》1934 年 5 月 16 日。

《胶东各地成立农民贷款所》，《大众报》1942年10月2日。

《东栖桃村联社决定发展为综合性合作社》，胶东《大众报》1944年12月23日。

《海阳县留格区济源渔民合作社信用部信用合作业务发展情况》，《胶东日报》1948年12月31日。

李汉俊：《研究马克思学说的必要及我们现在入手的方法》，《民国日报》1911年6月6日。

四　口述史料类

田某某，男，92岁，1928年参加信用社工作。访谈地点：聊城东昌府区。

王某某，男，79岁，原海阳县济源渔业合作社信用部的社员。访谈地点：烟台市海阳县。

隋某，男，84岁，烟台海阳县老信用社主任。访谈地点：烟台市海阳县。

曲某某，男，84岁，济宁市邹县看庄镇信贷员。访谈地点：济宁市看庄镇。

李学洪，男，82岁，济宁市韩庄镇人。访谈地点：济宁市微山县。

五　著作

（一）马克思主义经典著作

《马克思恩格斯选集》第1、4卷，人民出版社1972年版。

《资本论》第3、4卷，人民出版社1975年版。

《列宁选集》第3、4卷，人民出版社1972年版。

《毛泽东选集》第1—4卷，人民出版社1991年版。

《毛泽东选集》第5卷，人民出版社1977年版。

《毛泽东文集》，人民出版社1993年版。

《毛泽东传（1949—1976）》下册，中央文献出版社2003年版。

《建国以来毛泽东文稿》第7册，中央文献出版社1992年版。

《邓小平文选》（第三卷），人民出版社1993年版。

《刘少奇论合作社经济》，中国财政经济出版社1987年版。

《陈云文选》（1956—1985年），人民出版社1986年版。

《李大钊文集》下册，人民出版社1984年版。

《张闻天文集》（四），中共党史出版社1995年版。

《李富春传》，中央文献出版社2001年版。

（二）中文论著

薄一波：《若干重大决策与事件的回顾》（上、下卷），中共中央党校出版社1991年版。

曹锦清、张乐天、陈中亚：《当代浙北乡村的社会文化变迁》，上海远东出版社1997年版。

陈果夫：《中国之合作运动》，中国合作学社1932年版。

陈吉元、杨勋、陈家骥主编：《中国农村社会经济变迁（1949—1989）》，山西经济出版社1993年版。

陈岩松：《中华合作事业发展史》（上册），台湾商务印书馆1983年版。

陈振骅：《农业信用》，商务印书馆1933年版。

董志凯：《1949—1952年中国经济分析》，中国社会科学出版社1996年版。

董志凯、武力：《中华人民共和国经济：1953—1957》，社会科学文献出版社2011年版。

费孝通：《乡土中国》，三联书店1985年版。

费孝通：《江村经济》，北京大学出版社2013年版。

冯开文：《合作制度变迁与创新研究》，中国农业出版社2003年版。

傅晨：《中国农村合作经济：组织形式与制度变迁》，中国经济出版社2006年版。

高化民：《农业合作化运动始末》，中国青年出版社1999年版。

高石钢：《高利贷与 20 世纪西北乡村社会》，中国社会科学出版社 2011 年版。

高王凌：《人民公社时期中国农民"反行为"调查》，中共党史出版社 2006 年版。

顾焕章、张超超：《中国农业发展之研究》，中国农业科学技术出版社 2000 年版。

顾玉平：《社会主义和谐发展的哲学辨思》，吉林人民出版社 2007 年版。

郭正林：《中国农村权力结构》，中国社会科学出版社 2005 年版。

黄宗智：《华北的小农经济与社会变迁》，中华书局 1986 年版。

黄宗智主编：《中国乡村研究》第二辑，商务印书馆 2003 年版。

姜义华编：《社会主义学说在中国的初期传播》，复旦大学出版社 1984 年版。

孔雪雄：《中国今日的农村运动》，中山文化教育馆出版物发行处 1934 年版。

李丹慧：《国际冷战史研究》（第 1 辑），华东师范大学出版社 2004 年版。

李德彬：《新中国农村经济纪事（1949.10—1984.9）》，北京大学出版社 1989 年版。

李金铮：《借贷关系与乡村变动——民国时期华北乡村借贷之研究》，河北大学出版社 2000 年版。

李立志：《变迁与重建：1949—1956 年的中国社会》，江西人民出版社 2002 年版。

梁漱溟：《乡村建设论文集》，济南华文局 1934 年版。

梁漱溟：《中国文化要义》，学林出版社 1996 年版。

《梁漱溟全集》第 1 卷，山东人民出版社 1990 年版。

《梁漱溟全集》第 2 卷，山东人民出版社 1990 年版。

《梁漱溟全集》第 5 卷，山东人民出版社 1993 年版。

林毅夫、蔡昉、李周：《中国的奇迹：发展战略与经济改革》（增订版），三联书店 1994 年版。

刘小枫：《现代性社会理论绪论》，上海三联书店 1998 年版。

卢汉川：《当代中国的信用合作事业》，当代中国出版社 1988 年版。

卢汉川：《中国农村金融四十年》，学苑出版社 1991 年版。

卢现祥：《西方新制度经济学》，中国发展出版社 1996 年版。

路建祥：《新中国信用合作发展简史》，中国农业出版社 1981 年版。

吕伟俊：《民国山东史》（上册），山东人民出版社 1995 年版。

《马寅初演讲集》第 4 集，商务印书馆 1928 年版。

马寅初：《中国经济改造》，商务印书馆 1935 年版。

梅德平：《中国农村微观经济组织变迁研究（1949—1985）——以湖北省为中心的个案分析》，中国社会科学出版社 2004 年版。

米鸿才：《合作社发展简史》，中共中央党校出版社 1988 年版。

区克宣：《近代经济思想史纲》，上海乐群书店 1929 年版。

山东省政协文史资料文员会、邹平县政协文史资料委员会编：《梁漱溟与山东乡村建设》，山东人民出版社 1991 年版。

盛洪：《中国的过渡经济学》，上海三联书店、上海人民出版社 1994 年版。

寿勉成、郑厚博：《中国合作运动史》，正中书局 1937 年版。

孙健：《中华人民共和国经济史稿》，吉林人民出版社 1980 年版。

谭启龙：《谭启龙回忆录》，中共党史出版社 2003 年版。

王贵宸：《中国农村合作经济史》，山西经济出版社 2006 年版。

王沪宁：《当代中国村落家族文化——对中国社会现代化的一项探索》，上海人民出版社 1999 年版。

王沛霖：《农村信用合作与农业社会主义改造》，财政经济出版社 1954 年版。

王先明：《近代绅士——一个封建阶层的历史命运》，天津人民出版社 1997 年版。

温锐：《理想·历史·现实——毛泽东与中国农村经济变革》，山西高校联合出版社 1995 年版。

吴敬琏：《计划经济还是市场经济》，中国经济出版社 1993 年版。

吴毅：《村治变迁中的权威与秩序——20 世纪川东双村的表达》，中国社会科学出版社 2002 年版。

夏炎德：《中国近百年经济思想》，商务印书馆 1948 年版。

谢元态：《合作经济理论与合作金融实践》，江西科学技术出版社 2007 年版。

徐勇：《现代国家乡土社会与制度建构》，中国物资出版社 2009 年版。

徐友渔：《1966：我们那一代的回忆》，中国文联出版公司 1998 年版。

薛暮桥：《抗日战争时期和解放战争时期山东解放区的经济工作》，山东人民出版社 1984 年版。

薛暮桥、杨波：《总结财经工作迎接全国胜利——记全国解放前夕两次重要的财经会议》，中国财政经济出版社 1996 年版。

杨者圣：《国民党教父陈果夫》，上海人民出版社 2010 年版。

尹树生：《合作经济概论》，三民书局 1980 年版。

尹志超：《信用合作组织：理论与实践》，西南财经大学出版社 2007 年版。

虞和平主编：《中国现代化历程（第三卷）》，江苏人民出版社 2007 年版。

于建嵘：《岳村政治——转型期中国乡村政治结构的变迁》，商务印书馆 2001 年版。

余英时：《中国思想传统的现代诠释》，江苏人民出版社 1998 年版。

岳彩申：《中国农村金融法制创新研究》，群众出版社 2011 年版。

岳志：《现代合作金融制度研究》，中国金融出版社 2002 年版。

张杰：《中国金融制度的结构与变迁》，山西人民出版社 1998

年版。

张镜予：《中国农村信用合作运动》，商务印书馆 1930 年版。

张乐天：《告别理想——人民公社制度研究》，东方出版中心 1998 年版。

张鸣：《乡土心路八十年：中国近代化过程中农民意识的变迁》，三联书店 1997 年版。

张鸣：《乡村社会权力和文化结构的变迁（1903—1953）》，陕西人民出版社 2013 年版。

章元善：《乡村建设实验》（第二集），中华书局 1935 年版。

章元善：《实话一编》，中国合作图书社 1933 年版。

章元善：《合作与经济建设》，商务印书馆 1938 年版。

章元善：《合作文存》（上册），中国合作图书社 1940 年版。

张亦先、章普安：《新中国的合作事业》，棠棣出版社 1951 年版。

赵泉民：《政府·合作社·乡村社会——国民政府农村合作运动研究》，上海社会科学院出版社 2007 年版。

赵泉民：《移植与嬗变：西方合作经济思想在近代中国的境遇》，中国法制出版社 2013 年版。

赵维新：《中国农民合作经济组织发展研究》，中国市场出版社 2004 年版。

郑义：《红色纪念碑》，华视文化公司 1994 年版。

郑有国、刘佑军、曾筱霞：《世界的中国——中国改革开放三十年》，福建电子音像出版社 2008 年版。

《朱执信集》上册，中华书局 1979 年版。

庄孔韶：《银翅：中国的地方社会与文化变迁》，三联书店 2000 年版。

中共山东省委研究室编：《山东四十年》，山东人民出版社 1989 年版。

（三）外文译著

［德］马克斯·韦伯：《儒教与道教》，王荣芬译，商务印书馆

1999 年版。

[法] 弗朗索瓦·佩鲁：《新发展观》，张宁、封子义译，华夏出版社 1987 年版。

[法] 傅立叶：《傅立叶选集》（第 1 卷），赵俊欣、吴模信、徐知勉、汪文漪译，商务印书馆 1982 年版。

[法] 马克·布洛赫：《为史学而辩护》，张和声、程郁译，上海社会科学院出版社 1992 年版。

[美] 艾里希·弗洛姆：《健全的社会》，孙恺祥译，贵州人民出版社 1994 年版。

[美] 安东尼·M. 奥勒姆：《政治社会学导论——对政治实体的社会剖析》，董云虎、李云龙译，浙江人民出版社 1989 年版。

[美] 巴林顿·摩尔：《民主与专制的社会起源》，拓夫、张东东译，华夏出版社 1987 年版。

[美] 卜凯：《中国农家经济》，张履鸾译，商务印书馆 1936 年版。

[美] C. 赖特·米尔斯：《社会学的想象力》，陈强、张永强译，生活·读书·新知三联书店 2005 年版。

[美] 道格拉斯·C. 诺斯：《经济史中的结构与变迁》，陈郁、罗华平译，三联书店 1991 年版。

[美] 道格拉斯·C. 诺斯：《制度、制度变迁与经济绩效》，刘守英译，上海三联书店 1994 年版。

[美] 道格拉斯·C. 诺斯、罗伯特·托马斯：《西方世界的兴起》，厉以平、蔡磊译，华夏出版社 1989 年版。

[美] 杜赞奇：《文化、权力与国家：1900—1942 年的华北农村》，王福明译，江苏人民出版社 1994 年版。

[美] 弗朗西斯·福山：《信任：社会美德与创造经济繁荣》，彭志华译，海南出版社 2001 年版。

[美] 弗里曼、毕克伟、赛尔登：《乡村中国、社会主义国家》，陶鹤山译，社会科学文献出版社 2002 年版。

［美］吉尔伯特·罗兹曼：《中国的现代化》，江苏人民出版社1998年版。

［美］加布里埃尔·A.阿尔蒙德、小 G. 宾厄姆·鲍威尔：《比较政治学：体系、过程和政策》，曹沛霖、郑世平等译，上海译文出版社1987年版。

［美］科斯、阿尔钦、诺斯：《财产权利与制度变迁：财权学派与新制度学派译文集》，刘守英译，上海三联书店1994年版。

［美］马罗立：《饥荒的中国》，吴鹏飞译，上海民智书局1929年版。

［美］麦克法夸尔、费正清：《剑桥中华人民共和国史：1949—1965》（上卷），谢亮生等译，中国社会科学出版社1990年版。

［美］莫里斯·迈斯纳：《毛泽东的中国及后毛泽东的中国》（下），杜蒲、李玉玲译，四川人民出版社1989年版。

［英］R. 欧文：《欧文选集》（第2卷），柯象峰、何光来、秦果显译，商务印书馆1965年版。

［美］塞缪尔·P. 亨廷顿：《变化社会中的政治秩序》，王冠华、刘为等译，上海人民出版社2008年版。

［美］沃纳丁·赛弗林、小詹姆·W. 坦卡特：《传播学的起源、研究与应用》，郭镇之、孟颖等译，福建人民出版社1985年版。

［匈］亚诺什·科尔内：《理想与现实》，中国经济出版社1987年版。

［美］易劳逸：《1927—1937年国民党统治下的中国流产的革命》，陈兼平、陈红民等译，中国青年出版社1992年版。

［美］英格尔斯等：《从传统人到现代人——六个发展中国家中的个人变化》，顾昕译，中国人民大学出版社1992年版。

［美］约瑟夫·熊彼特：《经济分析史》（第1卷），朱泱、孙鸿敞等译，商务印书馆2005年版。

［美］詹姆斯·C. 斯科特：《弱者的武器》，郑广怀等译，译林出版社2007年版。

［美］詹姆斯·R. 汤森、布兰特利·沃马克：《中国政治》，董方、顾速译，江苏人民出版社 1995 年版。

［英］伯特兰·罗素：《权力论———一个新的社会分析》，靳建国译，东方出版社 1988 年版。

［英］弗里德里希·奥古斯特·冯·哈耶克：《通往奴役之路》，王明毅、冯兴元译，中国社会科学出版社 1997 年版。

［英］马凌诺夫斯基：《文化论》，费孝通译，华夏出版社 2002年版。

六　论文

（一）期刊论文

白钦先、秦援晋：《"退而更化"：中国合作金融的改良之路》，《财经理论与实践》2007 年第 6 期。

蔡继明、张克听：《股份制是兼有公私两重属性的产权形式——兼评有关股份制性质的几种观点》，《经济学动态》2005 年第 1 期。

蔡清伟：《中国农村社会管理模式的变迁——从解放初期到人民公社化运动》，《西南交通大学学报》（社会科学版）2013 年第 6 期。

陈维达：《论政府产权制度的完善》，《重庆工商大学学报》（社会科学版）2007 年第 2 期。

陈益元：《从新民主主义社会到过渡时期：社会发展战略的重大转向》，《求索》2004 年第 10 期。

陈益元：《后公社时期的国家权力与乡村社会：研究回顾与展望》，《中国农史》2006 年第 2 期。

陈甬军：《中国为什么在 50 年代选择了计划经济体制》，《厦门大学学报》（哲学社会科学版）2001 年第 2 期。

戴清亮：《"共产风"探源》，《学术界》2003 年第 1 期。

《发扬革命精神支持生产建设新高潮》，《中国金融》1965 年第1 期。

方行：《清代前期农村高利贷资本问题》，《经济研究》1984 年第

参考文献　　237

4 期。

高华:《大跃进运动与国家权力的扩展:以江苏省为例》,香港中文大学《二十一世纪》1998 年 8 月号总第 48 期。

高维:《信用合作社放款工作中的几个问题》,《中国金融》1955年第 11 期。

高维:《第一个五年计划期间的农村信用合作》,《金融研究》1958 年第 4 期。

《关于营业所工作问题》,《中国金融》1952 年第 17 期。

汉川:《农业合作化后信用社仍有独立存在的必要》,《中国金融》1957 年第 6 期。

韩松:《论集体所有权的主体形式》,《法制与社会发展》2000 年第 5 期。

何广文:《农信社制度变异及其动因》,《银行家》2006 年第 2 期。

何广文:《农村信用社制度变迁:困境与路径选择》,《经济与管理研究》2009 年第 1 期。

胡为雄:《中国第一代共产主义者与马克思的阶级斗争理论》,《湖北大学学报》(哲学社会科学版) 2011 年第 5 期。

怀九:《信用合作的组织形式问题》,《中国金融》1957 年第 5 期。

靳荣:《信用社有独立存在的必要》,《中国金融》1957 年第 11 期。

李里峰:《群众运动与乡村治理——1945—1976 年中国基层政治的一个解释框架》,《江苏社会科学》2014 年第 1 期。

李若建:《从赎罪到替罪:四类分子阶层初步探究》,《开放时代》2006 年第 5 期。

黎辛:《关于信用社组织形式问题的我见》,《中国金融》1957 年第 17 期。

廖继伟:《农村信用社省联社改革的现实审视与路径选择》,《晋阳学刊》2011 年第 2 期。

　　刘鸿儒、戴乾定：《社会主义信用的必要性及其职能》，《经济研究》1964 年第 10 期。

　　刘秋根：《论清代前期高利贷资本的活动形式》，《中国经济史研究》1995 年第 1 期。

　　刘瑞照：《股份合作制有关问题的解答》，《科学与科学技术管理》1998 年第 1 期。

　　刘霞、杨菲蓉：《建国后毛泽东农业合作思想的困窘与张力——基于"组织起来"的视角》，《现代哲学》2011 年第 2 期。

　　刘岩、仲晓天：《合作金融的制度分析》，《东北财经大学学报》2000 年第 5 期。

　　刘志民、杨友国：《寻求国家与乡村之间的有效衔接——基于农民利益表达的历史考察》，《江苏社会科学》2010 年第 4 期。

　　刘芝仪：《必须充分发挥信用社监事会的积极作用》，《中国金融》1955 年第 14 期。

　　芦苇：《农村信用合作工作的几个问题》，《中国金融》1952 年第 4 期。

　　侣传振：《国家政权建设与农村基层政权组织变迁》，《重庆社会科学》2007 年第 6 期。

　　满永：《生活中的革命日常化——1950 年代乡村集体化进程中的社会政治化研究》，《江苏社会科学》2008 年第 4 期。

　　《南行长在第一届全国农村金融会议上的总结报告》，《中国金融》1951 年第 7 期。

　　任志江：《毛泽东"虚君共和"构想探析》，《社会科学辑刊》2005 年第 5 期。

　　单正平：《文化大革命：神权整治下的国家罪错》，《当代中国研究》2003 年第 3 期。

　　申学锋：《农村信用社改革的背景与现状》，《中国商界》2004 年第 12 期。

树坤：《试点建立信用部的几点体会》，《中国金融》1957 年第 9 期。

苏怀平：《由农业银行四起三落看农村金融发展的曲折性》，《银行家》2012 年第 11 期。

苏少之、常明明：《建国前后人民政府对农村私人借贷政策演变的考察》，《中国经济史研究》2005 年第 3 期。

孙放：《农村金融工作中银行与信用合作的关系》，《中国金融》1951 年第 8 期。

陶启疆：《建部要留社》，《中国金融》1957 年第 14 期。

童志峰：《信任的差序格局：对乡村社会人际信任的一种解释——基于特殊主义与普遍主义信任的实证分析》，《甘肃理论学刊》2006 年第 3 期。

《推广信用合作社与互助组、供销社的结合合同》，《中国金融》1952 年第 7 期。

王沛霖：《加强对政治经济学法则的研究，做好农村金融工作——〈苏联社会主义经济问题〉学习心得》，《中国金融》1953 年第 20 期。

王沛霖：《克服右倾思想，组织农村存款大跃进》，《中国金融》1958 年第 3 期。

王叔云：《人民公社财务管理制度的建立于收入分配中的新问题》，《财经科学》1959 年第 5 期。

王先明：《试析富农阶层的社会流动——以 20 世纪三四十年代的华北农村为中心》，《近代史研究》2012 年第 4 期。

王也扬：《"以阶级斗争为纲"理论考》，《近代史研究》2011 年第 1 期。

王玉强：《四清运动动员模式的政治社会学分析》，《史学月刊》2006 年第 6 期。

温铁军：《我们为什么还需要乡村建设》，《改革内参》2003 年第 8 期。

吴朝恩：《信用部不能代替信用社》，《中国金融》1957年第10期。

吴毅、吴帆：《传统的翻转与再翻转——新区土改中农民土地心态的建构与历史逻辑的研究》，《开放时代》2010年第3期。

吴毅、吴帆：《结构化选择：中国农业合作化运动的再思考》，《开放时代》2011年第4期。

吴志军：《"文化大革命"中的全面"斗、批、改"思想述略》，《北京党史》2011年第2期。

吴志军：《林彪事件后的"斗、批、改"思想研究》，《北京党史》2014年第4期。

武力：《中国计划经济的重新审视与评价》，《当代中国史研究》2003年第4期。

效庸：《农村生产合作、供销合作、信用合作的结合合同问题》，《中国金融》1954年第17期。

谢平：《中国农村合作社体制改革的争论》，《金融研究》2001年第1期。

辛逸：《农村人民公社所有制研究》，《山东师范大学学报》（人文社会科学版）2001年第1期。

辛逸：《试论大公社所有制的变迁与特征》，《史学月刊》2002年第3期。

阎庆民、向恒：《农村合作金融产权制度改革研究》，《金融研究》2001年第7期。

杨培相：《还是信用社这种组织形式好》，《中国金融》1957年第15期。

易冬：《贯彻民主管理制度是信用社开展业务支持春耕的重要环节》，《中国金融》1955年第6期。

于建嵘：《国家政权建设与基层治理方式变迁》，《文史博览（理论）》2011年第1期。

余文渊：《对农村信用社"省联社"管理模式的制度分析》，《中共贵州省委党校学报》2009 年第 5 期。

张建文：《文革后恢复初期的农信社（1977—1981）》，《中国农村金融》2011 年第 8 期。

张建文：《农业银行领导下恢复"三性"的农信社（上）》，《中国农村金融》2011 年第 9 期。

张乐天：《国家话语的接受与消解——公社视野中的"阶级"与"阶级斗争"》，《社会学研究》2001 年第 6 期。

张乐柱：《合作金融原则与实践异化的经济分析》，《山东农业大学学报》（社会科学版）2007 年第 1 期。

张乐柱、王家传：《农村信用社内部管理体制研究》，《农业经济问题》（月刊）2003 年第 6 期。

张占斌：《中国优先发展重工业战略的政治经济学解析》，《中共党史研究》2007 年第 4 期。

中国人民银行河南省分行农村金融科：《目前信用合作社业务中几个问题的商榷》，《中国金融》1953 年第 5 期；《信用合作座谈会总结》，《中国金融》1954 年第 10 期。

中国人民银行山东省分行：《冠县信用社开展长期存款的经验》，《中国金融》1958 年第 3 期。

周立、周向阳：《中国农村金融体系的形成与发展逻辑》，《经济学家》2009 年第 8 期。

周脉伏：《农村信用社产生的制度经济学分析》，《江西财经大学学报》2012 年第 5 期。

周脉伏、稽景涛：《农村信用社合作制规范的博弈分析》，《中国农村经济》2004 年第 5 期。

周其仁：《中国农村改革：国家与土地所有权关系的变化——一个经济制度变迁史的回顾》，《中国社会科学季刊》（香港）1995 年第 6 期。

周素彦、周文平：《论农村信用社"省联社"模式——理论依据、缺陷及实施建议》，《金融教学与研究》2007 年第 5 期。

周晓虹：《从国家与社会关系看中国农民的政治参与——毛泽东和后毛泽东时代的比较》，《香港社会科学学报》2000 年秋季刊（总第 17 期）。

朱佳木：《由新民主主义向社会主义的提前过渡与优先发展重工业的战略抉择》，《当代中国史研究》2004 年第 5 期。

朱佳木：《关于在国史研究中如何正确评价计划经济的几点思考》，《理论前沿》2006 年第 21 期。

祝晓平：《论省联社行业管理下的农信社法人治理》，《金融研究》2005 年第 10 期。

卓尚进：《试论农业合作化与农业集体化的区别与联系》，《湘潭大学学报》（社会科学版）1988 年第 1 期。

（二）学位论文

杨朋伟：《大发展中的组织异化——1950 年代湖北省农村信用合作社研究》，硕士学位论文，华中师范大学，2008 年。

陈希敏：《中国农村合作金融制度变迁研究》，博士学位论文，西北大学，2006 年。

陈益元：《醴陵县农村基层政权建设研究（1949—1957）》，博士学位论文，复旦大学，2004 年。

何朝银：《革命与血缘、地缘：乡村社会变迁研究（1949—1965）——以江西省石城县为个案》，博士学位论文，福建师范大学，2008 年。

贾国雄：《中国计划经济体制的形成与变迁研究》，博士学位论文，西南财经大学，2010 年。

类淑志：《中国农村金融体系的变迁与重构》，博士学位论文，复旦大学，2004 年。

李海红：《论 20 世纪 60 年代农村"四清"运动——以河南开封地区为例》，博士学位论文，浙江大学，2003 年。

李建中：《南阳县供销合作社研究（1949—2010）》，博士学位论文，南京大学，2010 年。

李明贤：《重构我国农村金融体系研究》，博士学位论文，华中农业大学，2003 年。

林小波：《"四清"运动研究》，博士学位论文，中共中央党校，2004 年。

刘建：《我国农村信用社发展的制度与实证分析：以山东省为例》，博士学位论文，山东大学，2008 年。

刘勇：《中国农村信用社制度变迁研究》，博士学位论文，华中农业大学，2010 年。

马晓楠：《中国农村合作金融的异化与回归研究——基于三维金融架构的视角》，博士学位论文，辽宁大学，2014 年。

马忠富：《中国农村合作金融发展研究》，博士学位论文，中国社会科学院，2000 年。

宋磊：《农村信用社产权制度改革与运行成效研究》，博士学位论文，山东农业大学，2009 年。

王凤梅：《1949 至 1978 年间中国农村现代化进程透视——以山东省为中心》，博士学位论文，山东大学，2007 年。

王礼力：《农村合作经济理论与组织变迁研究》，博士学位论文，西北农林科技大学，2003 年。

张乐柱：《农村合作金融制度研究》，博士学位论文，山东农业大学，2004 年。

后　记

有些事，只能一个人做。

有些关，只能一个人过。

有些路啊，只能一个人走。

——龙应台《山路》

　　这是龙应台在《山路》里写到才子沈君山一个人躺在加护病房时，道出的人生三昧。每读到此处，心中都会恻然。之所以如此，大概是因为个体生命无法回避阴晴圆缺的场景，求学的路上总要历尽种种坎坷，体味百味人生。

　　回头检视自己二十多年的读书生涯，从小学到初中，从初中到高中，从高中到大学，从大学到即将迎来的博士毕业，一路走来，鲜花与掌声时而做伴，孤独与寂寞却总相随。2011 年秋，我有幸进入山东大学，师从于化民、吕伟俊两位先生攻读博士学位。四年来，业师耳提面命，谆谆教诲，特别是在博士论文的写作过程中，从选题到开题再到成稿，从材料搜集到整理分析再到结论衡量，无不浸润着两位先生的心血。吕老师的一颗护佑之心在我遇到困厄、进退失据之时燃起了明灯。于老师虽身处北京，却心系学生，邮件相连、电话相通。每念于此，心感两位老师之辛劳与不易！

　　然而，我自知生性非聪，于学术又了无片纸涂鸦，所以读书之余，于师恩常觉歉然。惊蛰之时，毕业论文大体草定。捧之在手，随意翻去，既有"功成"之释然，又觉未竟之遗憾。释然，是因为千日之工，通宵达旦，一朝而成。撇下好坏不说，那方压在心头的石头总算略有着落，剩下不多的校园生活，终究还有机会"心安理得"地缓步踱去。遗憾，是因为草成之文，纰漏在胸，去文成时日不啻十万八千里，还远远达不到导师的要求。念及于此，总不免心有余悸。论文写作过程中的点点滴滴，细细想来，于我有三大教益。

第一，不仅文如其人，作文亦如做人。无论何时，无论遇到多大的难题，都需学会独立：在独立中作文，在独立中经受考验，学会成长。师傅领进门，学艺靠自身。这话，原来没有特别的体会，因为习惯了老师包办满堂灌的风格。然而，攻读博士，一个很重要的任务，恰恰就是要养成独立思考和从事科研的能力。业师的指导，最准确地体现了这一点。写作论文过程当中，遇到难题请教老师，老师的教导从不在文字标点上着墨，而是一遍一遍地重复提醒注意篇章结构、内容前后的连贯性与逻辑，以及搜集某某方面的材料、阅读某某方面的书籍。起初，对这种指点风格不甚理解，现在看来，想想论文写作过程中下笔万般难的情景，才豁然发现：指点而不包办，这是要逼迫我们学会独立——独立思考、独立研究、独立成长。做学问如是，做人亦复如此。

第二，清楚记得，读高中时，班主任常用鲤鱼跃龙门来形容高考，鼓舞士气。确实，小学、初中、高中、大学，一个个门槛，读书、考试，可不就是闯关嘛。要说这关，读到现在，才觉得博士这关是最难过的，也是最折煞人的。吾尝闻写就一篇博士论文，须得退去三层皮。在博士论文题目确定之时，我也对"狠下一番苦功夫"做了思想准备，正所谓"事非经过不知艰"，当真正动笔写作，才发现：对于资质平平且略显愚钝的我来说，要成功闯过这关，绝非易事。为了完成博文，通宵达旦，是常有的事。其间，多得老师指点、同学帮助，提出过不少很中肯的修改意见。纵使如此，作文之事，终是私家技艺，究竟需要亲自操刀，其中的酸甜苦辣，唯有自知。

第三，读书这条路，非自己走不可。求学之路漫漫，这一路走来，自认并非聪颖之人，亦非一心向学之人，但读书确实教会了我很多东西。以毕业论文的写作为例，自始至终，虽然得益于师友之帮助、启发者良多，但必须自己埋下头读了，才能加以比较，伏案写作，最终草成之作才能安然地呈现在面前。多少个日日夜夜，一砖一瓦，积而成塔，甚至从睡梦中惊醒，强打精神，将脑海中的一线灵光敲打进电脑。有些时候，如是者三五次，竟然不知疲倦。当睡意来袭时，却发现东方既白，晨曦已然点亮了舍友空置了不知多久的床位。每每此时，又都会有一种莫名的感恩和怀念。感恩，是因为舍友海外留学，给我了一个人、一本书、一条路独自走的机会。怀念，是因为一间屋、两张床，两个人才有生气。幸运的是，毕业论文大体底定之时，舍友飘然归来，总算赶上告别母校之前先向一个人、一本书的读书路道一声"珍重"。这一路，对于好动爱玩、容易烦躁的我来说，能够完整地走完，并且使自身得以重塑，找回安静悠闲的自己，实在是一件出乎意料又让人喜出望外的事情。这，或许就是读书这条路，一个人走的莫大收获吧。

不同的经历，相似的感悟。或许，这就是龙应台《山路》感人至深的原因吧。才子沈君山身卧加护病房，龙应台眼前却是热闹非凡，这种寂寥，龙应台是懂的。但是，沈君山"做我所能，爱我所做"的笃定言语，我想，才子心中必定是无悔的。四年的读博生涯，虽不及才子之万一，但仔细想想，何尝不是一个人做事、过关、走路呢？又何尝不是坐上冷板凳、写下无悔言呢？

同时，我还要感谢董宝训老师对我的指导和帮助，博士论文之完成离不开董老师迷津中的指点。还有徐畅老师、赵兴胜老师、胡卫清老师、朱伟老师，谢谢他们的指导和帮助！此外，我还要感谢同门马双，同学赵卓然、王爽、李建、厉建梅、蓝波、刘姿译，以及舍友杨谦。在他们的陪伴和友爱下，我度过了四年令人难忘的时光！

最后，我要感谢我的父母。亲情伟岸而坚韧，拳拳心眷眷，难报寸草心！

李　微

2015 年 3 月于山东大学